¿Qué dice la gen

Una vida en el poder del Espíritu ...

"La vida cristiana nunca fue diseñada para vivirla como un proyecto personal, y gracias a Dios ¡no tiene que serlo! El Espíritu Santo está aquí para otorgarnos poder y capacitarnos mientras servimos en el propósito de Dios en nuestra generación. En *Una vida en el poder del Espíritu*, el Dr. Clarensau nos desafía para que cada uno demos la bienvenida a la obra del Espíritu y a que experimentemos todo lo que Dios tiene para nosotros en este siglo XXI. Este nuevo y conmovedor libro inspirará su caminar y cambiará su vida."

—Dr. Billy Wilson, presidente de la Universidad Oral Roberts

"Parece que todos andan buscando algo 'extra'. Haga una búsqueda en la Internet del concepto 'poder personal' y ¡encontrará más de 242 millones de enlaces! Sin embargo, esta búsqueda de poder personal es fútil, nunca otorgará poder suficiente para dirigir la vida y sus desafíos. *Una vida en el poder del Espíritu* le ayudará a descubrir un nuevo estilo de vida. No es necesario que siga buscando poder en libros, programas, o expertos. Basta con invertir diez minutos diarios durante cuarenta días para aprender lo que significa experimentar poder en verdad. Gracias a Dios, ¡Él tiene un plan para que usted viva de manera diferente mediante su poder!"

—Rod Loy, pastor principal de Primera Asamblea de Dios, North Little Rock, Arkansas; autor de *Tres preguntas*, *Obediencia inmediata: la aventura de estar en sintonía con Dios*, y *Después de la luna de miel*

"Incorporar el ministerio del Espíritu Santo en la vida de la iglesia contemporánea ha sido un desafío para muchos líderes, que a menudo termina lamentablemente en un abandono indiferente de su ayuda urgente. ¡Este libro es el mapa que hemos estado esperando! *Una vida en el poder del Espíritu* proporciona un proceso bíblico de fácil acceso, impulsado por un deseo profundo, que los creyentes simplemente pueden seguir para llevar una vida cristiana satisfactoria."

—Tim Enloe, autor, maestro de la Biblia, conferencias sobre el Espíritu Santo/Ministerios Enloe

"Cómo se sentiría si usted fuera uno de los discípulos de Cristo y Él dijera: 'Me voy; tú te quedas. A todo lo que trates de hacer, se opondrá un adversario; y por cierto, debes salir y capacitar a todos con los que te encuentres y así cumplir todo lo que te he mandado'. ¿Cree estar preparado? ¿Abrumado? ¿Temeroso? Si cree que es un mandato imposible, recuerde que Cristo también dijo: 'No temas; te ayudaré a cumplir todo lo que pido'. La habilidad natural nunca producirá resultados sobrenaturales. En su libro *Una vida en el poder del Espíritu*, Mike Clarensau le conducirá en un viaje fascinante para alcanzar una vida espiritualmente significativa, satisfactoria y eficaz."

—Alton Garrison, Asistente del Superintendente
General del Concilio de las Asambleas de Dios

"Este libro da a los seguidores de Cristo una oportunidad para encontrar algo más que tradición religiosa. Mike interpreta con eficacia los días del Nuevo Testamento, y trae una vida llena de poder en el Espíritu al umbral mismo de nuestra vida. No solamente hay 'más' sino que hay más para usted. Si se consideran seriamente, las preguntas planteadas en este texto conducirán a los lectores a experiencias transformadoras."

—Dr. Paul Brooks, vice presidente de la Universidad Southwestern
de las Asambleas de Dios, y maestro de Biblia y ministerio

"Mike Clarensau procura alejarse de la perspectiva teórica para tratar el tema del poder en el Espíritu desde una perspectiva pentecostal práctica. Con su vida misma da ejemplo de lo que cree y practica. Aunque este solo hecho hace de este un libro digno de leer, él también señala que esa investidura de poder va más allá de los dones espirituales visibles y de expresión verbal. Porque hay aún más, él demuestra el AND del Espíritu al hablar de Relaciones, Experiencia, Conexión, y Crecimiento en nuestro andar como creyentes a través del poder que nos imparte el Espíritu Santo."

—Greg Mundis, director ejecutivo,
Misiones Mundiales de las Asambleas de Dios

"Mike Clarensau es un talentoso escritor y narrador. El factor que enriquece su narrativa es que lo que escribe nace de su ferviente y consecuente interacción con Jesucristo a través de su Espíritu Santo. Este es un libro que se necesita en el ambiente familiar de las iglesias llenas del Espíritu y será un valioso recurso para las próximas décadas."

—Dr. Doug Beacham, obispo principal, Iglesia Pentecostal
Internacional de la Santidad, Oklahoma City, Oklahoma

"Una de las habilidades más importantes que todo creyente debe desarrollar es como relacionarse con el Espíritu Santo. Mike Clarensau nos ha provisto de un verdadero regalo. En *Una vida en el poder del Espíritu*, él usa ejemplos bíblicos y de nuestro tiempo para mostrarnos cómo el Espíritu Santo puede obrar en nosotros. Cada capítulo, aunque breve, está lleno de lecciones prácticas y aplicables sobre cómo podemos entrar en esta dimensión de poder para nuestra vida."

—Jeff Leake, pastor titular de Allison Park Church, Pittsburgh, Pennsylvania; autor de *God in Motion*, *The Question That Changed My life*, *Learning to Follow Jesus*, y *Ora con Confianza*

"¡Hay tanta riqueza para nosotros en la plenitud del Espíritu Santo y su interminable obra! Mike nos presenta, como sólo él podría hacerlo, la extraordinaria belleza de una vida investida del poder del Espíritu. Cuando *experimentemos* el Espíritu Santo, *nos rindamos* a Él, y dejemos que nos *dirija* en cada aspecto de nuestra vida, seremos transformados. Y además de ser transformados, influiremos de manera positiva en quienes nos rodean. Yo me uno a mi esposo, y oro por cada mujer que lea este libro: Dejemos que el Espíritu Santo nos llene, nos anime, nos enseñe, nos unja, y nos use en una manera poderosa."

—Kerry Clarensau, directora nacional de los ministerios a las mujeres, Conclio General de las Asambleas de Dios

"Cuando los creyentes fieles y obedientes se abren a las posibilidades, podrán experimentar la plenitud o el bautismo en el Espíritu Santo. Esta experiencia es un encuentro con el Dios siempre presente, que llena a cada creyente con un penetrante sentido de su constante presencia, la manera en que el quiere que vivamos. Mike Clarensau, a través de este práctico y teológicamente acertado libro, ayuda a los creyentes a entender la realidad y la riqueza de ser un cristiano investido de poder del Espíritu. Lea este libro y póngalo en las manos de personas que quieran entender lo que significa ser verdaderamente pentecostal."

—Mark L. Williams, pastor general / obispo presidente, Iglesia de Dios, Cleveland, Tennessee

UNA
VIDA EN EL
PODER DEL
ESPÍRITU

Descubra la vida transformadora
que Dios diseñó para usted

Mike Clarensau

Una vida en el poder del Espíritu

Publicado por Vital Resources
1445 N. Boonville Ave.
Springfield, Missouri 65802
www.vital-resources.com

Título en inglés: A Spirit–Empowered Life
©2015 por Mike Clarensau
Publicado por Vital Resources

Portada por PlainJoe Studios (www.plainjoestudios.com)
Diseño interior por Tom Shumaker
Traducido por Abigail Bogarín

ISBN: 978-1-68066-030-2

18 17 16 15 • 1 2 3 4

Impreso en los Estados Unidos de Norteamérica

Dedicatoria

Espero que este libro de alguna manera sea meritorio para dedicar sus páginas a los hombres y las mujeres llenos del poder del Espíritu, que han vivido de una manera tal que me hace desear lo que tienen. Personas como mis pastores, Gail y Maxine Howard —quienes formaron y pastorearon una iglesia sencilla donde pude descubrir y encontrar la esencia viva de las promesas de Dios— están de manera especial en mi corazón, al igual que personas poderosas que ocupaban las bancas a mi alrededor. La lista de vidas notables en ese lugar y alrededor del mundo que han desafiado mi propia vida es muy extensa para siquiera comenzar. Sin embargo, sus historias, bien conocidas y desconocidas, son la mayor realidad que el cielo ha ofrecido.

Además, quiero también dedicar este libro a mis nietas, Molly Jayne y Mae Lennon y sus futuros hermanos y primos, 'porque papá Mike quiere que ellos y sus amigos encuentren también en su generación una vida en el poder del Espíritu'. A medida que la cultura parece decidida a continuar su decadencia moral, es mi oración que aumenten cada vez más las personas llenas del Espíritu en cualquiera de las generaciones venideras, conforme permita el calendario de Dios. La esperanza está íntimamente ligada al surgimiento de tales personas, y nada podría ser más maravilloso que ver el futuro de mi familia en medio de eso.

Por esto, hoy, dedico este libro a los que viven en la brecha, que escogen futuros y transforman situaciones ahora. Quiero que mis hijos, Tyler y Blake, la esposa con que cada uno pasará el resto de su vida (Katie y Danielle), juntamente con sus amigos, conozcan el poder que he experimentado y no sea solamente algo de lo cual escribo. El panorama de ellos revela el destino para todos nosotros, y necesitamos más personas llenas del Espíritu durante su generación de las que hemos visto en la nuestra. Mi esposa Kerry y yo soñamos ese horizonte inmediato. Sabemos que en última instancia solamente el reino de Dios perdurará, y los que están llenos del Espíritu seguirán poblando ese reino en cada generación.

ÍNDICE

El horizonte

Prólogo

Mi amigo Mike Clarensau tiene una comprensión plena y auténtica de la vida llena del Espíritu. Él comunica sus perspectivas de manera profundamente inspiradora y muy práctica. Con frecuencia las personas malinterpretan el significado de la plenitud del Espíritu. Por lo general suponen que experimentarán un tipo de poder mágico. Sí, experimentarán poder, pero el poder del Espíritu nada tiene de mágico. El Espíritu con ternura nos acerca a Jesús, nos imparte el corazón de Jesús, y despierta en nosotros el deseo de servir como Jesús. En todo momento, Jesús mantuvo un vínculo íntimo con el Padre, haciendo la voluntad del Padre y hablando conforme a lo que el Padre le daba. Para Jesús, la vida era un encuentro divino, una relación poderosa y amorosa. Jesús llevó una vida llena del Espíritu. Si queremos saber qué significa llevar una vida llena del Espíritu, necesitamos mirar a Jesús.

Conforme lo guió el Espíritu, Jesús se reunió con el rico y poderoso como también con el pobre y necesitado. Nadie estaba fuera del alcance de su amor, verdad, y poder. A medida que experimentamos la presencia, el propósito, y el poder del Espíritu de Dios, seremos guiados a la mayor aventura de nuestra vida. Él nos hablará, y hablará a través de nosotros. Amaremos a las personas que amedrentan a las demás debido a su poder, pero no les temeremos porque conocemos a Uno que tiene poder infinito. Amaremos a las personas que otros rechazan porque estamos sorprendidos de que Jesús nos aceptara.

Nuestra relación con Dios y su mandato claramente se describen en los Evangelios.

Antes que Cristo ascendiera al cielo, dijo a sus discípulos:

> "Vayan por todo el mundo y anuncien las buenas nuevas a toda criatura. El que crea y sea bautizado será salvo, pero el que no crea será condenado. Estas señales acompañarán a los que crean: en mi nombre expulsarán demonios; hablarán en nuevas lenguas; tomarán en sus manos serpientes; y cuando beban algo venenoso, no les hará daño alguno; pondrán las manos sobre los enfermos, y éstos recobrarán la salud" (Mr. 16:15–18, NVI).

No es necesario que nos preguntemos cómo es la vida llena del Espíritu. Jesús dijo que esta vida incluye:

Propósito divino: Representamos al Rey de gloria y Salvador a un mundo perdido y en decadencia. Puede que otros vendan tecnología, un automóvil nuevo o un millón de otras cosas, pero nosotros ofrecemos la dádiva de la gracia, la certeza del perdón, un nuevo propósito en la vida, y la bendita esperanza de la vida eterna. Dios pudo haber escrito en el cielo su mensaje al mundo o haber enviado ángeles. Sin embargo, Dios nos escogió para que seamos su voz, sus manos y sus pies, para que propaguemos las buenas nuevas hasta los confines del mundo.

Poder divino: No marchamos en nuestras propias fuerzas. ¡La batalla es colosal para nosotros! Sin embargo, el poderoso Espíritu de Dios vive en nosotros y nos llena de poder para luchar contra Satanás y sus ángeles. Mediante el poder del Espíritu, resistimos la tentación y advertimos a otros de sus peligros; identificamos el engaño y lo confrontamos con la verdad de Dios; y nos mantenemos firmes cuando el diablo nos acusa porque reivindicamos la justicia de Jesucristo, la cual nos impartió cuando creímos.

Comunicación divina: Los creyentes llenos del Espíritu tienen intimidad sobrenatural con Dios. Por cierto, tenemos un lenguaje propio, dado por Dios, para que podamos conocerlo plenamente. Cuando oramos en el Espíritu, Dios nos da certeza, dirección, y esperanza de modo que todo lo que hagamos sea infundido por su propósito y su poder.

Protección divina: Los adversarios de Jesús con frecuencia lo amenazaban. La historia de la iglesia relata que las personas a menudo rechazan la proclamación poderosa y benigna del evangelio, y que los mensajeros de Dios son golpeados y matados. Irónicamente, el Príncipe de Paz interviene como un pararrayos contra la fiera oposición. En nuestra cultura saturada de egocentrismo el evangelio no es popular, sin embargo el sufrimiento es parte del andar por la fe de los que estamos rendidos completamente a Jesús. En nuestra lucha, Dios nos da la certeza de que no recibiremos más de lo que podamos soportar. Esto nos da un concepto nuevo del "favor de Dios". Cuando sufrimos por amar como Jesús amó, hablamos como Jesús habló, y servimos como Jesús sirvió, estamos en el centro de la perfecta voluntad divina, que es la esencia del favor de Dios.

Sanidad divina: Los sicólogos y las enfermeras afirman que el toque humano tiene propiedades curativas. Los que están llenos del Espíritu saben que la imposición de manos produce un toque sobrenatural de amor y fortaleza que sana la enfermedad física y las heridas emocionales. Dios puede sanar al instante algunas personas o puede que tome más tiempo para otras, pero la sanidad es parte integral del reino de Dios en la tierra.

Todo esto es un don otorgado por la gracia de Dios *para nosotros.* Por tanto, el don de Dios opera *a través de nosotros* como sus representantes ante nuestra familia, amigos, colegas, extraños, y toda persona que conozcamos en nuestro vecindario y alrededor del mundo. Dios nos ha dado el poder para ser ese tipo de persona, esa clase de seguidor de Cristo, en cada área de nuestras relaciones.

Uno de los conceptos erróneos acerca de la vida llena del Espíritu es la que supone que estamos por encima de las dificultades de la vida y nos volvemos inmunes a la angustia y el problema. En realidad, andar en el Espíritu nos da mayor humildad para que podamos reconocer cuando fallamos, cuando rechazamos los consejos del Espíritu, y cuando confundimos su guía. ¡Dios no espera perfección de las personas que le aman y le han rendido su vida! Me alienta ver la relación de Jesús con aquellos que huyeron la noche que Él fue traicionado, aquel que le negó, y los que de alguna manera no captaron el mensaje cuando varias veces intentó explicarles que pronto moriría y resucitaría. Después de la resurrección, los discípulos se escondieron por temor a perder la vida, pero Jesús los buscó, fue donde ellos, y les aseguró una y otra vez que Él tenía algo especial para darles. Su amor nunca decepciona, aunque nosotros con frecuencia le fallamos. Conforme nos llenamos del Espíritu, nos volvemos más sinceros, compasivos, humildes, y gozosos, más semejantes a Jesús.

Mike Clarensau aplica en su vida los principios que describe en este libro. Su fe es viva y vibrante, y sus percepciones nos desafían y motivan. A medida que hojee y estudie este libro, pida que Dios tenga un encuentro con usted e inflame su corazón de amor por Cristo. Sobre todo, escuche. Oiga el susurro y la voz del Espíritu, y obedezca todo conforme cómo Él lo guíe. Dios le usará de maneras increíbles. Esta será la mayor aventura que pueda experimentar.

—Scott Wilson, pastor principal de la iglesia
The Oaks Fellowship, Red Oak, Texas

Introducción

Toda mi vida he sido parte de una iglesia pentecostal. Escuchar a personas que hablan de una vida impulsada por el poder del Espíritu Santo, ilustrada mediante los convincentes personajes que la Biblia describe o las historias que algunos han vivido ahora último, dominan mis más tempranos recuerdos y han formado mi comprensión acerca de Dios y su plan para con los que le sirven. Como un niño, me fascinaban los relatos de los misioneros, y me maravillaba de sus victorias mientras me secaba las lágrimas por la compasión que tenían, lo cual sembró algo similar en mi vida. He celebrado la sanidad de las personas y he gozado las expresiones de fe, a veces por medio de los titulares de las noticias y otras veces en lugares desconocidos más allá de nuestro círculo. Me ha envuelto una vida en el poder del Espíritu, que me ha instado repetidamente a cruzar su umbral con potenciales que solo podía comenzar a soñar.

La promesa de una vida así parece una gran expectativa en este libro, debido a su título. Sin embargo, he observado tal vida y he visto cómo otros han respondido a su llamado, llevando una vida en el poder y la presencia de Dios que excedía cualquier día que hubieran vivido. ¿Puede una vida realmente ser así? Sí puede, lo es y seguirá siendo así.

Tenía nueve años de edad la primera vez que Hechos 2:4 fue una realidad en mi vida. Quizás se pregunte si ese momento, con mis amigos en un campamento de la iglesia, posteriormente me impulsó a mayores alturas espirituales, para encontrar algo de lo que voy a escribir. Espero que sí, pero identificar una vida llena del Espíritu es típicamente algo que otros hacen. Es algo que puedo observarlo más fácilmente en usted que en mí. Las personas que viven en el poder del Espíritu raras veces encuentran una razón para hablar de sí mismas. Por el contrario, ellas viven con un hambre incesante, deseando acercarse más, y anhelando alcanzar más de lo que han vivido anteriormente. Desean hablar más de Dios, quién las llamó y capacitó, en vez de mostrarse como centro de atención, el cual Dios sólo merece.

Sin embargo, al igual que millares en todo mi país e incluso millones alrededor del mundo, conozco el camino hacia ese aposento alto y la vida que promete. Puedo imaginarme en medio de los discípulos confusos pero comprometidos, mientras procesaban una misión abrumadora. Casi puedo percibir la pasión de Jesús y cómo sus enseñanzas finales pavimentaron el camino que dio dirección al futuro de ellos.

Lo que sé, lo he usado para desarrollar este libro. Según revela la sección de apertura, la búsqueda comienza con *hambre*. Dios ha abierto una puerta extraordinaria para nosotros, adornada con promesas extraordinarias, pero hasta que tengamos la razón para escoger, hasta que nuestro deseo y reconocimiento de nuestra necesidad combinen, nos mantendremos en los márgenes entre aquellos que luchan para hallar la vida abundante que suponían que una conexión con Dios les daría. Según notará, todo comienza con hambre.

Por cierto, he incluido algunas preguntas para *reflexionar* al final de cada capítulo. Use estas preguntas para explorar su hambre o para profundizar en las reflexiones que presento de manera limitada en unas pocas páginas. Espero que vaya más allá de la simple lectura de este libro. En cambio, propóngase el desafío de comprometerse plenamente en el viaje que estas páginas revelarán, dedicando tiempo para reflexionar y explorar cada paso a lo largo del camino.

El encuentro es la segunda sección, el momento cuando se cumple la promesa y el Dios que una vez sacudió cada edificio donde entró nos consume ahora con resultados similares. Aquel que vive en el poder del Espíritu descubre que en última instancia todo fluye de dos fuentes paralelas: la relación y la experiencia. El Dios que conocemos y seguiremos conociendo se adelanta a nuestros desafíos, y derrama en nuestra vida lo que sabe que debemos dejar fluir. Esta vida no se alcanza mediante los sueños de agradar a Dios con nuestra manera de vivir, sino mediante el aprendizaje de cómo Dios puede vivir en y a través de nuestras circunstancias, a fin de que mostremos más de Él y menos de nosotros. Cuando esto comienza a suceder, faltan adjetivos para describirlo. El Dios que manifestó gran poder entre los primeros discípulos, ha demostrado que su obra está inconclusa, y su estrategia incluye personas de nuestra generación tan limitadas como las de aquel tiempo.

La sección más extensa de este libro describe la *demostración* de la vida en el poder del Espíritu. ¿Cómo viven las personas en el poder del Espíritu? ¿Qué las distingue cuando se vinculan con otras, crecen y sirven? ¿Qué las motiva a seguir adelante, y cómo se expresan delante del Dios que las envió? Estos no son rasgos que debemos aspirar sino que es el fruto que produce espontáneamente una vida en el poder del Espíritu. La demostración es lo que vemos cuando el Espíritu de Dios llena una persona.

Las páginas finales describen el *horizonte* para quienes viven llenos de este poder. ¿En qué nos concentramos? ¿Qué es lo principal? Si la demostración es el fruto de nuestro árbol, entonces los pasos siguientes describen cómo cultivar, cuidar, y hacer permanente ese árbol.

No se equivoque, la creatividad ilimitada de nuestro Dios frecuentemente se observa mejor en los viajes particulares que ha planeado para cada uno de nosotros. Sin embargo, el camino para encontrar esa vida puede estar bien marcado. De lo contrario, no podríamos ayudarnos unos a otros a buscar lo mejor de Dios para nuestra vida. Quisiera ayudarlo conforme explora estas páginas, porque deseo sinceramente que usted encuentre una vida plena en el poder del Espíritu.

¡Le aseguro que Dios desea aún más que usted lleve esta vida!

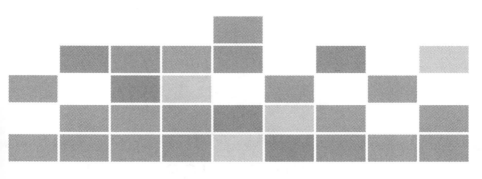

EL HAMBRE

Historias

E sto es una locura! La idea debió estallar en su mente. Solo unos días antes, un hombre apareció en la cueva del norte con un mensaje que al joven le era difícil de creer. ¿Cómo podría él poner fin al terrorismo que su pueblo había experimentado por casi una década? Él quería creer que podría, pero había una docena de hombres más fuertes, hombres a los cuales el pueblo seguiría, en los que el pueblo creía.

El pueblo ya estaba enojado con él. La noche anterior, él había derribado un altar de la comunidad, provocando probablemente la ira de muchos dioses extraños que allí se adoraban. Su propio padre había evitado que una multitud airada lo arrastrara por las calles. Sin embargo, él sabía que era sólo un asunto de tiempo hasta que lo encontraran. Y parecía que él mismo ayudaría a que eso sucediera.

El joven apretó el cuerno con los dedos sudorosos. Sabía que los instantes siguientes bien podrían ser sus últimos, pero de alguna manera no podía rendirse a la idea de escapar. Entonces, repentinamente, de alguna manera, el joven tembloroso supo que no estaba solo. Algo... no, *alguien* estaba ahí. Rápidamente, recorrió con la mirada en toda dirección desde el monte donde se encontraba. Nadie estaba allí... pero él sabía que alguien... estaba allí.

En ese momento, levantó el cuerno y lo llevó a su boca, no con pánico sino con una determinación recién descubierta. Con una fuerza mayor que ningún otro pulmón haya sentido jamás, sopló el largo y claro llamado a la batalla. El sonido penetró el aire sobre el valle, persistiendo y resonando mucho después de que él bajara el cuerno. A la distancia, él podía ver que los guerreros salían de sus casas. Corrían hacia el sonido del cuerno mientras empuñaban sus espadas y lanzas. Por un momento, el joven quiso huir, pero una firme determinación lo mantuvo en ese monte hasta que el valle comenzó a llenarse de hombres muy fuertes, que ni siquiera un general de mayor prestigio habría podido reunir.

En ese momento, este renuente soldado se lanzó a la batalla más notable de la historia humana. Aunque el enemigo era mayor en número, casi quinientos a uno, sus fuerzas destruyeron todo el ejército enemigo con estrategias de batalla que nunca antes se habían empleado. Una tropa de trescientos hombres conducida por el más inesperado de los guerreros, eliminó a un ejército enemigo de ciento treinta y cinco mil soldados. Sin embargo, había algo acerca de él... algo que impulsaba desde el interior de este joven campesino que lo convirtió en un gigante de la historia militar. ¿Cómo? El escritor que registró la historia sencillamente dice: "Entonces Gedeón, poseído por el Espíritu del Señor, tocó la trompeta" (Jue. 6.34).

¡Ocurrió otra vez!

Sansón sintió que sus músculos se tensionaban, como si algo en su interior estuviera por explotar. Flexionó su cuerpo de izquierda a derecha, y cayeron al suelo las cuerdas con las que sus propios compatriotas lo habían atado para entregarlo al enemigo. Sus captores, unos pocos líderes filisteos y sus tropas que les servían, viendo las cuerdas caídas, tomaron sus espadas mientras se llenaban de pánico, pero no fueron suficientemente rápidos.

Habiendo tomado Sansón una quijada de burro comenzó a blandirla contra el cráneo del soldado que estaba más cerca. El golpazo atrajo docenas de otros, pero Sansón descendió sobre ellos antes que pudieran tomar sus armas. En minutos, más de cien guerreros filisteos cayeron muertos a los pies del delgado pero notablemente poderoso israelita.

Sansón siguió blandiendo la quijada como si sus brazos nunca se cansaran. Por cierto, la fuerza que sentía en sus hombros no mostraba señal de abatimiento. Sin que importara cuántos guerreros enemigos venían contra él, a cada uno resistía con aparente facilidad, y la potencia de sus golpes era tal que traspasaba la armadura y los brazos, hasta penetrar los huesos. A medida que los soldados filisteos caían al suelo, sus propios ojos traicionaban sus últimos pensamientos que contemplaban asombrados al hombre como nunca antes hubo otro. En segundos, el asombro se convirtió en una mirada fría de muerte.

Pronto la batalla terminó, mil filisteos muertos fue la evidencia de la fuerza de un solo hombre (Jue. 15:14–15). Unos pocos soldados que quedaron huyeron del lugar de la batalla, y Sansón arrojó la quijada a un lado del camino mientras prorrumpía en una carcajada, escogiendo no perseguirlos. Después de todo, las historias que esos despavoridos soldados contaran en sus ciudades podría ser justamente lo que se necesitaba para mantener alejados a los filisteos, para que no invadieran durante un tiempo las ciudades de los israelitas. Sansón limpió la sangre de sus brazos mientras cavilaba irónicamente cómo una quijada de burro había humillado a un ejército una vez poderoso, haciéndolo lucir como burros.

Sansón tenía un secreto, uno que ocasionalmente se manifestaba con poder increíble. Primero, mató a un león con sus propias manos (14:6), masacró a los hombres que le habían robado y después habían matado a su esposa (vv. 19–20; 15:6), y arrancó las puertas de una gran ciudad con sus postes y cerrojos (16:3). Los campos filisteos se quemaron el día que Sansón ató cola con cola parejas de zorras y les puso una antorcha (15:4-5).

Estas fueron las hazañas de gigantes, de hombres cuyos músculos amenazaban con explotar debajo de sus vestimentas. Sin embargo, Sansón no era un gigante. Nada extraordinario había en la estatura de Sansón, por lo cual se podía suponer que las historias eran mitos, resultado de una propaganda israelita inventada cuidadosamente. Sin embargo, demasiados lo habían visto en acción como para frenar la propagación de su leyenda.

Él no parecía diferente de otros hombres del pueblo, excepto por el cabello largo y la barba sin afeitar. ¿Qué provocaría que un hombre común explotara con mayor fuerza que la de dos yuntas de caballos?

El narrador de esta historia sencillamente afirma: "El Espíritu del SEÑOR vino con poder sobre Sansón " (Jue. 15:14, NTV).

Lo dejaron en el campo

No es fácil ser el menor de ocho hermanos, el que siempre es postergado o vencido por quienes tienen más fuerza física. Para David, la vida como hermano menor había sido en gran medida lo que uno imagina, una prueba de resistencia y muchas magulladuras.

Por esta causa, David con entusiasmo aceptó la tarea que su padre le encomendó de cuidar los rebaños de la familia. Era una tregua bien aceptada para evitar a sus hermanos y la aparente necesidad que ellos tenían de mostrarse dominantes. Además, los hermosos campos y los estanques refrescantes era el escenario perfecto para ejecutar la música que amaba. Las ovejas parecían disfrutar también estos campos.

Sin embargo, hoy no era un día cualquiera. La noticia se había propagado entre los demás pastores que el profeta Samuel había llegado a casa de Isaí, aparentemente para ungir un nuevo rey para Israel. David podía imaginar la emoción en los ojos de su padre y la algarabía de toda la familia mientras se preparaban para el magnífico acontecimiento. *Así que Eliab sería rey*, pensó David. Imaginó a sus otros hermanos observando con envidia, pensando si por algún milagro esa tarea fuera quitada del mayor y otorgada a ellos. Incluso podía imaginar a sus hermanos peleando una vez más con Eliab, antes de que el ungimiento de Samuel le inflara el ego y le llenara la cabeza con planes para un reino. Por cierto, muy pronto David lo sabría.

Seguro que en instantes un mensajero aparecería a lo lejos, trayendo una convocatoria a David para asistir al evento familiar.

Sin embargo, la mañana llegó y pasó sin que oyera noticia de su casa. ¿Acaso no vino el profeta? ¿Por qué no le avisaron? Seguramente su hermano era celebrado en este mismo momento, pero David no había recibido noticia ni invitación.

Finalmente, cuando el sol de la tarde calentaba la cabeza de David, un sirviente llegó corriendo donde estaba el rebaño, dispersando descuidadamente a su paso las ovejas. Los demás pastores lo regañaron molestos, pero su mirada estaba fija en David y no le importó sus palabras.

"¿Será ungido rey mi hermano?", preguntó David, suponiendo que lo habían olvidado en medio de la emoción del día.

"El profeta envió por ti", replicó el criado con voz apenas audible mientras empujaba a David hacia el monte. Confuso y lleno de interrogantes, David siguió rápidamente al criado. El silencio del criado indicaba a David que debía obtener sus respuestas de alguien en casa.

Ese día todo cambió para el joven David. El olvidado hijo de Isaí nunca más fue postergado, cuando Samuel levantó el cuerno de aceite sobre la cabeza del joven y lo vertió con toda libertad hasta impregnar cada rizo de su cabello. Mientras esa espesa mezcla corría por las mejillas de David y comenzaba a gotear sobre sus sandalias, algo sucedió. El relator de la historia simplemente dice que: "El Espíritu del SEÑOR vino con poder sobre David" (1 S. 16:13).

¿Qué significa eso? Para David significaba que un león o un oso no serían rivales para su fuerza comprobada. Él había luchado contra agresores de ovejas, y les había quebrado la quijada con una técnica que hasta a sus hermanos mayores los había asombrado. Significaba incluso que un gigante guerrero filisteo, que mantenía atemorizado a todo el ejército de Israel, no sería un adversario competente para él ni para el misil en forma de piedra que lanzó con una honda. No necesitó de armadura, ni un plan de batalla, ni de un ejército de reserva. El muchacho que había sido ignorado y dejado en los campos, ahora conquistaba cada desafío por sí mismo.

O, tal vez no. Al igual que Gedeón, Sansón, y unos pocos antes que él, David ganó las victorias menos probables con la fuerza más extraordinaria. Como los grandes guerreros de antaño, David no tenía credenciales impresionantes y poca razón para creer que podía tener tal capacidad. Hay sólo una explicación, que caracteriza a los mejores campeones de la Biblia. *El Espíritu del Señor vino con poder sobre él.*

Para reflexionar

1. ¿Cuál de las historias de las personas investidas con el poder del Espíritu le ha impresionado más y por qué?

2. ¿Por qué supone que Dios escoge personas sencillas para hacer cosas extraordinarias?

3. Si su fuerza no tuviera límites, ¿qué le gustaría hacer para Dios?

CAPÍTULO
2

Tiene que haber más...

Quiero más! No soy codicioso, y no me creo más egoísta que otros, pero quiero más, mucho más. Bueno, tal vez deba reconsiderar un poco, porque el deseo de tener más puede ser bueno pero también malo. Más tiempo para ser útil y tener más que compartir parecen deseos apropiados, pero más jamón en el desayuno o más dinero para gastarlo en mí mismo probablemente no será bueno para mi salud en general. La idea de tener más precisa una definición antes que usted responda abiertamente con un "yo también".

Si escribiera todos los "más" que deseo obtener, estoy seguro que la lista abarcaría unas cuantas páginas, igual que la lista suya. Cada vez que algo bueno nos sucede, naturalmente queremos más, ¿verdad? Mejor salario, mejores vecinos, más oportunidades, más tiempo para pasar con la familia, y sin duda más tiempo de vacaciones, todo esto me parece muy bueno. Sin embargo, los "más" que me impulsa escribir estas palabras es un deseo profundo de otra cosa... más... ¡vida!

Antes que piense que estoy soñando con una estancia prolongada en el más atractivo de todos los planetas, permítame aclarar algo. No busco aumento de vida, aunque no es mala idea desear más. Por el contrario, mi idea de "más vida" tiene que ver con la calidad. Quiero descubrir la vida en el ámbito mayor, llevar la vida para la cual fui creado, para hallar la satisfacción y el propósito que me eleve por sobre lo normal o promedio hacia algo que importa, bueno... incluso más.

Jesús dijo que podemos tener esta clase de vida. Él afirmó que vino para que "tengan vida, y la tengan en abundancia" (Jn. 10:10). Centenares de las páginas de la Biblia relatan historias de esa clase de vida, una vida que de alguna manera parece eludirnos a pesar de nuestra sabiduría en medios como twitter, culturas en constante evolución, y tecnologías crecientemente superiores.

Eugene H. Peterson, en su excelente libro, *Correr con los caballos*, describe las realidades de la vida moderna con trágica precisión:

El enigma es por qué muchas personas viven tan mal. No de modo tan vil sino indiferente. No tan cruel sino neciamente. Hay poco que admirar y menos que imitar de aquellas personas que se destacan en nuestra cultura. Tenemos celebridades pero no santos. Artistas famosos que divierten a una nación de insomnes aburridos. Criminales siniestros que perpetran las agresiones de conformistas tímidos. Atletas petulantes y malcriados que juegan en sustitución de espectadores apáticos y holgazanes. Personas sin metas y aburridas, que se deleitan con trivialidades y basura. Ni la aventura de la bondad o la búsqueda de justicia alcanzan los titulares.[1]

¡Qué denuncia de nuestro tiempo moderno! Peterson escribió estas palabras antes de que los programas de TV de "vida en directo" y otras programaciones menos convincentes se adueñaran de los medios de comunicación. En efecto, treinta años han pasado desde que él escribió estas palabras, y sería difícil probar que algún progreso hemos alcanzado hacia un rumbo mejor.

¿Acaso no tiene que haber algo más?

Después de sorprenderme con este convincente párrafo, Peterson procedió a presentarme un versículo del Antiguo Testamento que ha sido mi favorito desde entonces. Aunque oculto en medio de las complicadas historias de los libros proféticos incluso más complejos, este breve versículo produce una esperanza y sed necesarias por más de que lo que hay a mi alrededor.

Si los que corren a pie han hecho que te canses, ¿cómo competirás con los caballos? Si te sientes confiado en una tierra tranquila, ¿qué harás en la espesura del Jordán? (Jer. 12:5).

Estaba desayunando en un restaurante de mi vecindario cuando la idea de correr con los caballos captó mi atención, y casi boto el bocado que estaba por morder. ¿Correr con los caballos? ¿Acaso era eso lo que Dios quería que Jeremías hiciera?

Al igual que usted, yo estaba seguro que el concepto era solo ilustrativo. Después de todo, los caballos son grandes, rápidos y el largo trote dejaría atrás incluso al más rápido corredor humano. Soy alguien de la ciudad a quién un poni echó por tierra a la edad de cinco años. Por tanto, no soy de manera alguna un domador de caballos, pero he visto suficientes carreras de caballos en la TV durante el Kentucky Derby, por lo cual estoy seguro que los caballos terminarían la carrera antes de que yo alcanzara la primera vuelta.

La razón de que mi bocado de desayuno repentinamente volvió a la bandeja no se debió a que siempre soñara que corría por los campos, sorprendiendo a los conductores de vehículos. Sino que, en ese instante, supe que Dios le había ofrecido a Jeremías algo que yo también quería. El Creador infinito le estaba diciendo a su amigo, *¡hay más!* Quizá él podría encontrar una carrera en un nivel superior del que preocupaba al frustrado profeta, y de los que corrían a su alrededor. Y según la invitación de Dios, parecía que Jeremías era el indicado para esa carrera mayor.

Comí el resto de mi desayuno esa mañana y decidí que encontraría esa vida. Si hubiera alguna posibilidad de que la invitación de Dios a Jeremías permaneciera abierta al resto de nosotros, entonces yo quería correr con los caballos... y todavía quiero.

¿Lo anhela usted?

Las siguientes páginas de este libro ofrecen un mapa para encontrar y finalmente vivir esa clase de vida. Sin embargo, antes de que haya alguna posibilidad para que encuentre ese camino, debe resolver lo que podría ser el punto más crítico del trayecto: *Usted debe quererlo.*

La mayoría de nosotros acudimos a Dios porque reconocemos nuestra necesidad. Ya sea en circunstancias de crisis o en medio de la realidad serena de nuestra vida cotidiana, reconocemos que necesitamos más que a nosotros mismos. Los límites de nuestros recursos nos concientizan de nuestras necesidades, y alguien nos señaló la esperanza que encontró al conectarse con Dios. La culpa, la enfermedad, la tensión, el quebranto, la ansiedad e incluso la muerte pueden ser grandes maestros. Estas distintas necesidades resaltan el vacío de Dios tan grande en nuestro interior, el vacío que Él mismo puso allí para que fuera su morada, el cual hemos tratado de llenar de muchas maneras que no nos satisfacen. Aunque nuestras historias difieran y nuestros caminos para la necesaria revelación estén saturados de múltiples niveles de fracasos y sus consecuencias, fue la necesidad la que nos llevó a nuestras rodillas.

Aún no había ido a la escuela cuando reconocí que necesitaba de Dios. Sin embargo, sí asistía a la Escuela Dominical... y mucho. Entre los domingos por la mañana y por la noche, y las reuniones de los miércoles por la noche, creo que sumé aproximadamente 600 horas en la iglesia alrededor de mi tercer cumpleaños. Eso es mucho tiempo para que las personas piadosas digan que Jesús me ama y que lo necesito en mi vida. Cuando tenía edad suficiente para estar de acuerdo con ellas, probablemente con una marca de aproximadamente 800 horas, me embarqué en este viaje con firmeza. Necesitaba de Dios y Él me quería, así que di los primeros pasos de conexión.

Otros toman un camino diferente para descubrir que necesitan de Dios. Tengo amigos que casi no asistieron a la iglesia cuando eran niños.

Por el contrario, el viaje que tuvieron fue muy tumultuoso con desilusiones, inseguridades, rebeliones, y algunas decisiones trágicas. Para ellos, darse cuenta de su necesidad no fue la parte difícil. Solamente tomó un tiempo para que alguien les hablara de Dios. Cuando finalmente alguien lo hizo, respondieron rápidamente, algunos sólo precisaron una hora en la iglesia para hallar lo que buscaban.

No importa cuál fue el camino que tomó para llegar a Dios, su necesidad fue la que impulsó su viaje. Sin embargo, hay un paso mayor, más allá de ese precipicio crítico. Si decide buscar una vida mejor, la vida abundante de la que Jesús habló y la mejor carrera que Dios ofreció a su profeta, tiene que *realmente quererla.*

El hambre es un elemento crítico para andar con Dios. Muchas personas pueden reconocer su necesidad de Dios, y felizmente Él ha mostrado su disposición de satisfacer nuestro vacío. Sin embargo, parece que la lista de aquellos que quieren conocer a Dios es algo breve. El apóstol Pablo fue parte de esa lista. Aunque experimentó muchas circunstancias increíbles y logró más para Dios de lo que la mayoría pudiéramos soñar, siguió diciendo: "A fin de conocer a Cristo, experimentar el poder que se manifestó en su resurrección..." (Fil. 3:10). Imagine que este anciano ya había alcanzado los lugares sublimes de su viaje, ¡pero él quería más!

El hambre habla.

No, no me refiero al hambre que causa ruidos en el estómago que nos avergüenza justo antes del almuerzo. Hablo del hambre, el hambre genuina de una relación más profunda con Dios, grita más fuerte que unas pocas afirmaciones poderosas a través de sus actitudes y acciones.

El hambre dice: *la vida que aparentemente es normal ya no me atrae.* Con hambre, hay un anhelo de algo más allá de aquello fácil de obtener. Cualquiera puede conseguir lo que es común. La mayoría de las personas parecen llevar una vida promedio, más bien egocéntrica. Mendigan contentamiento y placer en lugares saturados de buscadores de compañía, y de alguna manera ignoran la falta de satisfacción que encuentran allí. El hambre permanece alerta a la insatisfacción de esta existencia "normal" y busca algo más profundo.

¿Cuántas personas necesitan agotar todos sus recursos antes de convencerse de la insatisfacción de tal vida? Por generaciones, las personas han encontrado que ese camino es superficial y sin satisfacción, que a menudo impide que sus viajeros disfruten las relaciones más importantes de su vida. ¿Acaso debe las personas seguir el juego donde los ganadores terminan perdiendo? El hambre dice: "No, gracias", y rompe el molde en busca de un camino mejor.

El hambre dice: *conocer a Dios es la pasión de mi vida*. El descubrimiento de Dios y la oportunidad de conectarse con Él debe ser la más poderosa de las experiencias humanas. ¿Puede usted imaginar lo que es conocer realmente a Dios, conectarse con Él en una relación verdadera? El hambre imagina las posibilidades y rápidamente abandona otras sendas para buscar esa posibilidad.

Si la vida es más que el resultado de accidentes cósmicos y mutaciones fortuitas, y si hay propósito y un Diseñador que es poderoso para hacer todo esto, además de formarme, entonces descubrirlo y aceptar el viaje a través de las preguntas que siguen tiene más sentido que vivir solamente para pagar una casa. El hambre reconoce la infinita capacidad de asombrarnos ante la idea del Dios que quiere ser conocido. ¿Cómo podría alguna vez ese viaje ser aburrido?

El hambre dice: *creo que Dios tiene algo mayor para mi vida*. ¿Acaso podría haber un propósito mayor de aquel que el Dios eterno ha diseñado? ¿Acaso cualquier otro programa puede compararse con la importancia del propósito de Dios? Todos deseamos saber que somos importantes, que nuestra vida importa, y la mayoría gastamos nuestra mayor energía buscando tal significado. El hambre sabe que el Creador de la vida probablemente tiene el mejor plan para vivirla.

En Isaías 6:1-8, el gran profeta se encontró abrumado por la visión alrededor del trono de Dios. Reconoció rápidamente que estaba ante la santidad de Aquel que él anhelaba conocer. No se pudo mover sino hasta que su debilidad fue restaurada, un acto de misericordia que de alguna manera le fue extendido. Sin embargo, Isaías cambia rápidamente el enfoque en sí mismo cuando oye que la misma voz quita su culpa y declara un propósito incluso mayor: "¿A quién enviaré? ¿Quién irá por nosotros?" Isaías levanta las manos, anhelando recibir la misión de Aquel que lo limpió. ¿Qué viaje podría ser más importante? El hambre capta el asombro de un ser tan limitado que recibe los propósitos del Eterno.

El hambre dice: *quiero más*.

Para reflexionar

1. ¿De qué maneras la necesidad lo acercó a Cristo?
2. ¿De qué tiene usted verdaderamente hambre? Describa brevemente su hambre.

Cansado de aprender y hacer

Aquellos que llevan una vida notable con Dios, derribando los límites de la existencia común, llegando al borde de la experiencia humana, y ocasionalmente experimentando momentos sobrenaturales, deben tener historias increíbles. ¿Por qué la mayoría de nosotros nos hemos vuelto apáticos respecto a la fe, y consideramos invariable y monótono el lugar donde adoramos a Dios con otros? Un buen amigo mío con frecuencia dice: "Es un pecado hacer que la Biblia resulte aburrida". Me temo que hemos hecho algo peor que eso. Hemos hecho que el viaje con Dios parezca realmente aburrido.

¿Cómo puede una conexión con Dios volverse aburrida? Es fácil imaginar cómo el cristianismo puede resultar desafiante, convincente, y a veces, abrumador, ¿pero cómo una vida impulsada por la presencia de Dios puede volverse tan indeseable para millones que saben que está disponible?

Puesto que no puedo imaginar que Dios haya perdido el interés, quizás sea mejor suponer que somos los responsables por el estado actual del cristianismo en el mundo occidental. Catedrales vacías e iglesias que practican rituales sin poder, parecen un producto poco probable del Dios que desea darse a conocer. Tiene que ser otro el culpable, y creo que nosotros somos los culpables.

Actualmente, parece que nuestro cristianismo se define en gran manera por lo que sabemos y lo que hacemos. Nos reunimos en una sala de clases donde aprendemos los hechos acerca de Dios y repasamos el contexto cultural de los relatos bíblicos hasta que entendemos lo que Moisés pensaba al presentarse ante el faraón, la razón por la que Samuel se había enojado por la desobediencia de Saúl, y por qué es bueno que Pablo fuera a Macedonia en vez de abrirse camino a través de Bitinia. Nos desconcierta el matrimonio de Abraham con su media hermana y cuestionamos por qué mintió al respecto, aparentemente estaba dispuesto a entregarla a cambio de la paz en un país extranjero. Adoptamos nuestras propias teorías respecto de los gigantes según Génesis 6, aunque justo un capítulo después, el diluvio los hizo irrelevantes para la vida cotidiana.

Bien, apoyo totalmente el conocimiento bíblico y he perdido la cuenta mucho tiempo atrás de las horas que he pasado en el estudio de la Biblia y tratando de enseñarla a otros. Aprender es bueno, especialmente cuando el contenido tiene valor eterno. Sin embargo, el aprendizaje separado de la realidad de la vida resulta solamente un ejercicio cerebral si no se pone por obra. Este tipo de aprendizaje parece desprovisto de vida, ¿no le parece? Celebrar que la piedra de David hizo su marca en la frente de Goliat es muy divertido, ¿pero por qué mis piedras no encuentran esa precisión sobrenatural? Puedo imaginar el entusiasmo de la abundancia de los panes y peces en el día campestre de Jesús en el siglo primero, pero he asistido a cenas en la iglesia donde nos quedamos sin comida y tuvimos que enviar unos discípulos a la tienda más cercana. Sí, sé que fue una sorpresa para los santos de Jerusalén cuando Pedro resucitó a Tabita de la muerte. Ellos necesitaban de sus habilidades para suplir para los muchos necesitados, sin embargo yo renuncié a la posibilidad de hoy contar con Tabitas. Aunque hoy las necesito, sé que nunca terminaré un funeral con un féretro vacío.

No quiero solamente leer las historias y ser un experto de los detalles del contexto original de cada una. No me niego a seguir aprendiendo y nunca diré que mi estudio de la Biblia fue un esfuerzo perdido. El punto es que quiero algo más que solamente aprender de memoria estos eventos históricos milagrosos. Quiero vivirlos, y creo que Dios también desea esto para nosotros.

El reverso de la moneda del cristianismo moderno es el hacer. Cuando Santiago aconseja que no seamos solamente oidores de la Palabra sino hacedores (1:22), lo tomamos seriamente. Por eso, la iglesia local actual ofrece un calendario con suficientes actividades que agotarían aun a los gigantes de Génesis 6. No tenemos rótulos como "hacedores de lo bueno" sin hacer algo, y lo bueno que hacemos da a la iglesia local su mejor reputación.

> A menos que de alguna manera hayamos opacado la relevancia de la Biblia, creo que con seguridad podemos deducir que Dios determinó manifestarse en nuestra generación también.

Sin embargo, toda esta actividad es exhaustiva y no siempre satisfactoria. Aunque cada uno ganamos una medida de satisfacción cuando ayudamos a otro en necesidad, con frecuencia es difícil distinguir la evidencia de Dios en muchos de nuestros esfuerzos. Hacemos lo que podemos (orando que Dios lo bendiga), pero satisfacer necesidades tiende a producir más necesidades, y nuestra capacidad rara veces prueba ser un potencial conforme al verdadero potencial de Dios.

En los próximos capítulos hablaremos más respecto a este modelo de cristianismo que consiste en aprender y hacer, pero podemos reconocer que hay una supuesta gran brecha entre nuestros esfuerzos y la de aquellos miembros de la iglesia primitiva, una brecha de poder que muchos de nosotros quisiera conectar.

No me conformo con simplemente descartar tal potencial con la idea de que no necesitamos la actividad sobrenatural de Dios como se manifestó siglos atrás. A menos que de alguna manera hayamos opacado la relevancia de la Biblia, creo que con seguridad podemos deducir que Dios determinó manifestarse en nuestra generación también. Las historias de sus maravillas en otros continentes muestran muchas huellas divinas. Parece una derrota conjurar ideas teológicas que eliminan la posibilidad de que podamos experimentar algo similar.

Quiero más.

Muchos años atrás, hubo algunos que decidieron que seguir a Cristo se cumpliría mejor en contextos más cerrados. Bien, no soy un experto en el fervor que hay en la vida monástica y ciertamente no voy a criticar sus varios logros, pero no hay evidencia de que Jesús hubiera vivido alejado o distante de la gente. La mayor parte de sus días Jesús mostró interés en los asuntos de la gente. Leprosos con llagas supurantes, mendigos descuidados y malolientes, y aquellos de "reputación cuestionable" ignorados por los religiosos, eran los más comunes en el grupo de viaje de Jesús que aquellos que despedían una dulce fragancia. Cuando dejó su lugar junto al trono de Dios y vino a morar entre nosotros, Jesús no buscó un hotel. Belén, Nazaret, Galilea, e incluso Jerusalén eran más conocidos por la gente que por su atractivo turístico.

Cuando Jesús delegó la misión a los apóstoles, el mundo de ellos no parecía diferente. La mayoría no tuvo que ir muy lejos para comenzar a usar el cartel "hasta los confines de la tierra". Sin embargo, cuando salieron, sus vidas reflejaron el poder que habían visto en la vida de Jesús. Uno sabiamente opinó que ellos habían cambiado el mundo. Usted no puede hacer esto sin tocar al mundo.

El punto es alcanzar a todo el mundo, ¿verdad? Jesús envió sus discípulos para que cambiaran el mundo, para que su poder fuera evidente en sus vidas, y que fueran más allá de sus propias fuerzas y obraran portentos en su nombre. Esta es la relación con Dios, una vida investida de la notable presencia divina. Cuando tal vida toca la tierra, ¿cómo pueden los resultados ser menos que asombrosos?

Él es Dios, ¿verdad? Entonces, ¿cómo el Gobernador de todas las cosas entra en nuestra vida sin hacer cosas asombrosas? ¿Acaso no debe haber evidencia de su presencia en nosotros, que se manifiesta en mucho más que solamente nuestras ideas acerca de Él, o una lista de cosas que Él aprueba? ¿Cómo puede Dios estar en la casa sin sacudirla un poco?

Es aquí donde yo creo que muchos no entendemos bien. Entendemos nuestra conexión con Dios como una limpieza de nuestros actos presentes de modo que podamos volver a empezar, volviendo a nuestra manera de pensar sabiamente y tener la esperanza de que podamos obrar mejor esta vez. ¡Indudablemente hay más que eso en este encuentro con Dios!

En los tiempos del tabernáculo, cuando Moisés salía de su encuentro con Dios, su rostro resplandecía. Su hermano, Aarón, y los que le seguían en la función sacerdotal, podían entrar al lugar santísimo cada año para ofrecer un sacrificio crucial. Cada detalle de ese proceso debía realizarse con precisión para que el sacerdote no muriera. Incluso llevaba una cuerda atada a su pie para que los arrastraran hacia afuera en caso de que muriera. Sé que Jesús nos mostró una manera más fácil de acércanos al Padre, pero, ¿acaso no debiera haber todavía algo que transforma la vida cuando nos reunimos con Él, y acaso no debiera la conexión ofrecer esperanza de un cambio similar para el mundo que nos rodea?

Parece que hemos aislado los propósitos de Dios en una transacción que podemos hacer con una sencilla oración. "Diga esto" o "repita después de mí" se ha convertido en lo principal en el esfuerzo de conocer a Dios. Complete la oración, únase a nosotros en la próxima clase, y ayúdenos a repartir boletines la próxima semana, han reemplazado todo sentido verdadero de vida espiritual. Si hemos tenido un encuentro con Dios, debería haber más, ¿verdad?

Además, podemos agregar la expectativa de Jesús respecto a nuestro argumento de querer más. Aun cuando Jesús realizó extraordinarios milagros, sorprendió a las multitudes con su poder sobre la enfermedad, manifestó su autoridad sobre los elementos de la naturaleza, y además interrumpió funerales para resucitar al muerto, dijo también que el que creyera en Él (y nosotros incluidos) "las obras que yo hago también él las hará, y aun las hará mayores" (Jn. 14:12). ¿Qué mejor promesa que esa?

Suponemos que no se refería a "mayores" en el sentido cualitativo. Es difícil levantar a un muerto, cambiar la atmósfera con una orden, o sanar a un leproso. Podríamos sugerir algunas impresionantes hazañas, pero nada puedo imaginar que realmente sea mayor de lo que Jesús hizo.

Entonces comprendemos que "mayores" significa cantidad. Jesús comenzó con doce hombres, y si les dio su autoridad y poder, entonces ellos estarían en doce lugares, en vez de sólo el lugar donde habían compartido con Él. Por supuesto, en nuestro tiempo hay un grupo que también hemos decidido seguir a Jesús. De modo que "mayores" tiene el potencial de multiplicarse en millones de cosas si participamos en la vida que Jesús ofreció.

Yo quiero más y sé que tiene que haber más. Todas las señales parecen anunciarlo. ¿Puede verlo? Más importante aún, ¿quiere recibir más?

Para reflexionar

1. ¿Ha sido su experiencia con Dios verdaderamente cautivadora o su intensidad ha disminuido a través de los años?
2. ¿Cree usted que está viviendo la "vida abundante" que Jesús vino a darnos?

C A P Í T U L O

4

Poder y autoridad

L a vida que Jesús mostró y puso a nuestra disposición debe ser más de la que muchos estamos viviendo. Antes de que Jesús ascendiera a los lugares celestiales, despidió a sus discípulos con estas palabras:

> Jesús se acercó entonces a ellos y les dijo: Se me ha dado toda autoridad en el cielo y en la tierra. Por tanto, vayan y hagan discípulos de todas las naciones, bautizándolos en el nombre del Padre y del Hijo y del Espíritu Santo, enseñándoles a obedecer todo lo que les he mandado a ustedes. Y les aseguro que estaré con ustedes siempre, hasta el fin del mundo (Mt. 28:18–20).

Los cristianos reconocemos la declaración de nuestra misión en estas palabras. Muy a menudo nos hemos desafiado con la comisión de "vayan y hagan discípulos", proyectando numerosos esfuerzos hacia este desafío a nivel mundial. Sin embargo, pasamos menos tiempo en la importancia de la oración anterior. La introducción de Jesús en el mandato de la misión indica algo poderoso acerca del poder, y claramente implica que nuestra habilidad para cumplir el resto del párrafo depende de esta primera declaración.

"Se me ha dado toda autoridad en el cielo y en la tierra" suena como algo de autoridad, ¿verdad? La mayoría somos rápidos para aprobar la idea de atribuir tal autoridad a Jesús. Después de todo, Jesús acababa de morir por los pecados del mundo y ahora una tumba vacía era evidencia suficiente de que Él no era un hombre común. Él es eternamente mucho más que común. De modo que su afirmación de que Dios le había dado toda autoridad parece apropiada. Pero, ¿cómo planeaba Jesús usar esa autoridad?

El primer uso de su poder para gobernar se encuentra en estas palabras importantes. ¿Cuál era su plan? Bien, parece que había dos posibilidades. Primero, Jesús debió usar su autoridad para mandar que sus discípulos cumplieran su misión. En otras palabras, "¡He probado que soy Dios, ahora vayan y hagan lo que digo!" Sin duda, Jesús tenía toda autoridad de hacer tal demanda, pero no parece coincidir con el tono que había usado anteriormente en su posición de líder–siervo.

No quiero dejar esta posible interpretación tan rápido. Muchos consideran la Gran Comisión en tales términos. Esta es la directiva de vida; a esta insistencia solamente pareciera faltarle una introducción como "Debes...". Aunque todos debemos encontrar nuestro sentido de llamado en palabras como estas, nuestra interpretación de ellas revela cómo percibimos a Aquel que nos llamó. No tengo inconveniente con la idea de que Aquel que me dio la vida tiene derecho de dictarme cómo usarla, pero por otro lado, Dios considera importante mi elección. Entonces, en vez de pensar que Jesús usa su autoridad para darnos órdenes como lo haría un jefe, creo que quiso decir algo más en esa frase de la introducción.

La otra opción dice que Jesús usará su autoridad para capacitarnos y darnos una investidura de poder a medida que obedecemos sus palabras. Sí, Jesús tiene el derecho de mostrar poder sobre nosotros, pero el uso verdadero de esa autoridad es para ayudarnos a vencer cualquier obstáculo que pueda impedir que cumplamos la Comisión.

Durante tres años los discípulos habían observado que Jesús se apoyó en la autoridad de su Padre para calmar tormentas, sanar enfermedades, y obrar de manera sorprendente en las circunstancias. Ahora Jesús había recibido toda autoridad, aparentemente para que sus discípulos pudieran mostrar un poder similar en su nombre. De modo que en Hechos 3, un cojo anduvo por primera vez cuando dos discípulos le ofrecieron la sanidad en el nombre de Jesús. Después, Tabita volvió a la vida, la cual mencioné previamente, debido a la misma autoridad, y otros milagros semejantes a los que Jesús realizó, conforme estos apóstoles encontraban sus propias situaciones. En el contexto del ministerio de Jesús y de los resultados posteriores que vemos en la historia de los discípulos, parece claro que Jesús prometía el uso de su autoridad como el medio para cumplir su Gran Comisión.

Para mayor prueba, Jesús concluye el párrafo de la comisión con la promesa de estar siempre con los discípulos. Esa es una noticia grandiosa, pero si Jesús sólo sugería que los observaría para asegurarse que hicieran todo lo que les había dicho, entonces quizá no sea una gran noticia. Supongo que Jesús pudo decir: "Los estaré observando", como una mamá que no confía lo suficiente en que sus hijos se portarán bien cuando ella no esté presente.

Sin embargo, si ese hubiera sido el plan de Jesús, entonces habría pensado que podríamos cumplir su Comisión sin que Él interviniera. Así que Jesús nos habría dicho qué hacer y después no habría observado, quizás para registrar en su libro el nombre de cualquier perezoso. Este Jesús es más bien un capataz de lo que consideraríamos un trabajo imposible, pero que debemos cumplir de todos modos. ¿Acaso no parece algo inverosímil?

Sinceramente, no quiero que Jesús me siga a menos que sea para contar con Él, para que me ayude cuando mi esfuerzo de obedecerle no sea suficiente. (Me estoy acercando al medio siglo de haberme dedicado completamente a esta tarea, y le aseguro que los momentos de insuficiencia no mejoran.) He estado bastante tiempo en este mundo para saber que a veces necesitamos esos ataques aéreos sobrenaturales.

La promesa de Jesús de su presencia con sus discípulos, y con aquellos que vivimos algo más próximos al final del siglo, no es una amenaza, ¡sino una buena noticia! ¡No podemos hacer esto sin Jesús! La afirmación en Mateo 18:18 evidencia que nunca fue la intención de Jesús de obrar solo. Él planea investirnos de poder, capacitarnos, y usar la autoridad que recibió a favor de nosotros. Después de todo, todavía es su misión y el apóstol Pablo nos recuerda que nuestro gozo es ser "los que han sido llamados de acuerdo con su propósito" (Ro. 8:28).

Aunque no tomamos la afirmación de autoridad por parte de Jesús como una demanda de nuestra obediencia, tampoco debemos asumir una postura despreocupada. El Reino al que servimos viene con una tarea misionera para cada miembro. La comisión de Jesús no es la tarea de unos pocos, es una tarea compartida si estamos dispuestos a dejar de lado nuestras metas egoístas, o la obra que se espera solamente de los excepcionalmente devotos. Cada discípulo comparte en este llamado. Es la misión de Jesús, pero Él dijo claramente que sus discípulos comparten esta misma tarea.

> El Reino al que servimos viene con una tarea misionera para cada miembro.

Una de las más vívidas metáforas que describen el propósito de la encarnación de Jesús es su afirmación: "Yo soy la luz del mundo" (Juan 8:12). Debido a la obvia obscuridad que ha envuelto al mundo pecador, no es difícil entender la ilustración de la luz. Jesús vino como luz, eso es lo que Juan el bautista nos dice también (1:8).

Sin embargo, el versículo mencionado anteriormente dice que Juan el bautista no era la luz sino un enviado para dar "testimonio" de la luz. Su obra consistía en ayudar a las personas a que se prepararan para la venida de la luz. En una sección posterior hablaremos más de la tarea encomendada a este interesante personaje, pero por ahora necesitamos entender que el Bautista tuvo una función en el lanzamiento de la misión de Jesús, aunque a Juan no le fue encomendada la misión de Jesús.

Para usted y para mí las cosas son algo diferentes. La misión de Jesús es nuestra misión. Él vino para ser la Luz del mundo, y Él mismo encomendó a sus discípulos la misma misión. Jesús hizo discípulos de los doce primeros que llamó y unos cuantos más, y después los comisionó (y a nosotros) para que hicieran discípulos a todas las naciones. Jesús "vino a buscar y a salvar lo que se había perdido" (Lc. 19:10) y luego los envió (a nosotros también) hasta los confines de la tierra para cumplir la misma meta.

En Mateo 5:14, Jesús nos llama también "la luz del mundo". La autoridad que afirma tener es el medio para que cumplamos su misión. ¿Acaso eso no modifica en parte la manera en que usted ve su vida? Usted y yo hemos sido llamados a compartir la misión eterna de Jesús. Él nos ha dado toda autoridad y mostrará su poder a través de nosotros para que cumplamos el gran propósito, a pesar de nuestras limitaciones humanas. Por eso Jesús quería que sus discípulos entendieran la autoridad que Él había recibido. Jesús estaba por enviar a estas sencillas personas a la misión más increíble que se haya delegado a seres humanos como nosotros. Él sabía que ellos se sentirían abrumados por la tarea que tenían por delante. Pocos, si es que alguno, de ellos habían antes viajado fuera de su frontera local o habían tenido una conversación con una persona de una cultura diferente. ¿Cómo era posible que ellos propagaran el mensaje de Jesús "hasta los confines de la tierra" (Hch. 1:8)? Para algunos, sus propias familias no habían comprendido la elección de abandonar la vida presente que llevaban para seguir a este predicador aldeano. ¿Cómo hablarían con reyes y personas prominentes en lugares lejanos?

Cuando leemos las actividades posteriores de estos hombres sencillos, ya sea en el libro de los Hechos o en algunos de los textos antiguos de la historia de la iglesia, es muy difícil que no nos impresione el valor y la fuerza que los impulsó para ir a lo desconocido. ¿Cómo podían ellos imaginar que sus esfuerzos tendrían éxito? ¿Qué les hizo pensar que ellos podían hacer cualquiera de las obras notables que Jesús había hecho? Posiblemente fue la afirmación de Jesús respecto a su autoridad lo que no dejó de resonar en sus oídos. Ellos sabían quién era Jesús, lo que había hecho, y lo que había recibido. Ellos creyeron que la promesa de Jesús los acompañaría en su viaje sin que importara el lugar. Hombres sencillos, nada más ... sin embargo, ya no tan comunes.

Esta es la vida a la que también hemos sido llamados. Como en los días de Gedeón, Sansón, Jeremías, y Simón Pedro que vivieron más allá de sus propias fuerzas. Dios tiene una gran misión para nosotros y mostrará su capacidad ilimitada a través de nuestra vida a fin de que terminemos la obra.

En la Biblia, a este viaje increíble lo llamamos la vida llena del poder del Espíritu.

Para reflexionar

1. ¿De qué manera el conocimiento de que Jesús tiene toda autoridad ha afectado su confianza en Él y en sus promesas?
2. ¿Cómo se siente sabiendo que Jesús le ha otorgado ese poder? ¿Quiere usted ese poder?

C A P Í T U L O

5

¿Estamos cerca?

¿Es la vida que anhelamos la que ahora tenemos? ¿Ha considerado alguna vez si la manera en que vive como seguidor de Cristo concuerda con el verdadero propósito de Jesús? No es mi intención cuestionar las numerosas historias de poder y transformación de vidas que leemos en las revistas de las iglesias y los informes de misiones. Sin embargo, cuando piensa en su propia vida de fe, ¿acaso no le parece que le falta algo?

La afirmación de autoridad y la promesa de poder de Jesús revelan una expectativa que va más allá de lo que experimentan muchos cristianos. Es difícil imaginar a los apóstoles bostezando durante las reuniones en la iglesia local, mirando la hora en su "reloj", y pensando en el almuerzo. ¿Acaso lucharon por su posición en la escala de la jerarquía espiritual, con la esperanza de que esta semana la asistencia fuera mayor que la semana anterior, o al menos que superara a la reunión de adoración de otra denominación que se celebra a unas pocas cuadras de distancia? Mientras que las increíbles historias aumentan en otros contextos culturales, parece que el cristianismo de este lado del mundo se ha desviado del poder y la influencia que tuvo alguna vez.

Si las encuestas sirven de alguna indicación, la mayoría en las iglesias todavía tiene que comprometerse con el impacto del cambio de vida que Jesús describió, y que los apóstoles proclamaron. En años recientes, hemos descubierto poca diferencia de conducta entre aquellos que eligen quedarse en la banca el domingo por la mañana y los que cortan el césped. Incluso los cristianos de occidente muestran poca determinación o dominio propio en asuntos que la Biblia describe con toda claridad, por ejemplo, evitar la inmoralidad, dejar el egoísmo, y preferir la santidad en vez de la abundancia material. El apóstol Pablo dice que si alguno "está en Cristo" es "una nueva creación" (2 Co. 5:17), pero no parece haber nada nuevo para unos pocos creyentes.

Incluso para muchos pentecostales cristianos, aquellos que ponen suma prioridad en la vida llena del poder del Espíritu, carecen de la evidencia de esa vida poderosa. En el primer siglo, solamente un poco más de cien personas llenas del Espíritu, salieron con la misión de cambiar el mundo.

Sin embargo, en la actualidad congregaciones mayores luchan para ejercer ese poder e influencia cuando salen del edificio donde se congrega la iglesia. El poder marcó el avivamiento de Samaria. Incluso aquellos que practicaban el ocultismo notaron la superioridad del impacto que causaron los primeros discípulos. Uno hombre quiso comprar el poder que había visto y rápidamente supo que estaba lidiando con un poder mayor del que imaginaba (Hechos 8:9–24). Otros pocos hombres también pensaron que dominaban la fórmula para expulsar demonios, pero descubrieron que había más de esta vida poderosa que las palabras mágicas (19:13–16). Hasta el punto incluso que los pañuelos y delantales que habían tocado el cuerpo de Pablo tenía capacidad de sanidad (v. 12). ¿Cuándo fue la última vez que usted vio algo similar?

No me malinterprete. Hay mucho para disfrutar en las muchas iglesias de nuestro país. Los músicos de hoy tocan cantos enardecedores y en algunos lugares, las personas se unen a ellos con el entusiasmo de un concierto de rock. En otros lugares, los lagos y las piscinas portables están repletos de candidatos al bautismo, a quienes se los animan en medio de celebraciones. Para otros, el nivel de convertidos aumenta con todas las manos que se levantan cada domingo. Las personas llegan a las iglesias con una diversidad de problemas, y una hora después salen con esperanza, con lágrimas en los ojos y una Biblia de regalo.

> Aunque las iglesias en la actualidad son más grandes que antes, la influencia que ejercen en nuestra cultura continúa disminuyendo.

Sin embargo, aparentemente algo falta. Los problemas de la comunidad aumentan, incluso la influencia de la mejor iglesia local se desvanece. Además, en medio de la familia sagrada, aquellos que tienen problemas que controlan su vida se reúnen en grupos pequeños que posiblemente deberían crecer. El deterioro moral ya no se limita a escenas de sábado por la noche sino que está tocando incluso a los más fieles. Por cierto, muchas iglesias han vuelto a escribir sus pautas de moralidad debido a que la verdad que ofrecen batalla por generar un cambio de vida real.

Mi intención no es pintar un cuadro sombrío, pero aunque las iglesias en la actualidad son más grandes que antes, la influencia que ejercen en nuestra cultura continúa disminuyendo. En algunos lugares, los pastores pueden alcanzar un nivel de celebridad en la comunidad, aunque sus palabras caigan en oídos sordos. ¿Cómo es posible que un diácono lleno del Espíritu y unos pocos amigos causaran un avivamiento que alteró la cultura de Samaria formada por personas que tenían antepasados judíos, y que hoy media docena de iglesias que cuentan con veinticinco por ciento de la población local no pueda marcar una diferencia significativa en una pequeña ciudad? ¿Dónde está todo ese poder? No soy un crítico de la iglesia, ni trato de que usted lo sea. He pasado mi vida (más de medio siglo) entonando cantos cristianos y coleccionando notas de sermones. Escuché a mi pastor de jóvenes cuando quiso frenar mis urgencias de adolescente, y di lo mejor de mí para mantenerme a la altura de las pautas que él esperaba. Años después, persuadí a mi propio grupo de estudiantes a andar por ese mismo camino. Como pastor y feligrés, he estado en ambos lados del altar, esperando el momento que el emotivo encuentro se convierta en nuevas decisiones durante la semana siguiente. He alimentado al que padece de hambre y he compartido con los que tienen suficiente. He acunado bebés en la guardería de la iglesia y he compartido un devocional de aliento con los ancianos. Aunque no puedo decir que cumplí todo, puedo asegurar que saqué provecho de más de dos mil setecientos domingos, y no tengo planes de parar. Solo quiero más, y no creo que soy egoísta. Creo que Jesús desea eso para nosotros también.

Quiero que las personas que buscan una esperanza, encuentren algo más que un seguro contra el fuego eterno.

Quiero amigos que estén en medio de las ruinas de matrimonios fracasados, encuentren un camino a la restauración y una vida nueva. Quiero que el corazón vacío de los abusados, engañados y abandonados se llene hasta rebozar. Eso es lo que quiero, y puesto que ha leído hasta aquí, creo que usted también lo quiere.

¿Por qué muchos han terminado con una vida espiritual que se activa el domingo, y después como un títere queda oculta en el baúl de un vehículo los siguientes seis días? ¿Por qué muchos terminan practicando el cristianismo nominal, mostrando el rótulo pero no manifiestan evidencia de vida? ¿Por qué el término *cristiano* se convirtió en sinónimo de la ideología política que la vida justa y el poder que transforma?

Hay otra pregunta que me agobia aún más. ¿Por qué las personas que aparentemente están muy lejos de Dios, corren a Jesús, mientras aquellas que se esconden tras máscaras de justos no soportan estar cerca de Él? ¿Y por qué a menudo nos sucede lo opuesto?

Las personas fueron atraídas por el poder de Jesús y luego rápidamente encontraron su amor inigualable. Nosotros luchamos con ambos, ¿acaso no es así? No creo que ese fuera el plan cuando Jesús anunció su autoridad, prometió su presencia, y dijo que el mundo conocería que somos sus discípulos si nos amamos los unos a los otros (Jn. 13:35).

Me intrigó descubrir que Jesús confió su misión a unas pocas personas que no entendían la mayoría de sus verdades respecto de las que luego escribieron. La teología de ellos era incipiente. El mensaje de ellos ofrecía grandes ideas en su estado primitivo. Pasarían décadas hasta que pudieran entender una afirmación doctrinal y más de unos siglos antes de que alguno pudiera llevar una Biblia bajo el brazo. Había tanto que no tenían. *No obstante tenían algo que quizás a nosotros nos falta.* Tenemos al alcance la sabiduría de los eruditos de muchas naciones y culturas. Tenemos una presentación panorámica de la verdad bíblica que garantiza una exposición cabal de cada esencia doctrinal. Contamos con tecnología y viajes que pueden llevar al siervo del evangelio a un encuentro personal con casi todos los habitantes de la tierra. Tenemos muchas versiones de la Biblia que se han impreso y millones de libros que pueden ayudarnos a entender asuntos notables de la Biblia. Nuestros cantos de alabanzas alcanzan gran éxito y envuelven adoradores de todo el mundo. Pero, ¿tenemos el poder que los primeros seguidores de Cristo llevaron consigo desde Jerusalén a Judea, Samaria, y hasta los confines de la tierra?

¿Acaso no es tiempo de dejar de citar las razones de que los avivamientos que transforman las vidas tienen gran éxito en los países del Tercer Mundo, y comencemos a buscar nosotros mismos algo de eso? ¿Dejaremos alguna vez de pensar que estamos en el camino correcto cuando el que recorremos nos mantiene en el tedio y en una vida sin poder? ¿Dejaremos alguna vez de conformarnos con ideas de superación personal redactadas en lenguaje religioso, o con promesas placenteras acerca del cielo en la tierra para pensadores y visionarios positivos? Jesús vino para que tengamos vida, y creo que esa vida debe asemejarse más a la de Cristo que a la nuestra. Esa es la vida que yo quiero.

Quiero una vida llena del poder del Espíritu, la clase de vida que fue posible por la muerte de Jesús.

Para reflexionar

1. ¿Está su viaje con Cristo en crecimiento, o siente que su relación con Él está estancada?
2. ¿Cree que Dios quiere que vivamos una vida poderosa? Si es así, ¿por qué la mayoría de las personas no muestra poder en su vida?
3. Dedique unos momentos para anotar alguna ideas que describan su propia comprensión de una vida poderosa.

C A P Í T U L O

6

La transformación

Simón Pedro posiblemente es el más ameno de los discípulos, y el único que nos da la mayor esperanza. Aunque su personalidad enérgica ocasionalmente lo elevó por sobre los demás, por otro lado su falta de prudencia de alguna manera no le permitían subir mucho más. Si era o no Pedro el mejor de los doce primeros discípulos no es algo que se pueda asegurar, pero claramente fue el que más demandó la atención de Jesús. Pedro sorprendió a todos con su afirmación: "Tú eres el Cristo, el Hijo del Dios viviente" (Mt. 16:16). Su respuesta a la pregunta de Jesús: "y ustedes, ¿quién dicen que soy yo?" habría recibido un "10" incluso del juez europeo oriental. Podemos aplaudir su iniciativa de saltar de la barca cuando tuvo la oportunidad de andar con Jesús sobre el agua (14:28–29). Aunque la historia no terminó como Pedro hubiera querido, ninguno de los demás discípulos se secó los pies esa noche.

Sin embargo, si sus puntos elevados lo llevaron a alturas a las que los demás no se acercaron, también sus puntos bajos encontraron el fondo del profundo barril como ningún otro.

El más destacado de los fracasos de Pedro sucedió en el peor momento. Cuando estaban sentados a la mesa donde celebraban la Pascua, Jesús hizo alusión a la traición que pronto sufriría (Mr. 14:18). Aparentemente, Jesús sabía que los líderes religiosos no harían nada hasta que el hombre que lo traicionaría lo entregara. Tal noticia no habría sido fácil para los Doce, pero en vez de responder con disposición de matar a cualquiera que se atreviera hacer tal cosa, con timidez Pedro sugirió: "Pregúntale a quien se refiere" (Jn. 13:24).

¿Fue eso lo que tres años de aprendizaje y práctica produjo? Después de todo lo que ellos habían visto y hecho, ¿cómo podían sentirse tan débiles en el momento que el Salvador realmente podría necesitarlos?

Más tarde esa noche, quizás para probar su armamento, Pedro desenvainó su espada y salió al encuentro de los soldados que se aproximaban y del siervo del sumo sacerdote. Con un sablazo cortó la oreja de uno de los que estaban más cerca. Es difícil imaginar porque ese golpe no fue destinado para Judas, pero de una u otra manera, la acción de Pedro produjo una rápida reprimenda de Aquel a quien trataban de proteger (Jn. 18:1–12). Su espada permaneció envainada el resto de la noche, pero sus fallas apenas comenzaban. Mientras él y Juan seguían al grupo que vino para arrestar a Jesús, el corazón les latía de prisa, ansiosos por ver donde lo llevaban. Juan entró al patio del sumo sacerdote, pero Pedro se quedó afuera hasta que una joven sierva recibió la orden de que lo dejara entrar. Al parecer, mientras lo guiaba al patio de la casa, le preguntó: "¿No eres tú también uno de los discípulos de ese hombre?" (Jn. 18:17). Podemos perdonar la pregunta negativa ya que suponemos que por ser una sierva no tenía mucha educación, pero ¿cómo podemos entender la respuesta de Pedro?

"No lo soy".

¿Estás hablando seriamente? Pedro, te arrodillaste en tu propia barca debido a una captura de peces abrumadora cuando te diste cuenta por la primera vez de quién era Jesús. Observaste la multiplicación de los peces y los panes que llenaron las canastas que cargaste para repartir a la multitud. Presenciaste la vista que volvió al ciego y la sanidad de los poseídos por demonios. Caminaste sobre las aguas, aunque fueron solo unos pasos, y te postraste en tierra durante un encuentro de Jesús con Moisés y Elías en el monte. ¿Ahora quieres ocultar todo eso de una joven sierva que ya sabía la respuesta a su pregunta? Y ahora ella deja que te reúnas con Juan, al que todos conocen como discípulo de Jesús.

¿En serio?

Una vez en el patio, Pedro encontró un fuego para calentarse y la pregunta surgió de nuevo. No estoy seguro si era difícil ver los rostros en la obscuridad, y es posible que esto dé mucho más miedo, pero después que se haya acobardado ante una sierva, cada grupo parecía una banda amenazante. La misma pregunta, la misma respuesta. Aparentemente cuanto más Pedro se acercaba a Jesús esa noche, más lejos su corazón se apartaba de Él.

Finalmente, surgió una tercera oportunidad. Esta vez, la pregunta vino de un pariente de aquel a quien Pedro le había cortado la oreja un poco antes esa misma noche. Ese hombre podría ser un problema para Pedro. Otra vez Pedro negó cualquier conexión de lo que había hecho y Aquel por el que lo había hecho.

En ese momento, a la distancia un gallo cantó marcando el amanecer del día. El sorpresivo cacareo conmovió a Pedro bruscamente al darse cuenta que en una noche había despreciado el gran futuro que soñaba solo unas horas antes.

Eso habría sido el final para Simón Pedro, ¿acaso no es así? Si no puede sacar más de una oportunidad de tres años viviendo como sombra de Jesús, yo creo que es tiempo de dar a otro una oportunidad. Parece que debiera haber un ángel con un gran cartel llamando, ¡el próximo!

Sin embargo, milagrosamente nadie cerró una puerta eterna contra Simón Pedro esa trágica noche. En cambio, después de su propia muerte, solitaria y horrenda, Jesús volvió a aparecerse al agobiado pescador y le restauró. Por esto nos gusta este discípulo tosco, su historia nos da esperanza para el resto de nosotros los ineptos.

Semanas después, la escena había cambiado dramáticamente. Jesús pasó el bastón de su maravillosa misión a sus discípulos y luego desapareció en una nube. Sin saber qué hacer, los discípulos escogieron a Matías como miembro oficial del grupo (para reemplazar al traidor, Judas Iscariote, y volver a ser doce) y luego se reunieron en un aposento, esperando que Jesús volviera con un plan, un reino, o alguna idea de los próximos pasos. Él les dijo que esperaran por algo (un mandato que consideraremos más profundamente en el próximo capítulo), así que esperaron.

Mientras Jerusalén concluía con el bullicio de la celebración de los primeros frutos (una fiesta para recordar la promulgación de la ley y el lanzamiento del judaísmo), repentinamente el lugar donde estaban parecía lleno de fuego. Las palabras no pueden describir el momento, pero se sentía como si un viento sacudiera las paredes de piedra. Algo... no Alguien... una Presencia surgía desde adentro y extrañas sílabas brotaban de sus corazones a través de sus labios, produciendo una cacofonía impresionante de lo desconocido (Hch. 1:1-4).

> Estas "lenguas" desconocidas provenían del Espíritu de Dios que vino sobre cada persona en ese notable aposento.

Pronto la multitud se reunió mientras los judíos de lugares lejanos oían voces que alababan a Dios en su lengua nativa. ¿Qué estaba ocurriendo? ¿Cómo era posible que simples galileos como estos hablaran esos idiomas?

En efecto, ¿cómo fue posible que sucediera algo así? En el versículo 4, la expresión que se tradujo como "les capacitaba" corresponde a la palabra griega αποθεγγομαι (que se pronuncia apo-zen-go-mai), y que denota un mensaje inspirado. En otras palabras, estas "lenguas" desconocidas provenían del Espíritu de Dios que vino sobre cada persona en ese notable aposento.

Luego que ese fervor se calmó y los que estaban adentro atemperaron su entusiasmo, llegó el momento de responder a los interrogantes de la multitud. Pero, ¿quién debía hablar?

Yo habría sugerido que Juan lo hiciera. Aunque era el más joven de los discípulos, estuvo junto a Jesús durante su juicio y crucifixión y fue el primero en llegar corriendo a la tumba. En última instancia, Juan sería la voz principal de la iglesia a lo largo del primer siglo, enseñando el mensaje de amor de Jesús con loable claridad. Conforme aumentaban las preguntas, y algunos de la multitud pensaban que todos en el grupo estaban ebrios, mis ojos están en Juan.

Sin embargo, fue Simón Pedro quien se levantó. ¡Qué bien! No importa cuántos errores hubiera cometido, ¡nunca sentía temor de cometer otro!

Sin embargo, algo había cambiado. Simón Pedro, el que no podía responder con la verdad a una joven sierva, comenzó a hablar con claridad y poder, y sin temor. No tenía temor de ser visto como el líder de esta conmoción inexplicable. Se puso de pie para conectar los puntos históricos con las antiguas profecías, y para vincular la responsabilidad de la multitud con la muerte de Jesús. ¡Increíble! ¡Un llamado al altar que va directo al punto! "Jesús, a quien ustedes crucificaron" (Hch. 2:36), alzó la voz, como queriendo que sus palabras en ese instante alcanzaran al sumo sacerdote.

¡Qué diferencia! ¿Qué le había ocurrido al temeroso discípulo? Cuando Lucas relata la historia, nos lleva a la transformación mediante el uso de la misma palabra, αποθεγγομαι cuando describe el discurso de Pedro (v.14). Las palabras de Pedro fluían de la misma Fuente que había repartido las lenguas desconocidas. Sus palabras tenían una investidura de poder, y desde ese momento, también su vida.

Llamamos a este momento, "Pentecostés", un nombre vinculado con la fiesta judía de ese día, pero significa mucho más hoy. Este fue el momento del lanzamiento de la iglesia, el derramamiento del Espíritu de Dios sobre el pequeño grupo de Jesús, y el lanzamiento de la misión que les había en-comendado. Esta es la imagen de la vida llena del poder del Espíritu, quizá nunca antes visto más claramente en la Biblia que en la vida de Simón Pedro.

Unos días después de esta experiencia, Pedro tomando a un cojo de la mano, lo levantó y al instante sus pies fueron sanados. Después, Pedro fue llevado a la cárcel pero habló con tal sabiduría y entendimiento que asombró a los líderes religiosos. Él huyó de esa cárcel, mediante la intervención de un ángel que lo libertó, y se convirtió en el líder al que estaba destinado para la iglesia de Jerusalén. No pasó mucho tiempo, y Pedro se encontraba en la casa de un centurión romano cuando la salvación y la vida llena del poder del Espíritu vinieron por primera vez sobre un gentil.

Él era Simón Pedro... espere, él es ahora el Simón Pedro lleno del poder del Espíritu, que se convirtió en la roca que Jesús sabía que él sería (Mt. 16:18).

Para reflexionar

1. ¿Cree que la transformación de Pedro fue algo más que sólo una renovada disciplina personal y determinación? Explique su respuesta.

2. ¿De qué manera Dios ha transformado su vida?

CAPÍTULO 7

Esperen

¿Se ha preguntado lo que habría estado pensando Jesús cuando oyó a la distancia el canto del gallo que sonó como una alarma de la mañana? ¿Sabía Jesús que en ese momento Pedro se culpaba por haber sido tan débil? Supongo que Jesús pudo haber pensado: *Te lo dije*, como uno que estaba harto de los esfuerzos frecuentes de Pedro de captar su atención. *¡Eso hará que calle por un tiempo!*

Por supuesto, nosotros sabemos que esa no fue la actitud de Jesús.

Quizás Jesús sintió pena por Pedro y se preguntó cómo el impetuoso discípulo enfrentaría los próximos días mientras meditaba en lo que había hecho. Cuando Jesús le advirtió a Pedro que lo negaría, le dijo al pescador que Satanás quería "zarandearlos a ustedes como si fueran trigo", pero Jesús había orado por ellos (Lc. 22:31–32). Esto probablemente indica que esa noche Jesús sintió compasión por su amigo, y Pedro experimentó un doloroso descubrimiento.

En efecto, Jesús conoce nuestras debilidades. Sin embargo, Él no usa su conocimiento para tentarnos o mostrarnos nuestra incapacidad de alcanzar todo lo que anhelamos ser. En realidad, Jesús no está sentado en el trono celestial celebrando cuando recibimos nuestro merecido. Por el contrario, el escritor de la Epístola a los Hebreos dice que Jesús se compadece de nuestras debilidades (Heb. 4:15).

Jesús sabía que Pedro le negaría, porque sabía que Pedro no estaba listo para soportar la abrumadora emoción de la noche. Jesús sabía que Pedro todavía no tenía la fortaleza o el poder del Espíritu para enfrentar el acoso del archienemigo Dios.

Por cierto, esa noche mientras Jesús pensaba en cada uno de los discípulos, debió preguntarse de la capacidad que tenían. ¿Podrían ellos enfrentar la vida por delante sin Él? Probablemente ellos no podían entender que el camino de sufrimiento que Jesús anduvo, con el tiempo ellos también andarían en él. Seguramente, la mente de Jesús pudo enfocarse solamente en sus propios momentos dolorosos de golpes físicos y tratamiento injusto, pero algo me dice que sus pensamientos se desviaron hacia los "pequeñitos" que lo habían seguido.

Jesús procuró decirles que "ningún siervo es más que su amo" (Jn. 13:16). Jesús sabía que los que lo aborrecían a Él, también los aborrecerían a ellos. Para cada uno que le llamaba Señor, la vida sería difícil y demandaría el sacrificio final. En la primera prueba de eso, Pedro fracasó estrepitósamente porque no estaba listo, ninguno de ellos lo estaba.

Por esta razón la oración de Jesús por ellos fue "Padre santo, protégelos" (Jn. 17:11). Quizás yo esperaba que pidiera a Dios que los capacitara, los llenara de poder, o los hiciera grandes entre los demás. Por eso prefiero que Jesús ore por mí. Él habló como un general que se preocupa del futuro de sus hombres: "Guárdalos con el poder de tu nombre, para que sean uno...".

¿Qué sabía Jesús que ellos no sabían?

Jesús sabía que su petición por sus discípulos era mayor que ningún sueño que alguna vez hubieran imaginado. Estos eran hombres del lugar. De hecho, sus caminatas con Jesús a través de los campos de Judea eran probablemente lo más lejos que habían estado de su hogar. Estos hombres viajaban en barcas y navegaban a tierras lejanas donde entrarían en culturas no judías con un mensaje ajeno a la receptividad de todos los que les oían. Ciertamente, algo digno de considerar.

> Jesús sabía que su petición por sus discípulos era mayor que ningún sueño que alguna vez hubieran imaginado.

Cuando usted lee el libro de los Hechos, nota las ideas racistas que tenían mucho de los apóstoles. Ellos creían que los judíos eran superiores y poseían acceso único a Dios. Los demás podían recoger las migajas que caían de las mesas de los judíos, pero la comida principal era para sus compatriotas (Mt. 15:27). ¿Acaso no le suena como la típica mentalidad misionera? ¿Cómo superarían ellos este tipo de ideas?

La educación tampoco era el boleto para que ellos modificaran su manera de pensar. La mayoría de estos hombres pertenecía a la clase inferior donde aprendían más en el hogar que en la escuela, si es que sus padres eran diligentes en enseñarles. La educación superior que tenían no abría muchas puertas porque la manilla estaba demasiado alta como para que ellos la alcanzaran.

Entonces, ¿cómo podrían estos hombres cumplir esta Comisión? Estoy seguro que Jesús tenía mucha confianza en el plan de su Padre, pero cuando "estaba en la tierra" y observó esos ojos confusos día tras día, reflejaban incertidumbre. Era claro que estos hombres necesitarían ayuda sobrenatural, si ellos iban a cumplir una estrategia a nivel mundial.

Entonces Jesús les mandó que esperaran.

Puede que nos entusiasmemos mucho con la Gran Comisión. Quizás sólo Juan 3:16 ha sido alimento para más sermones que el mandamiento de Jesús de "Id" al final de cada evangelio sinóptico. Cuando Hechos 1:8 nos indica el orden a seguir: Jerusalén, Samaria, y hasta los confines de la tierra, ¡entonces estamos listos para ir! ¡Todos ayudan aquí y allá…!

Sin embargo, antes de que Jesús dijera que seríamos sus testigos en lugares cercanos y lejanos, Él dijo: "Esperen". A continuación leemos la declaración textual:

> "Una vez, mientras comía con ellos, les ordenó: No se alejen de Jerusalén, sino esperen la promesa del Padre, de la cual les he hablado: Juan bautizó con agua, pero dentro de pocos días ustedes serán bautizados con el Espíritu Santo" (Hch. 1:4–5).

¡Esperen! ¿Cómo fue que lo pasamos por alto?

Quizás como Simón Pedro esa noche en el Getsemaní, estamos anhelantes de que algo suceda. Estamos listos para hacer algo, desenvainar la espada. ¡Queremos mostrarle a Jesús que tipo de personas somos!

Pero Jesús dijo: "Esperen".

¿Por qué? Porque Jesús conocía nuestras debilidades. Él sabía el camino que nos esperaba. Él sabía la magnitud de la tarea que nos había encomendado y que el enemigo querría ser un obstáculo en nuestra senda. Él sabía que no estaríamos tan preparados como supusimos, y cuando el problema surgiera, soltaríamos la espada y correríamos tan rápido como Pedro aquella funesta noche. Jesús sabía que necesitaríamos más que nuestra voluntad y entusiasmo, porque esta batalla es mayor que nuestra fuerza.

Entonces Jesús dijo: "esperen" y tenía algo específico en mente. "Esperen el don que mi Padre prometió, el cual ustedes me oyeron hablar… serán bautizados en el Espíritu Santo".

Ya hemos visto lo que ese momento de Pentecostés hizo al transformar a Simón Pedro. En una extraordinaria reunión de oración, Pedro se convirtió de pescador inestable, que navegaba las olas de sus propias emociones, en una roca que Dios usó para edificar su reino maravilloso. Pedro no fue el único. Jesús tuvo planes sorprendentes para cada uno de los 120 que llenaron el aposento alto ese día. Cada uno de ellos necesitaría esa misma clase de momento de transformación que los impulsaría a llevar una vida llena del poder del Espíritu, la cual estaban destinados a vivir.

Puede que usted piense: *Seguro, esa es una gran historia, pero está íntimamente ligada al mundo de aquel entonces. ¿Qué tiene esa historia que ver conmigo?*

¿Acaso esta historia tiene una aplicación para nosotros que la leemos después de un lapso de casi dos milenios? Dicho más claro, ¿podremos experimentar lo mismo?

Muchos han argumentado el asunto de si el momento de la investidura del Espíritu es "normativo" para todos los cristianos. En otras palabras, ¿fue esto sencillamente el catalizador de unos pocos cristianos, o quiere Dios que cada cristiano reciba el mismo "bautismo"?

Bien, primero consideremos lo que sucedió después. Cuando Hechos 1:4–5 se cumplió por la primera vez, según Hechos 2:1-4, la iglesia tuvo un inicio extraordinario. Tres mil almas se convirtieron en el primer día. ¡Estoy seguro de que tendríamos muchos problemas de infraestructura si su iglesia tuviera un día como el de la iglesia primitiva!

Sin embargo, algunos capítulos después, la persecución aumentó y los creyentes reconocieron su falta de fortaleza contra tales amenazas. Pedro y Juan ya habían estado encarcelados por la sanidad del cojo en el nombre de Jesús, su líder recientemente ejecutado. Aunque fueron liberados, no fue sin antes recibir claras amenazas. El grupo local de discípulos rogó a Dios que lo ayudara, que le diera a todos el denuedo para seguir adelante con la misión. Aquí leemos lo que sucedió después mientras oraban:

> Hemos revisado solo diez capítulos en el libro de los Hechos siguiendo una línea de la propagación del evangelio, y es claro que Hechos 2 no fue una experiencia que sucedió solo una vez.

En efecto, en esta ciudad se reunieron Herodes y Poncio Pilato, con los gentiles y con el pueblo de Israel, contra tu santo siervo Jesús, a quien ungiste para hacer lo que de antemano tu poder y tu voluntad habían determinado que sucediera. Ahora, Señor, toma en cuenta sus amenazas y concede a tus siervos el proclamar tu palabra sin temor alguno. Por eso, extiende tu mano para sanar y hacer señales y prodigios mediante el nombre de tu santo siervo Jesús.

Después de haber orado, tembló el lugar en que estaban reunidos; todos fueron llenos del Espíritu Santo, y proclamaban la palabra de Dios sin temor alguno (Hch. 4:27–31).

¿Ya notó la última línea? "Todos fueron llenos del Espíritu Santo". Esa es la misma frase que describe el derramamiento inicial en Hechos 2:4. Por cierto, todavía vemos momentos como ese. Saulo de Tarso (luego llamado Pablo) experimentó una investidura de poder en Hechos 9:17. Después, este bautismo en el Espíritu descendió sobre el centurión romano y toda su casa, para asombro del apóstol Pedro que pensaba que Dios solo habitaba en medio de los judíos (10:45–46). Hemos revisado solo diez capítulos en el libro de los Hechos siguiendo una línea de la propagación del evangelio, y es claro que Hechos 2 no fue una experiencia que sucedió solo una vez.

Esta experiencia se convirtió en algo que se espera.

Cuando el avivamiento llegó a Samaria mediante la predicación de Felipe, los apóstoles en Jerusalén enviaron a Pedro y Juan para supervisar lo que sucedía. Ellos no fueron para reprimir la propagación del evangelio en esta región en parte menospreciada. Ellos fueron para presentar a estos nuevos convertidos el poder del Espíritu Santo. El relato de Lucas aclara que la prioridad de esta promesa sirvió como el único motivo de esta misión (8:14–17). Jesús sabía que sus propios discípulos necesitarían el poder del Espíritu Santo para cumplir la misión, y ahora sus discípulos sabían que incluso los samaritanos necesitarían ese mismo poder.

Considere que no hay en la Biblia un momento que revele más claramente la comprensión que la iglesia primitiva tenía del poder del Espíritu que cuando el apóstol Pablo impone las manos sobre un grupo de creyentes de Éfeso. Aquí, la primera pregunta de Pablo en la reunión de los creyentes fue: "¿Recibieron ustedes el Espíritu Santo cuando creyeron?" (Hch. 19:1-2). Esa pregunta dice mucho.

Estos primeros discípulos de Jesús comprendieron la importancia de recibir el poder del Espíritu Santo. Esa fue la primera pregunta de Pablo a los efesios, y es el único fragmento de esa conversación que Lucas comparte con nosotros. ¿Por qué? Porque Jesús dijo: "Esperen". Sus discípulos tomaron ese mandato como una prioridad. Para llevar una vida llena del poder del Espíritu, y buscar el camino maravilloso que Dios ha trazado para nuestra vida, debemos también esperar un poder mayor que el nuestro.

Para los seguidores de Cristo de la iglesia primitiva, la plenitud del Espíritu significó una dirección clara, conocimiento y sabiduría que no se obtiene por el estudio, perseverancia notable, y poder milagroso que obra cuando la situación lo demanda. ¿Acaso no suena eso como la misma lista que traemos ante Dios cuando servimos en su misión? Usted y yo no podemos fabricar tales cosas, y cuando tratamos, nos quedamos con nuestras propias deficiencias y un corto camino al fracaso.

Jesús percibe la misma hambre en nosotros, pero también conoce nuestras debilidades, el camino que tenemos por delante, la medida de nuestra tarea, y el enemigo que busca destruirnos. ¿Acaso tiene sentido pensar que podemos manejar esto según nuestra fuerza? Es poco probable, ¿no le parece? Por eso, la vida llena del poder del Espíritu debe ser tan importante y estar disponible para nosotros como lo estuvo para ellos.

¿Cuál es la conclusión? Yo quiero esta vida que constantemente anhela algo más, ¡y Jesús sabe que la necesito!

Para reflexionar

1. ¿Por qué habría sido difícil para los primeros discípulos de Jesús obedecer el mandato de esperar?

2. ¿Ha experimentado un momento como el de ellos, cuando Dios cumplió su promesa de otorgar poder en su vida?

CAPÍTULO
8

Quiero más

En los capítulos anteriores, hemos visto la evidencia bíblica de algo más. La transformación que deseo vine a buscarla en Jesús para pedir algo mayor de lo que puedo alcanzar a través de mi aprendizaje y práctica. Piense un momento en lo que esto representa.

No puedo cambiarme a mí mismo.

¿Acaso no fue esto lo que reconocimos cuando vinimos por primera vez ante Jesús en busca de esperanza, limpieza, y un cambio de vida? Decidimos este asunto, y cuando oímos que Dios estaba "en la ciudad" fuimos "corriendo". Si tuviéramos la capacidad de cambiar nuestro rumbo, ser libres de los patrones que hemos establecido, y andar por un camino hacia una satisfacción y paz mayor, ¿acaso no estaríamos haciendo eso? Dios no fue nuestro atajo a un camino que no podíamos encontrar por nosotros mismos. Él, y su misericordia, es el *único* camino para llegar ahí.

Puedo cambiar algunos hábitos, pero incluso eso resulta difícil. Podría decidir dejar de comer ciertos alimentos en la lista de lo que no es saludable, pero eso agota mi fuerza de voluntad. Una membresía en el gimnasio o la compra de una máquina para caminar puede ayudarme a dar prioridad al ejercicio, aunque por alguna razón ese es un hábito fácil de romper. Así que después de un tiempo, cubro la máquina con una frazada y me olvido de ella.

Si he de experimentar un cambio dramático en mi vida, no tengo dificultad de reconocer que necesito ayuda porque yo no tengo lo que se requiere para que eso suceda. No digo que Dios tenga que hacer toda la obra. Sin embargo, Él tiene que participar de manera importante y proveer tanto la posibilidad como el poder para que pueda convertirme en alguien diferente.

Por naturaleza, soy un hombre tranquilo. Pregúntele a mi esposa. Ella le dirá que puedo conducir el automóvil en silencio por horas, algo que para ella es muy difícil. Cuando surge una necesidad, me alegra poder ayudar, pero en momentos así no participó con mucha fuerza. No comienzo una conversación con facilidad, y hay muchas veces que me gustaría mejorar mi habilidad de compartir mi fe con quien se sienta a mi lado en un avión. Me es difícil ser ese tipo de persona. A veces deseo ser más intrépido y, honestamente, a veces la ocasión lo demanda. Por cierto, creo que ese sería un aspecto en que debo ver fruto cuando me propongo vivir en el poder del Espíritu.

Creo que podría ser muy semejante a Bartolomé, uno de los discípulos de quien no sabemos mucho. A veces se le llama Natanael, y todo lo que sabemos de él lo deducimos de su encuentro con Jesús. De inmediato Jesús supo que Bartolomé era recto y sincero. Su etiqueta leía: en él "no hay falsedad" (Jn. 1:47). Pero una vez que se unió al grupo de Jesús, no se lo menciona mucho en la historia. No era ruidoso como Pedro, ni tuvo un pasado como Mateo. Aparentemente no tenía familia entre los discípulos como Santiago y Juan, ni tenía una agenda política como la de Simón el zelote. Era solo un hombre bueno, y me gustaría saber de que manera Hechos 2:4 afectó su vida, porque creo que yo querría lo mismo.

Por supuesto, ya sabemos que todos somos diferentes.

Es probable que usted sea como Simón Pedro, un "extrovertido" en sus opiniones y emociones. Sinceramente, ese tipo de personas me ponen algo nervioso, pero es divertido tenerlas cerca. Admiro la habilidad que tienen de tomar la vida con ambas manos. Cuando entran, el ambiente cambia. La gente quiere estar cerca de ellos, nadar en la ola que crean. Los demás los reconocen como un líder "natural", y que todo lo que hace tiende a ser grande, incluso si no resulta como se espera.

La necesidad de Pedro era estabilidad y firmeza. Esa es la idea completa tras el título de "roca" que Jesús le puso. Sin embargo, ser investido del poder del Espíritu significó mucho más que eso para el pescador. Significó incrementar su denuedo, incluso tener el valor de proclamar la sanidad de un cojo y resucitar a una mujer muerta. La vida en el poder del Espíritu desarrolló lo mejor del potencial de Pedro a un nuevo nivel mientras que inyectaba nueva fortaleza en sus áreas débiles. ¿Acaso no es esto algo que también nosotros necesitamos?

Quizás el ritmo de Juan sea semejante al suyo. Juan era el más joven de los discípulos, posiblemente un joven adulto cuando comenzó su viaje con Jesús. Sin embargo, no había un asiento posterior en el vehículo para este joven. Juan estaba justo en medio de todo lo que Jesús hacía. Es posible que la posición de su hermano le abriera

> La vida en el poder del Espíritu desarrolló lo mejor del potencial de Pedro a un nuevo nivel mientras que inyectaba nueva fortaleza en sus áreas débiles.

la puerta, no obstante Juan era un seguidor genuino. Cometió sus errores pero estuvo dispuesto a aceptar la corrección. Era la persona con la que Jesús siempre podía contar, quien permaneció al pie de la cruz juntamente con la madre de Jesús, mientras los demás se escondían entre la multitud. Cuando pienso en Juan, la palabra *confiable* viene a mi mente. ¿Es usted confiable? Quizás usted sea al que todos acuden para que la obra se lleve a cabo. Es posible que no demande la mayor atención, pero siempre está presente, listo y dispuesto para enfrentar cualquier desafío. Considera cada día como una oportunidad para aprender algo más, o ser algo mejor en todo lo que piensa y hace.

El Juan lleno del Espíritu, fue conocido como el "apóstol del amor". Este no es un sobrenombre que describe un amor sensual o una conducta sexual indecente. Por el contrario, era un testimonio del hecho que Juan asimiló la idea principal de la enseñanza de Jesús. Juan fue el que destacó la preeminencia del amor. Él nos reveló la relación que hay entre la obra de Jesús y el amor del Padre. Fue quien nos enseño que el amor a las personas nos vincula a Jesús. ¿Acaso no me cree? Lea su primera carta (1 de Juan), y encontrará el resumen de la vida de este discípulo.

Mateo es otra historia, quizá una como la suya. Mientras que todos los discípulos llevaban una vida poco menos que satisfactoria antes de conocer a Jesús, la de Mateo era desastrosa. Su misma ocupación revela algo de su historia. Mateo era cobrador de impuestos, un judío que trabajaba para los romanos, cobrando a sus compatriotas el tributo que el imperio exigía. Los cobradores de impuestos servían a los opresores y muchos de ellos llenaban sus propios bolsillos de cualquier ganancia monetaria que pudieran obtener.

Nos informamos más de la historia de Mateo en la cena que ofreció en honor de Jesús. Mateo invitó sus amigos, y los religiosos fueron los que expresaron sus criticas en esta escena (Mr. 2:15-16). Él era

> El salvavidas más entusiasta que el que sabe lo que se siente al ahogarse.

uno de "esa clase de personas" cuando Jesús vino a su vida. Por supuesto, "esa clase de personas" surgen con frecuencia en la historia de Jesús, y el resultado siempre fue muy especial.

¿Se identifica usted con Mateo? Seguramente su historia es diferente, pero quizás usted sea uno de los millones que han encontrado a Jesús después de una vida de trágicas decisiones. A usted le gusta Mateo posiblemente porque corrió tras Jesús así como usted lo ha hecho, y entiende la cojera en su andar. ¿Cómo es un Mateo lleno del Espíritu? Él es posiblemente alguien que trastorna el mundo con una historia poderosa que puede contar a las personas más necesitadas. Por cierto, en historias como la de Mateo, Jesús toma los pedazos de lo que fue destructivo y los convierte en una vida pertinente y productiva. El salvavidas más entusiasta que el que sabe lo que se siente al ahogarse.

Por supuesto, Tomás era completamente diferente. Algunos piensan que era una persona del tipo melancólico o de emociones profundas. Yo lo veo como un hombre "completamente comprometido". Era terco y podía exasperar a cualquiera cuando no estaba de acuerdo con lo que otros le dictaban, pero cuando sí estaba de acuerdo, no era el tipo de persona que cambiara de opinión.

Su nombre se incluye en dos episodios importantes en la historia del evangelio. Uno de ellos lo caracteriza, aunque no creo que con justicia. Lo llamamos, "Tomás, el que duda", pero creo que uno más imparcial sería "Tomás, el desesperado". Como sabemos, Tomás no estuvo en la primera reunión donde Jesús apareció a los discípulos después de la resurrección. Tomás no estaba listo para creer que los discípulos habían visto al Jesús resucitado. Él había sido testigo de la muerte de Jesús, y su propia esperanza había muerto con él. ¿Cómo es posible que Jesús estuviera vivo? Tomás todavía no estaba listo para creer después de haber perdido su propia esperanza. Pero, Tomás sí estuvo en la segunda reunión, y la historia de la iglesia relata que después de que Tomás fuera lleno del Espíritu Santo, ya nada lo detuvo otra vez.

La primera vez que oímos de Tomás en la historia de Jesús fue unos meses antes, cuando Jesús volvió a Jerusalén, que vino a ser la última vez. Cada discípulo sabía lo que significaba esta visita a la comunidad de los líderes religiosos. Sin embargo, Tomás fue el que dijo: "Vayamos también nosotros, para morir con él" (Jn. 11:16). ¡Esa es la clase de persona que quiero a mi lado!

¿Es usted esa clase de persona? ¿Siente las cosas profundamente? Las personas con pasión son aliados poderosos, no importa el desafío. Sin embargo, pueden desanimarse, especialmente cuando aquellos con las que cuentan aparentemente fracasan. Las personas como Tomás no pueden simplemente ignorar la desilusión sino tienden a cargarla emocionalmente más que la mayoría de los demás. Piense en lo que el poder del Espíritu Santo puede hacer para aumentar esa pasión y sanar esas heridas. Muchos como Tomás han hecho grandes cosas por la obra de Dios en cada generación.

Entonces, ¿cuál persona es usted? Claro, no hemos hablado de Andrés, Santiago, o el resto de los discípulos que viajaban con Jesús. Lo que importa es que ellos, al igual que nosotros, tenían una personalidad única y un propósito propio especialmente diseñado. Ningún discípulo es exactamente igual al otro. Esa es una demostración de la inmensa creatividad de Aquel que nos formó. Usted es una colección única de rasgos y experiencias, y Dios se complace en exponer lo mejor de usted con el poder de su Espíritu Santo. Eso es lo que la vida llena del poder del Espíritu hará. No hay un modelo repetido al que Dios quiere que usted se asemeje. Usted no está diseñado para ser una versión superior o inferior de otra persona. Por el contrario, Dios desea que usted desarrolle al máximo sus mejores fortalezas y domine las áreas que le impiden hacerlo. Usted es uno de los miles de millones de expresiones únicas de la mente de su Creador, y Él quiere llenar su vida y transformarla en la mejor versión que se pueda encontrar.

¿Desea usted eso? Yo sí lo quiero.

Eso es exactamente lo que propongo cuando digo, *quiero más*. Quiero más de lo mejor de mí y más fortaleza para superar lo peor de mí. Quiero vivir para lo cual fui creado. Según el apóstol Pablo dice: "Sin embargo, sigo adelante esperando alcanzar aquello para lo cual Cristo Jesús me alcanzó a mí" (Fil. 3:12).

El primer paso a la vida llena del poder del Espíritu es querer esa vida, incluso saber que lo necesita. Cuando Jesús dio su Gran Comisión a sus discípulos, cada uno de ellos tuvo una opción. Ellos pudieron seguir viviendo a su manera; pudieron regresar a la pesca o a recaudar impuestos. Pudieron incluso seguir el viaje en el que Jesús los invitó a participar. Judas no siguió, pero el resto de los discípulos dijo: "¡Queremos más!"

¿Quiere usted más?

En estos ocho capítulos, he tratado de enunciar esa pregunta en su mente, pero en algún momento usted deberá responderla. Las siguientes páginas lo ayudarán a seguir adelante y finalmente expresar esa vida, pero éstas no tienen valor a menos que usted escoja. No puedo impedir que siga leyendo para saber lo que significa antes de que tome su decisión, pero recuerde que Jesús le pidió a sus discípulos que lo siguieran antes que supieran dónde los llevaría el camino. Puedo decirle que Dios tiene un camino diseñado exclusivamente para usted, y Él ha prometido que lo acompañará mientras ande en él.

Para mí, eso es más que suficiente para comenzar a buscar ¡la vida en el poder del Espíritu!

Para reflexionar

1. ¿Qué fortalezas posee, y cómo serán si las desarrolla al máximo mediante el poder de Dios?
2. ¿Qué debilidades pensó que nunca podría vencer?

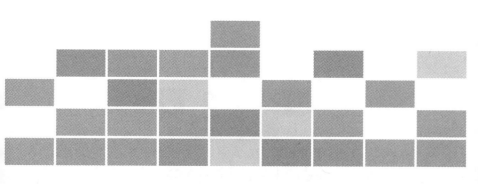

EL ENCUENTRO

9

Relaciones:
Más que sólo creer

Como la mayoría de las personas, me gusta mirar los juegos olímpicos. Me encanta cómo el atletismo y el patriotismo se mezclan y me siento impulsado a alentar a los atletas que no conozco ni de los cuales he oído antes, lo cual me dispone a celebrar el éxito con entusiasmo, gritando: "¡Lo logramos!" Por supuesto, los ganadores serán "reconocidos" una y otra vez, aunque ellos ni sepan que yo los he vitoreado.

En mi opinión, el más conmovedor de los juegos olímpicos es la carrera de 100 metros libres. Esa es la carrera donde coronamos al "ser humano más rápido del mundo" (suponiendo que cada país haya encontrado a su corredor más rápido). Es difícil pensar que una persona sentada en su sala, con el control remoto en la mano, tenga la habilidad de correr más rápido que el corredor al que anima.

No soy esa clase de persona. Participé en el equipo de atletismo de mi escuela secundaria como corredor de distancia, no debido a mis pasos largos sino por el tamaño de mi escuela. No obstante, sé un poco acerca de esas carreras de velocidad. Sé que el comienzo es muy importante, pero no toda la carrera.

Cada corredor calibra su metal de salida, ata firmemente los cordones de su calzado y flexiona cada pierna y músculo de los hombros mientras se prepara para tomar su marca. Luego, se agacha en posición de salida, inclinándose estrechamente como un cohete de la NASA listo para su lanzamiento. Después, trata de calcular perfectamente su tiempo de lanzamiento, esperando salir de su marca en el milisegundo en que oye el disparo al aire de la pistola. Si sale un momento antes, puede ser descalificado. Si sale un momento más tarde, no podrá alcanzar a los demás corredores. Aunque la carrera no se gana en la marca de salida, los expertos dicen que es posible perderla ahí.

La partida es importante… pero no es la carrera.

La carrera es lo que sucede después del disparo de pistola. Es lo que sucede después de que los corredores se levantan de su posición de espera y muestran su extraordinaria velocidad. La carrera es lo que sucede cuando esas ágiles y poderosas piernas se extienden para cubrir el máximo espacio de la pista, y las rodillas se flexionan e impulsan al atleta a un ritmo más intenso. La carrera es cada momento maravilloso que se desarrolla hasta que los corredores proyectan el tórax con la esperanza de alcanzar la línea antes que sus competidores. Es en ese momento cuando uno gana la carrera y da una vuelta de gloria en celebración.

De la misma manera, seguir a Cristo es más que el inicio, pero me temo que hay momentos cuando muchos aspirantes a "corredor" y los "entrenadores" han confundido la línea de partida con la carrera. En esta era moderna de la iglesia occidental, se da mucha importancia a la línea de partida del cristianismo, a la que llamamos "decisión". Las reuniones de los domingos están llenas de este tipo de decisiones, con las manos levantadas y los pies que avanzan al altar frente a todo los testigos. La conciencia del amor de Dios y el deseo de sentir su abrazo son muy atractivos. Por eso, las personas, venciendo su temor de pasar al frente ante la mirada de todos, avanzan por el pasillo para unirse al grupo local de discípulos.

Es un excelente comienzo, pero no es la carrera.

Tomemos un minuto para considerar ese inicio. ¿Cuán increíble es que Dios nos ama? En realidad, ¿qué razón podemos dar a Dios para que nos ame? A pesar del genio creativo que invirtió en nuestro ser, vivimos para nosotros mismos, tratando de alcanzar satisfacción temporal y nunca dedicamos el tiempo a considerar cómo llegamos aquí y qué quiere de nosotros quien nos puso aquí. Seguimos nuestro propio camino hasta que un día descubrimos que Dios tiene algo. Por lo general, nos damos cuenta de que Dios tiene algo cuando nuestro propio camino ya no funciona. Así que nos ponemos firmes con el sombrero en la mano, y con la esperanza de que el Juez eterno tenga algo de misericordia en su maletín, y ¡Él la tiene!

La sencilla confesión de pecados y el deseo genuino de cambiar de camino, abre una puerta nueva para nosotros.

> Es notable que Dios abra su puerta para nosotros y debe llenarnos de gozo cada día.

Como fue con Mateo, salimos de nuestro puesto de colectores de impuestos porque Jesús nos llama. El colega de Mateo, Zaqueo, incluso tuvo a Jesús en su casa para cenar. Jesús ofreció una vida que repentinamente Zaqueo quiso con desesperación. ¡Esas son buenas nuevas!

No hay duda que la invitación para la salvación encabeza la lista de la experiencia humana. Dios está dispuesto a borrar nuestra cuenta, perdonar nuestros pecados más graves. La salvación es el don más maravilloso. Dios ofrece este don a cada uno de nosotros, sin que importe nuestro... lo que sea. Es notable que Dios abra su puerta para nosotros y debe llenarnos de gozo cada día. Sinceramente, no creo que todos puedan acostumbrarse a la idea. Unos minutos meditando en la venida de Dios a nosotros me hace llorar, incluso cincuenta años después de haber encontrado esa puerta abierta. Este don de Dios es increíble... pero solamente es el comienzo.

¡Del otro lado de esa puerta está la vida! Tenemos una carrera por delante, hay un viaje que descubrir, un futuro cuyo guía es Dios, con un destino que nunca habríamos encontrado por nosotros mismos. Dios tiene para nosotros una vida llena del poder del Espíritu que nos espera.

¿Cómo podemos pensar que el comienzo es solo lo importante? Contamos las personas en el altar, aparentemente suponiendo que han cumplido la pauta, y han marcado la tarjeta. Podemos comenzar nuestro propio viaje otra vez, sintiéndonos muy tranquilos. El domingo siguiente ese altar estará disponible otra vez si nuestro corazón necesita un retoque, un saneamiento y perfeccionamiento. Seguimos haciendo lo nuestro y procurando ser mejores y más amables, y Dios seguirá lavándonos cuando lo necesitemos. La existencia semejante a un lavamiento de vehículo no es cristianismo, al menos no es la clase de vida que Jesús nos dio con su muerte.

Jesús abrió la puerta eterna de Dios para que podamos pasar a algo nuevo. Hay una vida y un propósito que espera a todo aquel que responda a su "ven, sígueme". La salvación es solamente la puerta, y una puerta maravillosa a una vida con Dios que no tiene fecha de vencimiento.

¿Se imagina que es invitado a la casa de un amigo para mirar los juegos olímpicos o para disfrutar de una buena cena, pero usted decide quedarse en la umbral en vez de entrar a la casa? ¿Acaso no le parece eso algo raro? Seguro, usted llamó y le respondió, probablemente incluso sonrió cuando le dijo: "Entra, por favor".

Sin embargo, usted solo quería parar un momento para ver si la puerta se abría, y para captar una rápida sonrisa antes de continuar su camino. Sí, él está en casa y usted es bienvenido aquí, eso es bueno saber... listo, he cumplido. ¿Cuál fue la razón de la invitación de su amigo?

Él quería que usted entrara para tener un momento de amena plática. Él quería cenar con usted y disfrutar de un tiempo juntos. La puerta abierta fue un buen comienzo, pero el propósito de la invitación es mucho más significativo.

Gran parte del plan de Dios es que escojamos la vida que Él ha ofrecido. Las características de esa vida son diferentes para cada persona, pero hay algo en común cuando se trata de entrar. Esta es una vida en que seguimos a Jesús. Definimos esta idea diciendo: "Ofrecemos nuestra vida a Dios", repitiendo la idea del apóstol Pablo de ofrecer nuestra vida como sacrificio vivo (Ro 12:1). Es una vida donde Dios está a cargo, y nos guía a cumplir sus propósitos porque así las personas pueden ver cuán grande es Él. Más adelante, hablaremos con más detalle de la naturaleza de esta vida, pero ahora necesitamos captar la verdadera naturaleza de la invitación de Dios.

He escuchado que muchos de los predicadores modernos describen la línea de partida sin revelar mucho acerca de la carrera que sigue por delante. Ellos describen cuadros maravillosos de la puerta, detallan su belleza y diseños tranquilos, con una manilla suave al tacto. Sin embargo, al abrirla, caen globos, el cielo celebra, y hay un regalo que incluye el pago completo de todo el costo del viaje al cielo. Francamente, cuando escucho tales invitaciones, no puedo imaginar que una persona en su sano juicio diga: "No, gracias". Imagine que el representante de una gran compañía llega a su casa para darle un enorme premio y usted pide que alguien le diga que no está en casa.

Sí, la salvación es una gran nueva, un don precioso, y los beneficios son más que maravillosos. Sin embargo, algunas de nuestras descripciones de esa puerta no concuerda fácilmente con la advertencia de Jesús: aquellos que le siguen deben considerar primero el costo (Lc. 14:28).

¿El costo? Dígame pastor, ¿acaso estaba eso escrito en letras pequeñas? La invitación de Jesús era mucho más allá de la puerta. Seguir significa ¡ir en pos! Demanda dejar que otro guíe. Insiste en dejar que otro escoja la agenda. Seguir no significa que Jesús llena mi depósito y se despide con la mano en alto mientras me alejo. Claramente implica que Jesús es el conductor y yo debo escoger seguirle muy de cerca.

Lamentablemente, muchas personas llenan las iglesias cada semana insatisfechas con su experiencia. Creen las cosas correctas y por lo general pueden abrir sus Biblias en el orden apropiado. Ellas creen y aprenden, e incluso participan, cuando todos hacen algo juntos, pero no todas viven realmente. De alguna manera tienen la idea de que el primer paso era el único, hasta que dieron ese último paso en una calle de oro.

> Las personas investidas de poder del Espíritu van en pos de una vida con misión.

Las personas investidas de poder del Espíritu van en pos de una vida con misión. Abrazamos cada día con un sentido de propósito, el cual nos otorgó el mismo Dios que nos está transformando en una persona nueva. Vivimos con una conciencia de que el aliento de Dios nos rodea. Entonces comenzamos a encontrar una vida que es más abundante y extraordinaria de lo que el lenguaje común puede describir.

Yo quiero más, y eso significa que anhelo participar de cada paso disponible del otro lado de la puerta de la salvación. Si usted va vivir en el poder del Espíritu, buscará también esto. Por tanto, dedique un momento cada día a meditar primero en el milagro que le abrió esa puerta, pero no se quede ahí. Adopte la vida que Dios lo invita a vivir. Este es el punto principal. Esto es lo que significa entablar una relación con Dios.

Para reflexionar

1. Dedique unos minutos para recordar el día que usted creyó en Jesús y lo aceptó en su vida. ¿Cómo habría sido su vida hoy si nunca hubiera ocurrido ese momento?

2. ¿De qué manera cree que ese día fue solamente el principio? ¿Ha visto un poco de lo "mucho" que Dios tiene para su vida?

CAPÍTULO
10

Relaciones:
Es lo primero

Una vida en el poder del Espíritu comienza con una relación. Para buscar una vida en el poder del Espíritu, solamente puede haber un punto de partida, el cual es una conexión de relación con Dios mismo. Este es el misterio inesperado de la actividad de Dios entre su pueblo que creo. Dios quiere ser nuestro guía, morar en medio de nosotros, y tener una relación con nosotros. Un poco después, reflexionaremos respecto de las consecuencias de este sorprendente misterio, pero debemos comenzar con esta verdad revelada con un simple hecho. ¡Dios quiere que le conozcamos!

Para encontrar una vida en el poder del Espíritu, hay dos pasos esenciales: (1) relación y (2) experiencia. Esto no debe sorprendernos puesto que cada conexión que tenemos con los demás se compone de tales elementos. Nos reunimos el uno con el otro y compartimos las experiencias que nos unen. El resultado es la amistad, una unión de vidas. Cuando otro participante de ese vínculo es Dios, entonces, las cosas se vuelven muy increíbles.

Sin embargo, el punto donde muchos cristianos no disfrutan esta vida ocurre cuando reemplazan la idea de la relación con pautas, hechos, o conductas. Para esas personas, la vida cristiana es algo que se debe alcanzar, y en última instancia se convierte en algo más que un sistema religioso al cual se asocian. Para ellas, conocer a Dios suena muy personal, muy sentimental, o es una actividad para la vida venidera. Por el momento, ellas solamente necesitan pensar lo recto y hacer algo bueno, eso es cristianismo, ¿verdad?

Jesús nos mostró algo diferente.

Después de siglos de tener una lista de las pautas de Dios para la vida, y de probar que dicha lista no puede producir un verdadero cambio de corazón, repentinamente vemos a Dios mismo riéndose ante los sorprendidos animales del establo en la posada. Estos animales nunca habían visto algo parecido en su comedero, y la historia de la humanidad compartió la misma sorpresa. ¿Dios ahora está con nosotros? ¡Asombroso!

Los siguientes treinta y tantos años, Jesús vivió entre nosotros, Dios en la carne, no para que podamos conocer bien los detalles acerca de Dios o ver su férrea determinación cuando nos ordena que obedezcamos, sino para que lo *conozcamos*. Él fue carne y sangre; alguien que daba la mano y abrazaba, alguien que miraba con compasión, que sonreía con bondad, y que posiblemente usó barba (como si con eso le hiciera parecer más sabio). Jesús vino para realizar muchas cosas, pero seguramente la prioridad fue probar que Dios no solamente quiso establecer reglas. Él quiso que lo conociéramos.

Por esta razón, la vida que Dios propone para nosotros va más allá de simplemente reconocerlo y tener la confianza de que los eventos del Viernes Santo proveyeran lo que necesitamos para ir al cielo. Dios no estaba simplemente estableciendo el próximo sistema religioso. Jesús pronunció afirmaciones como: "Permanezcan en mí" (Jn. 15:4), "Sígueme" (Mr. 2:14), e incluso "Estén alerta" (Mt. 26:40). Jesús es el pan de vida que apartó un tiempo para desayunar con sus discípulos (Jn. 21:9), y compartir el almuerzo y la cena también.

Jesús probó que la intención de Dios era la relación, un vínculo personal que solamente serviría para transformarnos y enviarnos por un sendero superior que previamente no habíamos transitado. Esta relación es donde todo comienza para nosotros. Jesús la describe como "nacer de nuevo", cuando habló con un hombre que estaba en la búsqueda del sistema correcto (Jn. 3:3). Jesús no solamente quería corregir la opinión de Nicodemo respecto a varios asuntos, lo cual no es fácil hacer con los líderes religiosos, ni antes ni ahora. Jesús quería darle esa vida nueva en que Dios lo satisfaría y lo guiaría a mucho más.

> De alguna manera las reglas causaban que Dios pareciera distante, pero la manera que Jesús vivió, trajo a Dios notablemente cerca.

Cuando leemos acerca de Jesús, es difícil que no nos impresionemos con Él. Los Evangelios describen a Jesús como una atracción para crecientes multitudes. Incluso las personas que parecían estar muy distantes de las pautas a las que se sujetan las personas justas, querían acercarse a Jesús. De alguna manera las reglas causaban que Dios pareciera distante, pero la manera que Jesús vivió, trajo a Dios notablemente cerca.

¿Podemos conocer a Dios? ¿Cómo sería eso?

Algunas personas se conforman con saber acerca de Dios. Procuran aprender acerca de Dios como un proyecto de clase que deben dominar, o una lista de ideas que afirmar. Muchos esfuerzos para "hacer discípulos" se centran fuertemente en el contenido, como una escuela que nunca termina. Las graduaciones son celebradas en los cementerios, donde los ataúdes y los trajes sirven como togas y gorros. Aprenden todo lo que pueden, son peritos acerca del Maestro, el camino aparente para agradar a Dios que muchos tratan de tomar.

Debemos saber acerca de Dios, pero conocer a *Dios* es una experiencia maravillosa. ¡Hay una gran diferencia! ¿Prefiere usted leer la biografía de una persona o ser su un amigo? Soy un gran admirador de Abraham Lincoln, sin embargo daría cada libro que he leído acerca del decimosexto presidente por una hora con él conversando y compartiendo un café. No, no estoy tan loco como para pensar que eso realmente pueda suceder, pero en realidad ¡*puedo* conversar con Dios! Ese es el punto, menos el café.

No estoy en contra del aprendizaje, porque la sabiduría con frecuencia es resultado del conocimiento. Sin embargo, la relación es una meta mucho más placentera. Los que practican el aprendizaje como meta en sí misma, se contentan con solamente probar cuánto han aprendido o cuánto más saben que los demás. De seguro que esa no es la verdadera meta de Dios.

Me parece raro que la meta principal de Dios sea el aprendizaje, y que después hubiera entregado su reino a un grupo de pescadores ignorantes. ¿Acaso no habría sido mejor haber reunido a los maestros más excelentes para cumplir tal meta? Él habría necesitado personas que hubieran podido llevar a cabo la obra, no un grupo de personajes que tenían un largo camino que recorrer. Cuando leo con cuidado los relatos del Evangelio, es difícil decir cuánto aprendieron los discípulos después de casi tres años de estudio a tiempo completo.

La actividad es una trampa similar. Para algunos, el cristianismo simplemente es hacer buenas obras. Al comparar la cantidad de buenas obras en nuestra lista cuando no conocíamos a Cristo con la cantidad de buenas cosas que hacemos como cristianos, descubriremos un aumento notable. Los cristianos son hacedores de buenas obras, y hay muchas buenas obras que deben hacerse.

Sin embargo, tampoco estoy en contra de las buenas obras. Creo que es importante que cada generación de la iglesia tome conciencia de su responsabilidad de tratar las necesidades sociales, compartir recursos con los necesitados, y hacer mella en la conducta más oscura de su cultura. Todavía tengo en algún lugar un brazalete que me recuerda qué haría Jesús, y pienso que su mandato es uno de los mejores ejemplos para la vida. Soy un hacedor y creo que a Jesús le gustaría que lo sea.

Sin embargo, la obra debe surgir de una relación. Lo que hacemos no puede ser el fin en sí mismo. Cuando todo tiene que ver con lo que hacemos, descubrimos que nunca será suficiente, y que pronto nos quedamos sin energía. El calendario de la iglesia está lleno de oportunidades para hacer, a veces para darnos una oportunidad de extender nuestras piernas espirituales y desarrollar músculos que verdaderamente cambian la vida, y a veces porque solamente hay tanto por hacer. De modo que obramos y obramos, y seguimos obrando. Y mucho antes de que lleguemos al final de toda la actividad, estamos cansados, agotados, y hartos con aquellos que no muestran iniciativa de hacer las cosas. He conocido a muchos hacedores que han dejado completamente de obrar porque ese estilo de vida aparentemente los agota. Algunos de ellos ahora están llenos de resentimiento, con rostros que ya no sonríen como lo hizo Jesús.

El apóstol Pablo nos advirtió acerca de poner mucha confianza en nuestras obras. Él nos recuerda que nuestras obras no ofrecen verdadera esperanza (Ef. 2:8–9), y que incluso en nuestros mejores días, nuestros mejores esfuerzos nunca alcanzarán la pauta de Dios (Ro. 6:19). Pablo no estaba tratando de poner fin a las ventas de garaje para suplir las necesidades de los misioneros, o de pagar la cuenta de la persona que está detrás de nosotros en la fila. Él sencillamente no quería que pensemos que nuestras buenas obras son el objetivo principal de Dios.

> Cuanto más íntimamente conozco a Dios, tanto menos peligro de orgullo porque la vida sencillamente no se centra en mí.

El conocimiento y las obras no nos dan la vida que Dios ofrece. El camino recto no nos llevará a sentirnos orgullosos o agotados. Francamente, si eso es lo que quiero, debo buscar en el materialismo o una mejor posición como hacen muchas personas que no conocen a Cristo. La superioridad y el agotamiento parecen tener el mismo destino.

Sin embargo, aprender y hacer puede ser una expresión de algo más profundo, una relación.

Conforme conocemos a Dios y entramos por la puerta que abre ante nosotros, compartimos nuestro fervor más profundo con Él, y escuchamos la exposición de su naturaleza y propósito para nosotros, entonces el aprendizaje y la obra cobran un nuevo significado. Quiero saber más acerca de Dios porque estoy empeñado en conocerlo. Cuanto más sé de Dios, tanto más claramente percibo que la vida no se trata de mi percepción, sino de su maravillosa expresión creativa y de amor a mí alrededor. Cuanto más íntimamente conozco a Dios, tanto menos peligro de orgullo porque la vida sencillamente no se centra en mí. Entonces lo que hagamos tendrá más sentido. Jesús describe su propia actividad como lo que vio hacer al Padre (Jn. 5:19). Debido a este vínculo íntimo, nosotros también podemos conocer el corazón de Dios y ser parte de los momentos que Él ha escogido para nosotros.

Una vida en el poder del Espíritu ciertamente tiene mucho de aprendizaje y obra, pero tal momento no existe aparte de la relación que estamos desarrollando con Dios. Jesús aseveró a sus discípulos que el Espíritu Santo *vendría sobre ellos* (Hch.1:8). El día que esa promesa se cumplió, se dice que *"todos fueron llenos del Espíritu Santo"* (énfasis agregado), probando la intención de Dios de no ocupar más edificios centrales sino morar en la vida de cada uno de su pueblo (Jn. 14:16-23; 15:17-7; Ef. 2:21-22; 1 Co. 6:19-20).

Esa supuesta morada revela una relación de gran intimidad y profundidad, algo mucho más allá de los momentos de investidura temporal según describe el Antiguo Testamento. Dios incluye a los que le siguen en una relación que provee el contexto necesario para cada paso posterior del aprendizaje y la obra. Esencialmente, se debe a que estoy en Dios y Él en mí. Quiero conocerlo más y servirle con todo mi corazón.

Esa es la vida que Dios ofreció a sus discípulos, y es la que tiene para nosotros. ¡Una vida con investidura de poder!

Para reflexionar

1. ¿Qué significa para usted una relación con Dios?
2. ¿Por qué cree que las personas sustituyen el conocer a Dios por el aprendizaje y las obras?

Relaciones: ¿Realmente Dios quiere una relación?

Entonces, ¿qué quiere Dios? Claramente esa es la interrogante que debemos dilucidar, ¿verdad? Después de todo, la idea misma de Dios demanda que meditemos en cualquier programa o propósito que Él tenga para nuestro mundo, porque si Él tiene uno, ¿acaso no sería algo absurdo ignorar a Dios? Claro que sí.

Sin embargo, muchas personas juegan a las escondidas con Dios, quien en realidad desea ser hallado.

¿Por qué Dios desea ser hallado? ¿Qué quiere Dios? Cada uno de los muchos sistemas religiosos que marca la historia humana ofrece una respuesta. Algunos piensan que Dios nos diseñó para ser esclavos de sus caprichos inesperados. Otros suponen que Dios tiene una medida que alcanzar, y los que fracasan son "exterminados". Sin embargo, otros piensan que tenemos una misión que cumplir, y que Dios vendrá en algún momento para supervisar si la estamos cumpliendo.

Sin embargo, pensemos en esto un poco mejor.

Si Dios desea que edifiquemos para Él, que hagamos todo lo posible para que algo suceda, o que le construyamos un gran edificio, ¿acaso no sería mejor que lo hiciera Él mismo? Después de todo, una rápida revisión a la obra de sus manos prueba que Él puede hacerlo mejor que nosotros. Si Dios quería que edificáramos algo para Él, ¿ tendría sentido que nos diera habilidades que estuvieran a la altura de Su capacidad? Es decir, si Dios quería que las personas le construyeran cosas grandiosas, tendría que haber esperado que progresáramos a través de la Edad de Piedra, La Edad de Bronce, y unas pocas más antes que finalmente alcanzáramos los días del hierro donde habríamos podido levantar edificios que perduraran.

Si Dios quiere que alcanzáramos una medida, que fuéramos expertos en un modelo de conducta, o que obtuviéramos una puntuación perfecta en su hoja de juicio, entonces no tendríamos esperanza, ¿verdad? Si Dios quiere que seamos lo que claramente no podemos ser, ¿acaso no es tiempo de empezar con un modelo superior de... bueno, nosotros? Los que insisten que la meta de Dios es que tengamos la medida de su nivel de decisiones correctas, no ofrecen mucha esperanza al mundo.

Muchos en el mundo antiguo pensaban que sus dioses nos crearon para que llevemos agua para ellos o sirvamos para satisfacer sus deseos insaciables. Estas ideas no crearon exactamente una vida por la cual estar agradecidos, puesto que las demandas tenían la tendencia de cambiar según los deseos de los representantes de estos dioses.

¿Qué podría querer Dios que en realidad requeriría nuestra participación? Recuerde que a Dios nada le falta. Él es completamente auto existente, lo cual es una manera mejor de decir autosuficiente. Tampoco es un solitario, ni necesita que llenemos su almacén de sacrificios de animales. A Dios nada le falta y podría fácilmente existir sin nosotros. Es justo decir que aunque muchos hemos advertido que le necesitamos, en realidad Dios no necesita de nosotros.

Por cierto, tampoco somos sus colegas. No podemos y no hacemos nada al nivel de Dios. Cualquier cosa que hacemos o todo lo que hacemos es inferior de lo que Dios puede hacer sin nosotros. ¿Quiere construir una gran torre? Dios puede sonreír y en un abrir y cerrar de ojos hacer una mucho mejor y moverla con su dedo más pequeño. No podemos vivir siquiera un día al nivel de su bondad, tampoco tenemos más inteligencia de la que un día usualmente requiere.

> La Biblia claramente afirma que Dios quiere que nos conectemos con Él.

Entonces, ¿qué quiere Dios?, y ¿que podríamos ofrecerle que Él ya no tenga, o que tomaría de nosotros?

La única respuesta posible es relación, una conexión a la que Dios no nos obligará. La Biblia claramente afirma que Dios quiere que nos conectemos con Él, pero Él no nos manipulará para que esa relación suceda. Solamente podemos responder a su invitación por la fe, que es la decisión de creer lo que nos ha mostrado respecto a su intención.

Es difícil imaginar porqué Dios querría tener una relación conmigo. Yo nada tengo que ofrecerle. Sin embargo, Él ha decidido que quiere revelarse a mí, de modo que puedo decidir conocerle y encontrar la vida que me dio. Ese es el plan de Dios, y ese es su propósito. La decisión de responder es lo único que puedo ofrecerle.

Si está buscando alguna explicación que justifique el interés de Dios en usted, le deseo lo mejor en esa búsqueda porque no la encontrará. Sin embargo, Dios ha escogido hacer de esta relación algo importante para Él, tan importante que pagó un precio considerable para que suceda.

Varias veces en el Antiguo Testamento, leemos que Dios deseaba morar con su pueblo. Dios quería pasar tiempo con Adán y Eva en el nuevo huerto de Edén (Gn.3:9), pero esta pareja escogió lo contrario. Dios quería llevar a los israelitas a la tierra prometida, pero ellos pidieron que se mantuviera distante (Ex. 20:19). Luego, cuando llegaron a los límites del increíble futuro reservado para ellos, imaginaron casas y desiertos mejores, y decidieron quedarse donde estaban.

Dios les proveyó un tabernáculo, habitó en el templo, e incluso se mudó a una versión más pequeña mientras ellos se recuperaban de otra serie de fracasos de idolatría. Finalmente, Dios les dijo que llegaría el día cuando Él ya no habitaría en edificios sino que moraría en el corazón de los hombres, una posibilidad que Dios mantuvo abierta por un tiempo. ¿Cómo sucedió esto? Por nuestra elección de creer a Dios, volvernos sus seguidores, y llevar una vida junto a Él.

Ahora esta es la parte increíble: Dios quiere que esta vida juntos ¡dure para siempre!

¡Así es! El cielo es la elección de Dios para que vivamos con Él para siempre. Claro, el cielo es para nosotros, porque tenemos una nueva dirección dentro de la ciudad perfecta que Dios diseñó. El cielo es para nosotros porque todas las ofensas que han dañado la belleza de su intención desaparecerán. El cielo es para nosotros porque cada límite de nuestra capacidad será removido. El cielo es para nosotros ¡porque estaremos con Dios cada día!

Y de alguna manera el cielo es para Dios porque estaremos con Él por la eternidad. Francamente, no puedo imaginar por qué Dios me quiera de vecino, pero Él me ha mostrado claramente que sí lo desea.

> Quiero entregarme a la misión de Dios, porque creo que es lo menos y también lo mejor que puedo hacer.

Como ya dijimos, Dios quitó todo peso que impedía que superáramos la barrera de nuestra propia pecaminosidad. Cristo se convirtió en el pago final por todo lo que hicimos sin Él. Ha removido cada barrera que impedía que nos conectáramos con Él. ¡Esto es maravilloso!

Entonces, ¿por qué pensamos que nuestra perfección es el boleto? Dios previó nuestro fracaso y pagó el precio. Entonces, ¿cómo podemos pensar que con sólo pulir nuestras debilidades diarias seremos más aceptables ante Él? Y, ¿por qué pensamos que Dios está listo para castigarnos cuando nos equivocamos? ¿Acaso no tiene sentido que un Dios que murió por nuestros pecados esté atento para criticarnos cada vez que tropezamos?

Por el contrario, Dios me ama y me ofrece vida nueva. Yo quiero abrazar ese camino nuevo, no sólo para ser suficientemente bueno, sino para mostrarle cuán agradecido estoy de la vida que me ofrece. Quiero entregarme a la misión de Dios, porque creo que es lo menos y también lo mejor que puedo hacer. Dios quiere que yo le conozca, que viva con Él y tenga una experiencia conforme a la medida que Él ha establecido para mí.

¿Y la misión? Bueno, así como Dios quiere tener una relación personal conmigo, también quiere tenerla con cada persona de mi entorno. Jesús dijo que no quería que ninguno perdiera esa relación, y pasara la eternidad en un lugar diferente (Mt. 18:14).

Por eso Dios se manifiesta en su vida y en la mía. Esta es la razón por la que inspiró a los profetas de la antigüedad para que relataran su historia en su generación, y nos ayuden a ver la mano de Dios en la historia humana. Es por esto que Dios se revela en cada generación, a veces de maneras que todos podemos ver y a veces de maneras que solamente aquellos listos para creer pueden percibir. Dios se da a conocer porque quiere que le conozcamos, y hallemos la vida única y maravillosa que ha diseñado para nosotros.

Dios quiere conectarse con nosotros, y ofrece sus mejores recursos a los que también quieren lo mismo. Por eso Jesús prometió una vida abundante, no para hacernos reyes sino porque el Rey del universo ha estado llamando a nuestra puerta.

¿Por qué Dios quiere eso? No estoy seguro de que pueda ofrecer una buena respuesta a esa interrogante. La razón se me escapa, pero al mismo tiempo me sorprende el hecho. Es la agenda de Dios, su propósito en la creación majestuosa. La evidencia claramente muestra que la relación es su pasión, y yo no quiero perder ni un minuto, ¿y usted?

Como dijo el gran apóstol Pablo: "Lo he perdido todo a fin de conocer a Cristo" (Fil. 3:10-12). ¡Aparentemente Dios también desea conocernos!

Para reflexionar

1. ¿Qué piensa usted es la parte más conmovedora de la gracia de Dios?
2. Puesto que Dios le ama y ha abierto una puerta para que pueda hallar todo lo que necesita para la vida, ¿cómo quiere usted vivir?

CAPÍTULO
12

Relaciones:
El punto de partida

Así que aquí es donde todo comienza. La ilimitada creatividad de Dios significa que una vida llena del poder del Espíritu será diferente para cada uno de nosotros. El camino que usted seguirá es único, el propósito está diseñado especialmente en torno a sus talentos. La manera en que Dios lo impulsará hará que algún día refiera su propia y fascinante historia en alguna reunión en el cielo. En realidad no hay manera de imaginar completamente como será el camino que tenemos por delante. Eso hace que el descubrimiento sea incluso mucho más emocionante.

Sin embargo, su línea de partida lucirá mucho como la mía.

Sí, su camino para descubrir la presencia de Dios y el deseo de conectarse es serpenteante y tiene vueltas únicas. Es probable que usted haya viajado por lugares que yo no he visto, y yo he hecho algunas paradas que nunca figurarán en su itinerario. Aunque nuestros caminos tengan poco en común, convergirán en un pasaje similar. La relación con Dios comienza en el mismo lugar para usted, para mí, para los ancianos, y para aquellos que serán concebidos un día. Jesús claramente dijo que hay un solo camino al Padre. Debemos viajar a través de Jesús (Jn. 14:6).

Es muy posible que si usted compró un libro con este título, ya ha dado los primeros pasos a una relación dinámica con Dios. Después de todo, la mayoría de las personas que desean una vida llena del poder del Espíritu tienen alguna noción de que el Espíritu ofrece el poder. Por supuesto, es posible que haya pensado que este libro trataba de otra cosa, o quizás un amigo puso este libro en sus manos como una manera de invitarlo a que lo lea.

Independientemente de si usted siente o no que forma parte de esta relación, estoy convencido de que este capítulo es para usted. Quizás para señalarle un camino nuevo y un momento de cambio de vida, o para hacer que el camino que ha escogido sea algo más claro. Incluso si ha ganado una década o más puntos de viajero frecuente en un asiento de la iglesia, quizá debiera volver a descubrir la relación en la que está involucrado, y lo que ella realmente significa para su vida.

Una relación con Dios surge de la unión ocasionalmente incómoda de lo que se quiere y lo que se necesita. Algunos han sugerido que cuando Dios nos creó, puso cerca de la cavidad torácica un vacío de la medida de Dios. No estoy seguro de la exactitud anatómica de tal idea, pero he oído que muchas personas hablan de un vacío en su interior. Recuerdo que una joven dijo que ella sentía un "anhelo de un lugar donde nunca antes había estado". Creo que muchos quizás han sentido lo mismo.

Si pasa algún tiempo leyendo las historias de Jesús que registra la Biblia, sé que notará algo interesante. Había algo atractivo acerca de Jesús. Las personas de todo trasfondo querían acercarse lo suficiente como para tocarlo, o más exactamente, para que Jesús las tocara. Ellas hablaban de su compasión (Mt. 14:14), sus ideas extraordinarias (7:28-29), y su habilidad para sanar enfermedades que el resto de las personas creían incurables (4:24). Cuando Jesús venía a una ciudad, las personas llegaban corriendo junto a Él. Ellas querían lo que Jesús tenía, y luego de unos minutos, se daban cuenta que querían también de Jesús.

En mi vida como pastor, tuve el notable privilegio de describir a Dios a muchas y diversas personas, y la reacción de ellas me intriga. A algunas les cuesta creer. Responden escépticas de que Dios pueda ser realmente como lo describe

> Las personas quieren a Jesús, y cuando tienen una vislumbre de la noción exacta, generalmente quieren lo que Él vino a ofrecer.

Jesús. Sonrío, reviso mis recursos, y les aseguro que Dios no se molesta como la turba que lleva carteles de protesta que ridiculiza sus fracasos. Él no está asoleándose en una nube distante mostrando poco interés en las tormentas que se desatan sobre ellos. Dios no está acumulando leña para el infierno y riéndose de la idea de arrojarlos a ellos en el infierno. Sí, Dios tiene normas elevadas e imposibles, pero con amor extiende un puente en la brecha. Dios ofrece también el mismo puente al vecino de cabellos púrpura.

Las personas quieren a Jesús, y cuando tienen una vislumbre de la noción exacta, generalmente quieren lo que Él vino a ofrecer.

Sin embargo, hay más que un "lo quiero" que nos lleva a tener una relación con Dios. De alguna manera la idea que usted necesita de Dios comienza a influir también en su pensamiento. Hasta que su necesidad alcance un punto de acción, usted tendrá dificultad para distinguir lo que quiere de Él de los demás deseos que tiene. La necesidad hace que dejemos de lado otros deseos.

La necesidad surge cuando sus fracasos ocupan el centro del escenario. La necesidad surge cuando tiene hambre pero no puede alcanzar las galletas dulces en la parte alta de la estantería. La necesidad gana cuando usted está con las manos vacías, porque todo lo que ha asido se ha deslizado a través de sus dedos, le ha sido arrebatado, o demostró ser inadecuado, por lo cual lo dejó de lado voluntariamente. Necesitar a Dios va más allá de solo querer a Dios y las atractivas posibilidades de la vida que Él ofrece. La necesidad sabe que usted necesita lo que solamente Dios puede darle.

Es por esto que una relación con Dios con frecuencia nace del quebrantamiento. Hasta que su necesidad se vuelva patente, usted no está listo para entregar sus llaves a Dios y cambiarse al asiento del pasajero. Si solo desea que Dios conduzca, posiblemente dejará que lo haga por un rato. Después, usted tomará el volante otra vez cuando algo le llame la atención en la próxima salida.

La necesidad voluntariamente renuncia a ser el conductor.

Después descubre que necesita perdón. Se da cuenta de que necesita apartarse de algunas cosas que siente que le atan como cadenas. Descubre que ha quebrado algunas cosas que siguen cayéndose en pedazos con cada esfuerzo que hace para repararlas. La necesidad lo impulsa a descubrir el lugar oscuro al que lo conduce una vida sin Dios. La necesidad lo lleva al único lugar donde puede empezar una relación con Dios: el final de usted mismo.

Jesús lo llamó "negarse" a sí mismo (Mt. 16:24) y "perder" su vida para poder encontrarla (10:39). Realmente, nadie quiere eso, entonces la necesidad tiene que encontrarse con usted en la encrucijada antes de que acepte sus términos. Cuando encuentra ese lugar, por lo general la conversación se vuelve como algo así:

> *Dios, te necesito. He fallado muchas veces ante ti, y me siento muy vacío. Lo reconozco…. te necesito con desesperación. Por mucho tiempo he vivido según mi parecer y ahora me doy cuenta de que he estado perdiendo el sentido de una vida verdadera. Por favor perdóname. Sé que Jesús murió para que yo pueda tener vida, y eso es lo que desesperadamente necesito ahora. Por favor límpiame de todo el hedor de mis fracasos, y ábreme la puerta a la vida que tienes para mí. Quiero creer que tienes un camino mejor para mí que simplemente vivir, y escojo seguir doquiera me guíes. Te entrego mi vida, y estoy tan agradecido de que me amas y nunca has renunciado a mí. Muéstrame ahora dónde ir y qué hacer… porque ahora soy tuyo.*

Allí es donde la relación comienza, una conexión que dura por toda la eternidad, donde cada día ofrece nuevas experiencias de quien Dios es y cómo su plan maravilloso se desarrolla ante usted.

Cuando esa relación comienza, las barreras se derriban. Primero, hay una barrera, que nos separa de Dios. Sin embargo, ésta instantáneamente cae cuando uno confiesa sus pecados y decide seguir el camino de Dios. Él es absolutamente sin pecado, de modo que usted no puede andar con Él y participar de este vínculo sino hasta que Él lave su maldad. Y cuando lo permite, Dios instantáneamente lo limpia (1 Jn. 1:9). ¿No le parece eso maravilloso?

Otras barreras también comienzan a caer. La próxima que cae es la que le ha impedido que usted llegue a ser la persona que Dios se propuso que fuera. Estas cadenas de sentimientos están ahora rotas. Dios no solamente le ha dado un borrón y cuenta nueva, sino que ahora usted tiene el poder de dejar las adicciones más agobiantes (Gá. 5:1). Jesús le ha libertado, y eso significa que es verdaderamente libre (Jn. 8:36).

Incluso las barreras que usted ha construido entre sí mismo y otros, ya no tienen la fuerza para permanecer. El amor de Dios llena ahora su corazón, y le otorga la capacidad de compartir el perdón que le ha concedido. Hablaremos más de eso en la sección siguiente, porque Dios comienza a dar a su pueblo el poder para conquistar esas áreas problemáticas, y hace posible la sanidad de las muchas heridas del pasado.

Ahora se ha abierto una puerta al mundo que usted ha estado anhelando entrar. Entonces, entre. Hay una vida en la que debe participar, y un recorrido lleno de propósito y de presencia extraordinaria delante de usted.

Cuando el poder transformador de Dios comienza a moverse en la vida de su pueblo, todo cambia. Esa realidad milagrosa se desata cuando Dios viene, trayendo consigo lo que queremos y necesitamos. Esa es la intersección transformadora que finalmente nos guiará para que andemos en el poder del Espíritu, una intersección de la cual hablaremos una y otra vez en la jornada por delante.

¿Por qué? Porque es la única manera que podemos acercarnos a Dios, y eso es todo lo podemos ofrecer. El Espíritu nos dará el poder y nos equipará para que llevemos una vida maravillosa, pero debemos venir a Dios con hambre y plenamente conscientes de nuestra impotencia. Solamente Dios puede impulsarnos más allá de los límites de nuestro pensamiento y nuestra fuerza. Solamente Dios puede generar un corazón que nos siga impulsando para alcanzar hasta los confines del campo misionero que Él nos muestre.

Quiero esa vida, y todo lo que necesito para vivirla solo puede encontrarse en Dios.

Para reflexionar

1. ¿Hasta qué punto ha entregado usted verdaderamente su vida a Dios?
2. ¿Cómo ha aumentado su deseo de conocer a Dios? ¿Cree que ese deseo está creciendo ahora? ¿Cómo lo sabe?

Experiencia:
Esperando un encuentro

S i la relación es el principio, entonces la experiencia es el paso poderoso hacia una vida en el poder del Espíritu. Es en la experiencia que hallamos la diferencia entre la religión y una relación que transforma la vida. Estoy perplejo por el contentamiento que muchas personas parecen tener con el cristianismo como religión. Parece que se han obligado a sí mismas a sentirse satisfechas con un simple momento de conversión, creyendo que el hallar un nuevo camino depende ahora principalmente de ellas. Las posibilidades de la vida en el Espíritu son reemplazadas por la vida en la iglesia, donde la capacitación y las pautas hacen su efecto mágico en personas que antes vivieron de manera muy corrupta. Las personas creen que es suficiente el arrepentimiento, seguir una nueva guía y pedir a Dios que las ayude a tomar mejores decisiones. Comenzar de nuevo, con un corazón nuevo y un grupo nuevo de amigos… bueno, esa es la vida cristiana.

Otros que posiblemente se han desviado incluso mucho más de un ideal de relación reciben su influencia del cristianismo antes de que tengan la capacidad de escogerlo. La suya es una afiliación de por vida, iniciada por la elección de uno de sus padres durante su temprana edad. De modo que, la conexión que tienen con Cristo y su iglesia puede operar como una inscripción en cualquier grupo comunitario. Se mantiene la afiliación incluso sin participar, pero la conexión a la vida según el Nuevo Testamento prueba ser solamente nominal.

Incluso entre los pentecostales, que abrazan tanto la relación como la experiencia con gran entusiasmo, muchos luchan en participar de convincentes encuentros y con el tiempo se preguntan: ¿Es esto todo lo que hay? Los seguidores de Cristo que se han estancado en su andar se encuentra en casi cada grupo.

¿Quién es el culpable? Con frecuencia es una vida limitada al aprendizaje y al activismo.

Pero no me malinterprete. Tanto el aprender como el hacer cumplen un papel importante en una vida en el poder del Espíritu. Una vida con Cristo presenta al discípulo muchas oportunidades de aprender para demostrar la vida interior. Sin embargo, cuando estos dos elementos se desconectan de la relación y la experiencia, pierden su contexto, su significado, y su regocijo. El resultado es una religión basada en reglas de buenas obras que rápidamente muchos la encuentran agotadora y un poco decepcionante. Sin embargo, los que promueven tal tipo de vida mantienen el juego en marcha, urgiendo a otros a seguir adelante con armas de motivación como la culpa y la promesa de sentimientos ocasionales de gran satisfacción. Sin embargo, esto no ha dado buen resultado.

Hoy, muchos han abandonado la iglesia, a pesar de que en nuestra cultura hay fuerte anhelo de una experiencia que aumenta rápidamente. La gente que anhela una vida con propósito y un impacto transformador, ha perdido la esperanza de encontrarlos entre aquellos que siguen a Cristo. La vida, la maravillosa vida, que las personas han encontrado estimulante en casi cada generación ahora parece aburrida y desprovista de sentido verdadero, incluso para aquellos que regularmente ocupan los asientos de nuestras iglesias por una hora o más cada semana. Oyen historias increíbles de tiempos antiguos y anhelan encontrar una vida que tenga un impacto transformador en el mundo. Luego salen de sus cómodos y adornados templos y vuelven a su rutina diaria; lo que acaban de oír parece tener poca, si es que alguna, conexión con la realidad.

Pareciera que el cristianismo nuevamente ha perdido su fervor.

Lamentablemente, la historia afirma nuestra impotencia de mantener el denuedo del cristianismo de una generación a otra. La mayoría de los grupos denominacionales en la actualidad comenzaron con gran entusiasmo y el determinado ideal de seguir a Jesús, sin embargo después de una generación o dos se deslizaron a una vida de "rutinas". Incluso aquellos que hoy adoran con fervor ven al menesteroso que se abre paso con dificultad. Resisten la idea de que han caído en la apatía, y constantemente refieren historias que resaltan las hazañas de unos pocos. Sin embargo, el enfoque de aprender y hacer tiene una vida útil que en última instancia se determina por la energía y el momento que ellos generan por sí mismos.

Cuando la relación disminuye, me quedo solo conmigo mismo. Cuando la experiencia se deja de lado, entonces lo que poseo hoy es mi recurso mayor. No nos debe sorprender que el viaje decaiga. Mi porción no es suficiente para avanzar; no es suficiente para mis hijos, y se convertirá en una historia anticuada como para repetirla a los nietos.

¿Dónde se fue el poder?

En Hechos 3, Simón Pedro y Juan iban al templo a orar cuando pasaron junto a un cojo que pedía limosna en las gradas. Para la mayoría de nosotros, este sería un momento que inspiraría compasión y quizás lastima, pero para dos discípulos llenos del poder del Espíritu, fue el momento de acción. Los dos le hablaron al hombre diciendo: "Míranos" (Hch. 3:4). Sin duda ellos esperaban que algo sucediera más allá de sus propias limitaciones. ¡Y algo sucedió!

La gran interrogante es ¿por qué?

¿Qué hizo que Pedro y Juan pensaran que tenían algo que ofrecer al cojo? Ellos no tenían dinero (3:6) pero mostraron plena confianza que lo que poseían era mejor. ¿Por qué pensaron que el hombre podía ser sanado? La experiencia. No es la clase de experiencia que dice: "Lo hemos hecho antes", sino un momento de experiencia personal que les dio la confianza de que estaban preparados.

Jesús les dijo: "Recibirán poder" (Hch. 1:8) y ese poder vino a través de su notable experiencia según Hechos 2:4. Ellos ahora estaban preparados para momentos como éste, donde su capacidad natural claramente era inapropiada. Solamente lo sobrenatural lo haría y lo hizo.

¿Acaso no debía haber algo sobrenatural respecto a la experiencia de andar con Dios? ¿Puede Dios alcanzar nuestros momentos cotidianos sin hacer de ellos algo, bueno... no tan cotidiano?

Todo empieza con la experiencia.

> La experiencia viene de Dios cuando el querer y la necesidad se unen simultáneamente.

La experiencia viene de Dios cuando el querer y la necesidad se unen simultáneamente. El día que vino el poder prometido sobre los discípulos y otros creyentes, el querer y la necesidad confluyeron. Jesús dijo a sus discípulos que esperaran para recibir el poder de Dios, y mientras se alistaban y disponían para cumplir con la Gran Comisión en lugares distantes, en verdad estaban solamente dispuestos. Sí, ellos querían el poder prometido. Sí, ellos querían hacer un impacto eterno. Sí, ellos querían ser obedientes a Aquel que había cambiado el mundo de ellos. Sin embargo, no estaban listos. Ellos necesitaban el poder prometido mucho más de lo que querían.

Y llegó.

Ya hemos visto cómo el día de Pentecostés transformó a Simón Pedro de un débil seguidor de Jesús, que se acobardaba ante la acusación de una joven sierva, en una voz que proclamó la salvación de Dios a una gran multitud aunque algo dudosa. Ahora, ese poder detonó a través de Pedro no mediante palabras sino por la mano extendida que levantó al cojo que inmediatamente anduvo sobre sus pies.

Ese poder fluyó de ese momento cuando el querer se unió con la necesidad. Esta vez, el deseo de los discípulos de sanar, unido a la necesidad física que superaba sus propias capacidades, se convirtió en algo más grande de lo que se vio jamás en esa grada del templo. Y el hombre entró con ellos al templo, "saltando y alabando a Dios" (Hch. 3:8). El poder prometido fue evidente. Dos pescadores levantaron a un hombre agobiado por sus propios sufrimientos, con tanta naturalidad como antes habían recogido peces en sus redes.

Mientras usted lee una historia así, la pregunta obviamente cambia de "¿cómo hicieron ellos eso?" a "¿es posible que yo también pueda hacer eso?" El sufrimiento no ha sido eliminado, la necesidad nos rodea, y la mayoría de nosotros realmente quisiera hacer algo al respecto, si es que no hemos perdido la esperanza de que se pueda hacer algo.

Lo que preguntamos en este momento es si todavía la vida en el poder del Espíritu está disponible para los que siguen a Cristo. Y la respuesta es ¡sí! Sabemos que esa vida está disponible porque esas historias todavía se ven en el campo misionero, aunque nosotros mismos no las hayamos vivido recientemente. Sabemos que ese poder todavía está a nuestra disposición porque la misión de Cristo permanece activa, y al parecer la necesidad no ha disminuido. Sabemos que todavía está disponible porque el mismo Dios que los comisionó a ellos, nos comisiona a nosotros.

Entonces, ¿qué debemos hacer? Oiga las palabras de Jesús como si Él lo mirara mientras las pronuncia: "Pero cuando venga el Espíritu Santo sobre ustedes, recibirán poder..." (1:8).

Sí, usted recibió el perdón que necesitaba y una invitación a una relación de vida eterna. Sí, usted ha sido invitado a pasar del umbral a la maravillosa presencia de Dios, cuando Él vino a morar en su vida. Sin embargo, el enfoque ahora ha cambiado de lo que ha sucedido en su interior a lo que sucede fuera de usted, y la misión que arde en el corazón de Dios ha comenzado a arder en su corazón.

Si va a marchar con esa misión, cumpliendo los propósitos y enfrentando los desafíos que fácilmente sobrepasan su fuerza limitada, entonces usted necesita algo que todavía no tiene. Usted necesita una experiencia que lo impulse al dar el próximo paso a los propósitos de Dios en su vida.

Necesitará ese poder si quiere vivir conforme al diseño de Dios para usted. Su propio aprendizaje y obra no lo llevará a esa vida, no importa cuán recta pueda ser su motivación. Sus propias habilidades no serán suficientes para enfrentar el momento que viene, aunque esté dispuesto a mostrar misericordia. Su anhelo y la necesidad de ellos pueden estar listos para un encuentro, pero algo debe suceder antes de que usted suba las gradas del templo.

Usted necesita una experiencia... la experiencia prometida que lo eleva a ese lugar donde el deseo de ayudar se convierte en un "¡Mírame!" Usted necesita el poder del Espíritu Santo.

Para reflexionar

1. ¿Cómo habrá sido la experiencia del milagro que relata Hechos 3 desde la perspectiva de Pedro y Juan?

2. ¿Quiere usted experimentar la clase de poder evidente en la vida de estos varones? Describa su propia hambre de Dios y de recibir el poder que Él ha prometido para su vida.

Experiencia: Recibiendo de gracia

Aquellos que todavía creen que el cristianismo del Nuevo Testamento puede vivirse en nuestra era moderna (incluida la manifestación del poder del Espíritu según Hechos 2:4), los así llamados pentecostales, se describen como personas de experiencia. El sobrenombre por lo general no es un elogio; mas bien censura su tendencia de priorizar la búsqueda de momentos emocionales y encuentros únicos en vez de un enfoque más previsible de la vida.

Sí, a veces la crítica es justificada, especialmente cuando se sacrifica la obediencia en favor de lo sensacional, o cuando estas experiencias no ocurren conforme a una pauta bíblica. Sin embargo, el énfasis en la experiencia es una necesidad absoluta, y por lo general es la pieza perdida en el enfoque de aprender y hacer en la vida cristiana. La experiencia es muy importante.

Nuestra experiencia con Cristo está impulsada por el querer y por la necesidad (nuestro anhelo de cumplir los propósitos divinos y la capacidad que necesitamos para cumplirlos), y ésta es absolutamente esencial. No podemos dar lo que no tenemos o hacer aquello para lo que no estamos preparados. Los cristianos de todas las ramas teológicas concuerdan que la naturaleza humana por lo general no sigue el camino de Dios ni obra las cosas divinas. La tendencia humana se orienta a la preservación y la centralidad de sí mismo. Si depende de nosotros, dice la Biblia, seguiremos los caminos de muerte (Pr. 16:25).

Entonces, ¿cómo podemos elevar nuestra vida a un nivel superior? ¿Cómo podemos unirnos con Jeremías para "competir con los caballos" cuando fácilmente nos agotamos con la carrera de la vida diaria? ¿Cómo podemos hacer lo que no es natural para nosotros y construir una vida sobre un camino que no podemos hallar por nosotros mismos? Algo debe suceder. Algo debe cambiar. Y ese algo es la experiencia.

Podemos leer un buen libro, que nos desafíe a llevar una vida de mejor calidad. La Biblia en sí misma ofrece tal consejo. Podemos también oír excelentes sermones que nos exhorten a llevar un nuevo estilo de vida, y sabemos que somos sinceros en nuestro deseo de alcanzar esa vida. Pero, ¿significa eso que a partir de ese momento podemos marchar y hacer como se nos manda? ¿Acaso podemos decidir cambiar nuestra condición y volvernos imitadores de Cristo? Muchos líderes de la iglesia aparentemente piensan que sí. Tienen gran confianza en lo que puede producir el conocimiento, entonces los que siguen su propio criterio obran diligentemente cada día según el paradigma del aprender y el hacer. Y lo hacen con éxito ocasional, pero es raro que dure.

Sin embargo, aunque este enfoque de "hágalo por sí mismo" al seguir a Cristo transmite un sentido de responsabilidad personal, por lo general es raro que lo acompañe una satisfacción profunda o una vida sobrenatural. Antes bien, como hemos visto, el orgullo y el agotamiento son los probables acompañantes. En tal contexto, el cristianismo con frecuencia se caracteriza por su contenido o sus afirmaciones en vez de una relación que muestre transformación de vida.

El cambio de vida demanda algo más, y *ese algo es ¡la experiencia!*

Algo debe suceder, un momento de investidura de poder, o un descubrimiento renovado del poder cuando se haya recibido. Una experiencia, un encuentro con Cristo mismo, es lo que cambia nuestro curso. Como la cabalgata de Saulo de Tarso en el camino a Damasco (Hch. 9:1–9), o la lucha de toda la noche de Jacob (Gn. 32:24–32), estos momentos son necesarios para derribarnos de nuestro caballo y cambiar nuestra manera de andar. Simplemente no se nos puede convencer solo con palabras de que sigamos un nuevo rumbo de vida.

Recuerde, lo que Jesús quiere que hagamos es imposible.

Nosotros no tenemos la capacidad para amar a nuestros enemigos, perdonar a los que nos han hecho mal, o andar por un camino sobrenatural para llevar las buenas nuevas a través del mundo conocido. (¡Espere! Dios quiere que alcancemos también a los que viven en ¡lugares desconocidos!) Tenemos graves problemas de capacidad, ¿acaso no es cierto? Ninguno de estos desafíos o docenas de otros que enfrentaremos en el camino están dentro de nuestras habilidades de lograrlos. Y el hecho de que "no podemos" principalmente significa que "no lo haremos" a menos que algo cambie, algo que correctamente llamamos "experiencia".

Jesús sabía que necesitaríamos ayuda. Por esto dedicó gran parte de sus enseñanzas finales a hablar del Espíritu Santo. Juan registró muchas de las enseñanzas de Jesús en los capítulos 13 al 16 de su Evangelio, donde Juan revela que Jesús prometió que el Espíritu Santo vendría y lo que haría. El Espíritu sería el que enseñaría, guiaría a toda verdad, convencería de pecado, y nos ayudaría para que permaneciéramos vinculados con la presencia de Cristo (Jn. 14:16, 26). Y cuando vemos a la iglesia primitiva en acción, la presencia del Espíritu Santo es absolutamente evidente.

Los apóstoles dieron lo mejor de sí mismos para describir estas experiencias capacitadoras con el Espíritu Santo. Aunque se menciona una diversidad de experiencias y "dones", uno no puede omitir el hecho de que cuando el Espíritu Santo se manifiesta, las cosas cambian extraordinariamente. Para que Dios nos otorgue lo que no tenemos, es comprensible esperar que Él lo haga de una manera que nosotros no podemos. Ese es el punto de lo sobrenatural. Sabemos que algo está más allá de nuestras

> Uno no puede omitir el hecho de que cuando el Espíritu Santo se manifiesta, las cosas cambian extraordinariamente.

limitaciones porque, bueno, viene de una manera que no podemos replicar.

Entonces, un momento de investidura de poder está acompañado de señales y prodigios, una necesidad de dirección probablemente venga a través de una palabra de profecía, un encuentro con el enfermo resulta en poder sanador, y en un momento de incertidumbre se encuentra sabiduría, conocimiento, o discernimiento. Cuando el querer y la necesidad se unen, Dios interviene con ese don que no podemos comprar ni fabricar.

Los discípulos llenos del poder del Espíritu saben que todo lo que necesitamos viene de la experiencia, y tanto la Biblia como el Espíritu Santo nos ayudan a entender esa experiencia y cómo ella puede cambiar nuestro rumbo. Como hemos dicho, esta vida en el Espíritu comienza con una relación, y crece debido a una continua comunión con Dios. Ella se alimenta y se fortalece mediante momentos en que Dios le da a cada uno lo que necesita, a fin de aprender y hacer lo que Él ha dispuesto para cada uno.

Todo fluye de la experiencia. Debe ser así. No tenemos otra manera de estar preparados para el camino imposible que tenemos por delante. El apóstol Pablo afirma que Dios puede hacer más de lo que podemos imaginar (Ef. 3:20), pero Él debe hacer cambios en nosotros si queremos participar.

Bueno, ¿acaso no es así como debería ser una relación con Dios? ¿Puede Dios andar a mi lado cada día sin quebrar unas pocas estructuras? ¿Realmente pienso que Dios quiere vivir de manera tan disminuida en mí que cada paso que dé sea "conforme a mi medida"? ¿Acaso el propósito de la vida con Dios no es que viva en un nivel superior, y que haga frente a los desafíos que son más compatibles con la "medida de Dios"?

Por supuesto, las ideas modernas con frecuencia no incluyen las expectativas de lo sobrenatural. Algunos representantes de la iglesia han escrito sus propias interpretaciones de la Biblia, y han convertido las historias de milagros en simples malentendidos de realidades que se pueden explicar. Muchos cristianos tratan de equilibrar la fe en Dios con una cosmovisión que no tiene cabida para Él. ¿Milagros? Dios puede hacerlos, pero no los hace, y probablemente no los hizo. De modo que la posesión demoníaca es reemplazada por enfermedad mental, la lepra fue una malinterpretación de sarna de la piel, y es probable que los muertos que resucitaron solamente hayan estado en coma. No es de extrañar que muchos cristianos sean indiferentes a la idea de la experiencia. Ellos dejaron de lado las experiencias de otros, entonces ¿cómo tendrían fe para realizar algunos milagros por sí mismos?

Supongo que es lógico pensar que la fe sería una parte de la ecuación de la experiencia. Sin duda, ella es el eje de la relación que tenemos con Cristo. Y cuando el querer se combina con la necesidad en nuestros momentos futuros, necesitaremos fe para creer que Dios está cerca y listo para hacer lo que no podemos. Esta es la ecuación de la vida llena del poder del Espíritu.

Por supuesto, el querer y la necesidad no se conectan automáticamente a Dios. Podemos saciar nuestra carencia y hambre en muchos lugares. Podemos examinar diversas alternativas para fortalecer nuestras debilidades. Por ejemplo, querer y necesitar pueden combinarse en autosuficiencia. Podemos agotar nuestras opciones y probablemente extenuarnos en el proceso .

Podemos considerar los recursos a nuestro alrededor y pensar que hemos encontrado una respuesta. Después de todo, si mi vecino tiene una cortacésped que funciona, la pediré prestada. ¿Por qué no puedo encontrar una persona que ya tiene lo que creo que necesito, y esperar solamente que sus recursos sean mi fuente necesaria? No importa que el camino por delante agote los recursos de esa persona poco después que se agoten los míos.

Querer y necesitar no siempre nos llevan en la dirección correcta, pero cuando ambos se encuentran en un corazón lleno de fe, comenzará a surgir un camino. Y ese camino voluntariamente pasa por cualquiera de las experiencias que Dios prepare para nosotros. Cuando Dios es la fuente, entonces Él es el camino. El único que es nuestra respuesta sostiene los medios y los términos con amor.

El nos dará lo que nos falta a través de la experiencia. Piense en su propia vida. ¿De qué manera Dios ha cambiado su vida y qué influencia tuvo un encuentro o experiencia en su transformación? Si su vida está llena del poder del Espíritu, usted sabe lo que significa sentirse completamente sobrecogido por la presencia de Dios a su alrededor y principalmente en usted. Si no tiene tal momento en su memoria, su querer y su necesidad pronto le indicarán esa dirección.

La experiencia importa. No hay cambio de vida ni cambio de mundo sin la experiencia.

Para reflexionar

1. Cuando lee las historias de la iglesia primitiva, ¿se siente apto para vivir como los creyentes de la iglesia primitiva?
2. ¿De qué maneras ha experimentado el poder de Dios?
3. ¿Está dispuesto a cualquier experiencia que Dios produzca en su vida?

C A P Í T U L O
15

Experiencia: Poder

En algún lugar escondido bajo ideas mayores tales como "sanen a los enfermos" y "expulsen demonios", encontramos estas palabras críticas: *"Lo que ustedes recibieron gratis, denlo gratuitamente"* (Mt. 10:8). Esta oración contiene la estrategia que Jesús dio a sus discípulos mientras los preparaba para la misión imposible que enfrentarían.

En este momento en particular, los discípulos estaban por experimentar su primera misión "solos". Hasta ese momento, Jesús había sido el director de cada momento. Cuando lo leprosos se acercaron, Jesús se adelantó a ellos. Cuando los endemoniados andaban enfurecidos a su alrededor, los discípulos dejaron que Jesús tratara con esas almas atadas. Sin embargo ahora, Jesús los envió a las ciudades vecinas para que contaran lo que habían oído y para hacer lo que le habían visto hacer.

En Mateo 10, los discípulos recibieron una lista completa de instrucciones, un manual de 42 versículos para el ministerio que los cristianos modernos muchas veces pasan por alto. Ahora, no hay tiempo en nuestro propósito para considerar cada punto, pero repito que la verdadera respuesta para vivir en el poder del Espíritu *reside en esta sesión de capacitación*.

Sinceramente, no puedo imaginar que ninguna de estas afirmaciones sea más necesaria que, "ustedes recibieron gratis, denlo gratuitamente". Porque en medio de las directivas que parecían alentadoras, asuntos como "limpien de su enfermedad a los que tienen lepra" y "si no los reciben, sacúdanse el polvo de los pies" y las siniestras palabras acerca de los lobos y el trato injusto, los discípulos posiblemente esperaban una explicación de cómo ellos harían tales cosas. "Jesús, ¿cómo opera esto?" Casi puedo oír a Bartolomé que hace tal pregunta, y usted ¿puede oírlo también?

Eso es lo que yo habría preguntado.

La idea de estar presente en momentos poderosos sería alentadora y la posibilidad de oposición animaría mi determinación, pero si debo ser "ese hombre" en la ciudad a la que se me envía, necesito saber *cómo* serlo.

Ser "ese hombre" era algo que todos los discípulos se preguntaban. Esta es la razón de que pidieron a Jesús que les enseñara a orar, no para que ellos pudieran dar clases de cómo orar, sino para orar como Jesús y obtener los resultados que su oración producía. "¿Cuál es tu secreto Jesús?"

Buena pregunta.

La aparente respuesta vino en palabras que el discípulo lleno del poder del Espíritu reconoce como el concepto legítimo para la vida en el ministerio: *Lo que ustedes recibieron gratis, denlo gratuitamente.*

¿Qué significa eso? La experiencia dirige todo.

En este momento de envío inicial, Jesús dijo a sus discípulos que dieran lo que habían recibido. Jesús les dio su poder, autoridad, y el derecho de usar su nombre, para que dar a otros lo que habían recibido. Las palabras de Jesús expresaban más que simplemente: *"yo estaré con ustedes haciendo el trabajo pesado"*. Las palabras de Jesús implicaban claramente que Él haría en ellos lo que ellos debían hacer por otros.

> **Las palabras de Jesús implicaban claramente que Él haría en ellos lo que ellos debían hacer por otros.**

Muchos cristianos viven como los cuatro varones que cargaron a su amigo paralítico a Jesús. Ahora estos varones dieron una gran lección de determinación, al abrir el techo para bajar a su amigo junto a Jesús (Mr. 2:4). Bien hecho, gran fe, y el quinto varón ese día tomó su lecho y fue a su casa.

Cuando digo que muchos vivimos como estos varones, me refiero a que consideramos que nuestro trabajo es llevar a las personas ante Jesús para que Él las sane, restaure su matrimonio, y resuelva cualquier problema que enfrentan.

Sin embargo, cuando Jesús envío a los Doce según el relato de Mateo 10 y Hechos 1, en nuestro tiempo y espacio, el plan no fue que llevaran las personas ante Jesús. Por el contrario, a ellos y también a nosotros, Jesús nos da lo que necesitamos para que les demos lo que tenemos. ¿Nota la diferencia? Habría sido muy agotador para los discípulos cargar por los montes a cada paralítico que encontraran en el camino para llevarlo a Jesús.

No hay duda de que Jesús fue el único sanador en la historia de ellos y también en la nuestra. Sin embargo, su plan es capacitarnos para que obremos como canales de su ayuda a los necesitados. Jesús nos dará lo que necesitamos para que demos lo que las personas necesitan. Jesús hace esto a través de la experiencia.

Este es un sencillo ejemplo. ¿Ha necesitado alguna vez perdonar a alguien? Sinceramente, esta no es una tarea fácil, ¿verdad? Perdonar es difícil. Requiere que pongamos a un lado nuestro deseo de venganza, que liberemos al ofensor de su ofensa, y paguemos el precio de ese perdón en nosotros mismos. No hay nada en el espíritu humano normal que quiera o que pueda verdaderamente perdonar.

Sin embargo, a través de la experiencia, la liberación de nuestro propio perdón, Jesús nos da lo que necesitamos para que perdonemos a otros. Aunque la parte ofendida de nuestro corazón clama, "pero, Jesús...", Él nos dirige a recordar lo que hemos recibido. Si Dios puede perdonarnos de las afrentas eternas que hemos cometido contra su perfecta santidad, ¿acaso no necesitamos también liberarnos de las ofensas que se han cometido contra nosotros? Debemos hacerlo, y asombrosamente, podemos hacerlo.

Entonces, el paso para perdonar lo damos gracias a la experiencia de haber sido perdonados. Por cierto, Jesús no solamente dice que podemos perdonar a otros. Jesús dice que debemos perdonar a otros a causa de lo que hemos recibido (Mt. 6:15).

¿Conoce personas a las que le resulta difícil amar? Claro, yo también tengo ese dilema. Sin embargo, Jesús mandó que nos amemos los unos a los otros. En efecto, Jesús dice que esa clase de amor es cómo las personas saben que estamos vinculados a Él (Jn. 13:35). ¿Qué significa amar como Jesús? Bien, es más que solamente estar dispuesto a morir por mis amigos.

Amar como Jesús incluye a quiénes amó y cómo los amó. Aunque Jesús ama a todos, la declaración de su misión enfatiza que amó a quienes otros despreciaban (Lc. 4:18–19). Yo sé que Jesús los amó primero, antes que ellos tuvieran idea de quién era Él

> ## Amar como Jesús incluye a quiénes amó y cómo los amó.

o lo que podía hacer por ellos. Jesús los amó (y a nosotros) incluso antes de que se conocieran, y ciertamente antes que cualquier cosa semejante a la fe o las buenas obras comenzaran a ser evidentes en ellos.

¿Puede usted amar así? Asombroso, eso también excede mi capacidad original. Puedo amar a los que me aman. Trato de ser amable con todos, pero amar como Jesús parece un monte imposible de escalar. Así es, hasta que me doy cuenta de que también he recibido ese mismo amor inigualable.

¡Sí, es verdad! He experimentado el tipo de amor de Jesús de modo que en algún lugar en mi vida hay un depósito del cual puedo sacar ese tipo de amor. Jesús me dio esa clase de amor para que lo pueda dar a otros: "Lo que ustedes recibieron gratis...".

Esto realmente es una buena nueva. Cada vez que el querer y la necesidad surgen en mi andar, donde el deseo de servir a Jesús revela mi incapacidad de ser ese varón, Jesús promete darme lo que necesito. Su Espíritu Santo me capacita en esos momentos, ya sea que me dé lo que necesito o haga que se manifieste lo que ya he recibido. No tengo que inventar la habilidad o proceder según mi propio interés. Traigo mi desesperada necesidad ante Dios. Él me da lo que necesito o me ayuda a usar la capacidad que tengo a fin de que pueda canalizar lo que he recibido para suplir la necesidad de otro.

¡Estupendo! ¡Esta es una buena nueva! La idea de ser usado por Jesús de tal manera que mis miembros sean sus instrumentos casi siempre me parece imposible. Sin embargo, Jesús no nos envía sin equiparnos. Él nos da lo que necesitamos con la esperanza que demos a otros lo que hemos recibido. Así es como sabemos que podemos perdonar, podemos amar, y podemos difundir esperanza, y podemos extender su poder transformador a otros. Dios promete llenarnos y si fluimos…. entonces Él seguirá llenando.

Entonces una vida en el poder del Espíritu está impulsada por estas experiencias de llenarnos y fluir para bendecir a otros. Dios nos da para que podamos dar a otros. Cuanto más dispuestos estamos de dar a otros, tanto más dispuesto está Él de llenarnos.

Solo soy un conducto. Si usted es como yo y no sabe mucho de electricidad, permítame explicar lo poco que sé. Un conducto es un canal por el cual el cable eléctrico pasa de la fuente a la necesidad. Un electricista pasa gran parte de su tiempo empujando cables a través de conductos para surtir de energía un edificio. Luego que el conducto esté instalado, el electricista conecta la energía eléctrica al aparato de luz, a un interruptor con atenuador de luz, o el receptáculo para conectar la lámpara que guardó desde que estaba en la universidad. El conducto es el medio por el cual la energía pasa adonde sea necesario.

Sin embargo, nadie dice: "¡Su casa tiene un buen conducto!" Por cierto, el conducto no es notorio, es la fuente la que recibe la consideración por cada momento que despliega su poder. El conducto hace su trabajo cuando recibe energía y extiende ese poder a los lugares indicados. No necesita que se lo reconozca ni que se lo mencione, el conducto hace posible la amplia manifestación de ese poder.

Eso es lo que Jesús dio a entender cuando le dijo a sus discípulos que ellos harían "mayores cosas" de las que Él había hecho (Jn. 14:12). No, no harían milagros superiores que la resurrección de muertos ni tampoco harían milagros que Jesús nunca hizo. No superarían a Jesús en la calidad de las "cosas" que harían, Él se refirió a la cantidad. La vida de ellos sería el conducto a Jerusalén, Judea, Samaria, y hasta los más remotos rincones de la tierra. Mayores, significa que una luz única y notable se convertiría ¡en millares de luces! Este es el medio por el cual se cumple la colosal Comisión de Jesús. Él nos da lo que necesitamos, y nosotros damos lo que recibimos doquiera que vamos. ¿Qué otra estrategia pudo permitir que una docena de discípulos, viviendo bajo un imperio opresivo, finalmente pudiera cambiar el mundo?

Jesús nos ha llamado a cada uno de nosotros a la misma misión de cambiar el mundo, y ha prometido capacitarnos e investirnos de poder como a su equipo original. Entonces, ¿qué ha hecho Dios en su vida? ¿Qué lo ayudará a atender la necesidad con la que se encuentre hoy? ¿Qué desafíos traerá el mañana? No tema. Dios le dará lo que necesita o lo ayudará a descubrir lo que ya ha recibido. Así es como funciona la experiencia con Dios. En el pasado, el presente y el futuro, encontrará momentos con Dios que lo investirán de poder para la vida que tiene por delante.

Todo lo que tiene que hacer es dar de lo que ha recibido.

Para reflexionar

1. ¿Cómo se siente al saber que Dios ha prometido darle todo lo que necesita para hacer lo que Él le pide?
2. ¿Está listo para experimentar el poder de Dios? Explique ese deseo mientras habla con Él hoy.

CAPÍTULO
16

Experiencia:
Aprendiendo a esperar

Jesús prometió: "Recibiréis poder", para testificar, para cumplir la misión, para hacer cosas mayores, *¡poder!* Esta no fue una promesa liviana o una referencia genérica a la obra ocasional de Dios en torno de ellos. Seguro, Jesús podía haber enviado a sus discípulos con la garantía de que se manifestaría en momentos inesperados, y manejaría las situaciones difíciles, exactamente como había estado haciendo.

Por el contrario, Jesús dijo que *ellos* recibirían poder, el mismo poder del Espíritu del cual afirmó era su propia fuente. El Espíritu Santo *vendría sobre ellos* y su poder moraría en ellos (Hch. 1:8).

Cuando los discípulos pidieron a Jesús que les enseñara a orar, este fue su anhelo. Ellos querían comprender el vínculo perfecto que Jesús tenía con el Padre, una conexión que le permitía hacer milagros asombrosos. Ellos querían también hacer tales cosas y aquí Jesús les dice que el poder vendría sobre ellos.

La última conversación que tuvieron con Jesús, que Lucas registra en el primer capítulo del libro de los Hechos, no es la primera vez que Jesús hablaba de este don del Espíritu Santo. Mucho antes, durante sus viajes, Jesús aseguró que este don estaba disponible a los que lo pidieran (Lc. 11:13). Juan registra la extensa enseñanza de Jesús acerca del significado de este don para la vida de los discípulos (Jn. 14–16). Claramente, el resultado de esta promesa había sido el objetivo en todo tiempo: *¡Recibiréis poder!*

Ahora Dios nos promete muchas grandes cosas. Atesoramos sus promesas y la esperanza de vida eterna. Nos gozamos con los momentos de sanidad y otras intervenciones claras en nuestras luchas diarias. Estamos agradecidos de todo lo que Él nos enseña acerca de la vida, y es absolutamente notable que Dios promete vivirla juntamente con nosotros y en nosotros, mientras andamos en su senda. Sin embargo, la promesa central mientras Jesús se preparaba para regresar junto al trono de Dios fue ésta: *"Recibiréis poder".*

Debido a que Dios estaba entregando los propósitos de su misión a un grupo inusual de seguidores, era esencial el poder y la capacidad. La iglesia futura se situó en la cima de un lanzamiento a nivel mundial, que destacó la necesidad de tal transferencia de poder. Sí, Jesús vino a vivir como manifestación de Dios y murió para darnos perdón, pero también para incluirnos en un Reino, uno que avanzaría por el poder del Espíritu Santo. El Espíritu Santo llenaría a todos los que siguen a Cristo, aceptan

> Alguien podría decir enfáticamente que esta promesa de poder es la más importante de todas en el cumplimiento de la misión de Dios.

la verdad de su deidad, y están listos para proclamar su mensaje. Alguien podría decir enfáticamente que esta promesa de poder es la más importante de todas en el cumplimiento de la misión de Dios.

El Espíritu Santo vendrá sobre ustedes.

Los discípulos desde la niñez habían sido cautivados por historias como la de Gedeón que con sólo antorchas y cántaros lideró un pequeño ejército contra uno superior; Sansón que derribó las pesadas puertas de una gran ciudad y las cargó hasta la cima de un monte; y David que enfrentó sin temor a un oso, a un león, y a un gigante filisteo, todos hicieron estas hazañas por el poder del Espíritu sobre ellos. Ahora, el Hijo de Dios había prometido que ese poder vendría no solamente sobre ellos sino que estaría en ellos (Jn. 14:17). ¿Qué sueños de ellos se cumplirían gracias a esa promesa?

Unos días después, esa promesa se cumplió. Reunidos en un aposento, mientras oraban—lo único que sabían hacer— repentinamente el ambiente cambio. Lucas usó una metáfora para describir ese maravilloso momento. ¿Cómo puede uno describir con vocabulario humano la manifestación de la presencia de Dios en ese aposento? *Viento recio… temblor… llamas de fuego que descendieron, lenguas desconocidas*, cómo explicar lo inexplicable, lo sublime en una declaración comprensible. Puesto que el mismo Lucas no estuvo presente, puedo imaginar que la mayoría de sus entrevistas terminaron con un "doctor Lucas, esto fue lo que realmente sucedió, cómo me hubiera gustado que estuvieras ahí".

Buenas personas, devotas y sinceras, inseguras pero dispuestas, ansiosas pero de alguna manera confiadas en una promesa que les era difícil describir; esta fue la primera generación llena del poder del Espíritu Santo. Algo más que la presencia de Dios había venido sobre ellos. El poder de Dios se derramó en ellos, y fueron modificadas todas las expectativas para el futuro.

La vida fue elevada a un nivel donde no solamente un futuro maravilloso fue posible, sino seguro. Los botes, además de servir para reunir peces, servirían para movilizar a los pescadores de hombres.

Cualquier lectura sin prejuicios del libro de los Hechos debe reconocer en sus historias la notable obra del Espíritu Santo. Sí, ellos fueron los hechos de los apóstoles, pero la verdadera historia radica profundamente en ellos: la propagación de la esperanza y la verdad del reino impulsado por el poder del Espíritu. La misión de Dios fue difundida y avanzó rápida y extensamente, más de lo que la investigación del doctor Lucas podía registrar. Juan dijo que si se registrara todo lo que Jesús había hecho, los libros escritos no cabrían en el mundo entero (Jn. 21:25), en otras palabras, todas las obras de ese ejército de creyentes llenos del poder del Espíritu Santo probablemente habría requerido un número mayor de estantes. Dios había derramado y continuó derramando su Espíritu Santo sobre los primeros creyentes con resultados que transformaron el mundo. Las personas llenas del poder del Espíritu no encuentran solamente su esperanza histórica en Hechos 2. Los capítulos 4, 9, 10, y 19 también ofrecen voces de afirmación.

Repetidamente, Dios respondió a sus deseos y necesidades con momentos que los traductores describieron como "derramamientos". Ese don no fue solamente para los 120 reunidos en el aposento alto; Dios siguió derramando hasta que los apóstoles entendieron que éste era el plan para todo aquel que aceptara su causa.

> ## Lo extraordinario se convirtió en la expectativa normal del pueblo de Dios.

Aquellos que una vez persiguieron a los cristianos no fueron excluidos. Los gentiles no tuvieron que esperar afuera de la puerta. Los extranjeros en lugares distantes podían reclamar esta promesa y experimentar su poder transformador de vida, sin que importara donde habían estado y lo que habían hecho en el día del derramamiento original del Espíritu. Lo extraordinario se convirtió en la expectativa normal del pueblo de Dios.

¡Recibiréis poder significa que lo *incluye a usted*!

En Hechos 19:2, Pablo encuentra un grupo de seguidores de Cristo e inmediatamente les hace una urgente pregunta: "¿Recibieron ustedes el Espíritu Santo cuando creyeron?" No es necesario ser un teólogo para notar que Pablo tiene una comprensión clara que algo más estaba a disposición de aquellos que creyeron. Estos cristianos habían recibido el bautismo de Juan después de que se arrepintieron de sus pecados y aceptaron el reino de Dios que vino mediante Jesús. Algunos piensan que estos creyentes habían oído de Juan pero no de Jesús, por consiguiente, este fue el momento de salvación para ellos. Sin embargo, Pablo no preguntó acerca de su vínculo con Jesús. Por el contrario, su pregunta se concentró en si ellos habían recibido o no el poder del Espíritu Santo. Ellos habían creído el testimonio de Juan, habían demostrado fe en el primo de Juan, Jesús, pero ellos no habían recibido el poder del Espíritu Santo. Ellos no habían sido enviados al encuentro del poderoso destino que Dios se propuso para sus testigos. Como los discípulos en Hechos 1, había algo más que podían recibir, y lo recibieron.

Entonces vamos a imaginar la interrogante de Pablo que resuena en nuestros oídos a través de los siglos hasta ahora: "¿Recibieron ustedes el Espíritu Santo cuando creyeron?" ¿Iniciamos una vida en el poder del Espíritu mediante el cumplimiento del don que Jesús prometió?

Algunos han concluido que el don y los momentos únicos que lo acompañan fueron solo para esos primeros discípulos, a fin de dar comienzo a la misión. Sin embargo, la evidencia dice lo contrario. En efecto, el mismo pasaje profético que Pedro citó en su sermón que se relata en Hechos 2 y se registra en Joel 2, dice que el propósito de Dios es derramar su Espíritu "sobre toda carne" (Joel 2:28). No hay indicio alguno de que se refiriera a una fecha específica del calendario. Pedro especificó también el impacto sobre los hijos y las hijas, probando que no excluía ninguna generación ni género.

Esta promesa es para nosotros, que solo esperamos el querer y la necesidad, con el fin de que lleguemos al lugar de recibir. Aquellos que desean llevar adelante la misión de Jesús, dan lo mejor de sí mismos a su objetivo mundial, y levantan las manos al clamor de su propósito, rápidamente se dan cuenta de sus limitaciones. El querer se encuentra con una clara necesidad, ya que ¿quién puede hacer la obra de Dios sino solamente Dios? La promesa de poder no es solamente una fantasía intrigante, como la idea del mago que ofreció dinero a Pedro para poder hacer lo mismo (Hechos 8:18–19). No, este sincero anhelo de impactar al mundo para Dios debe estar acompañado de un claro sentido de nuestra propia necesidad. Debemos tener ese poder, debemos tener lo que Jesús dijo que el Espíritu Santo traería. No podemos ir a todo el mundo, ni podemos siquiera cruzar la calle sin el poder del Espíritu Santo de Dios en nosotros.

Mi corazón tiene tanta hambre como el centurión en Hechos 10, y mi necesidad es tanta como la de aquellos en Hechos 19. Quiero entregarme a los propósitos eternos de Dios, como la misión más significativa y como mi mejor "agradecimiento" por su don de salvación. Quiero entregar a Dios mi vida, pero necesito que Él me dé su poder para yo vivir la vida que Él dispuso para mí. Necesito que el Espíritu Santo venga sobre mí.

Y Él vendrá. Jesús dijo que esperemos hasta que el Espíritu Santo venga (Hch. 1:4-5).

Entonces, ¿cómo sabrá usted cuando el Espíritu Santo haya venido? *Créame, lo sabrá.*

De todas las incertidumbres que vemos en la vida de los primeros discípulos, esto fue algo de lo cual estaban seguros. Ellos habían sido llenos del Espíritu Santo. El momento que lo recibieron estuvo inundado de la asombrosa presencia de Dios. El lugar donde estaban reunidos tembló con la presencia del Espíritu. Ellos no entraron en tal momento sabiendo lo que sucedería, pero las cosas ocurrieron esa manera. Dios no manifiesta su poder en un lugar sin que nadie lo note. Aquí no hay secreto místico alguno, no hay derramamiento silencioso para algunos mientras los comen sus alimentos como de costumbre. El momento de ellos interrumpió toda actividad. Dios vino con poder, no en el silbo apacible que Elías había oído.

Mientras estos primeros cristianos describen sus experiencias en la entrevista con Lucas, los detalles varía un poco, pero el factor común fue el recibimiento de un nuevo lenguaje. Las alabanzas a Dios que se originaron en la mente de ellos fueron articuladas con sílabas de otras lenguas, algunas humanas y otras posiblemente celestiales, pero todas desconocidas para él que las hablaba. El Espíritu Santo había venido y aparentemente reunió a los discípulos en un coro que empleó un himnario desconocido. Estas lenguas que hablaron fueron parte del gran día de Pentecostés (Hch. 2:4), y más tarde Pedro comprobó que el mismo Espíritu había venido sobre los gentiles (10:44–46). Las lenguas fueron otra vez una parte de la historia en Hechos 19, ahora estos discípulos podían responder afirmativamente a la pregunta de Pablo, y hoy nosotros también podemos esperar que las lenguas sean parte de nuestra investidura de poder. Dios no derrama su poder con un susurro. Él ilumina el ambiente y no deja dudas de que todo ha cambiado. Ninguno de estos amigos del primer siglo sabía exactamente lo que sucedería, pero ciertamente muchas cosas sucedieron. Cuando la euforia del momento glorioso se calmó, ellos sabían que las cosas serían diferentes para siempre.

Algunas personas responden de manera negativa a la idea de hablar en lenguas que no son conocidas, o incorporar experiencias que tal vez ha vivido en su propio tiempo devocional. La inclinación de cada persona es tener un encuentro con Dios según sus términos, dentro de sus propios límites. Sin embargo, ¿tiene sentido que el creyente reciba un poder mayor que lo impulse a salir de *su* límite? Lamentablemente, muchos nunca dejarán que su hambre del poder de Dios los lleve más allá de sus propios límites. Estas personas limitan su relación con el Dios que no tiene límites, y sin pensar determinan ellos mismos el tamaño de la caja donde guardarán el plan de Dios para su vida.

El hambre verdadera remueve esas restricciones. El hambre verdadera anhela la presencia y la medida plena del poder del Espíritu Santo que la voluntad divina quiera otorgar. El hambre verdadera busca al Único que es fuente de satisfacción, en vez de tropezar con asuntos de preferencia respecto a las cosas que Él revela en este despertar.

Hable con alguien que ha tenido esta experiencia. Pídale que describa su momento inicial de investidura de poder, y observe si puede contar la historia sin que sus ojos se llenen de lágrimas. La mayoría de ellos tendrá mucho más que decir acerca de lo que Dios obró en ellos en eso momento, que lo que ellos hicieron en respuesta. Así es como podemos describir el hambre del creyente por el Espíritu de Dios.

Pablo nos pregunta otra vez: "¿Recibisteis el Espíritu Santo cuando creísteis?"

Si no lo ha recibido, dígale a Dios que tiene hambre. Deje que Dios vea cuánto usted desea lo que Él quiere darle, y dígale que usted necesita su ayuda para hacer lo que Él le pida. Traiga su querer y su necesidad ante Dios, y Él mostrará que su promesa es para usted también.

Recibiréis poder…

Para reflexionar

1. Piense en la pregunta de Pablo en Hechos 19: "¿Recibisteis el Espíritu Santo cuando creísteis?" ¿Cómo responde a esta interrogante?

2. Si no ha recibido el bautismo en el Espíritu Santo, ¿tiene usted hambre por el poder que Dios ha prometido? ¿Está listo para recibirlo? Comience agradeciendo a Dios por esa promesa, y exprésele su deseo de recibirla para ser un integrante poderoso del equipo misionero en los planes de Dios.

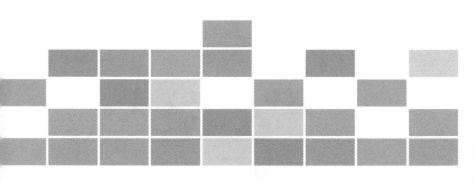

LA
DEMOSTRACIÓN

17

Conectar: Las personas son prioridad

Los que se sumergen en una vida en el poder del Espíritu rápidamente descubren algo extraordinario acerca de la relación con Dios: La vida se centra en las personas. No puede haber aislamiento ni separación donde estén solo Dios y usted, porque Dios tiene un propósito mayor que compartir. Ese propósito es que nos conectemos con los demás.

Una vez conocí a un hombre que insistía que no tenía necesidad de otras personas. Este hombre expresó gran satisfacción respecto de la idea de que él y Dios podían existir juntos y felizmente en su granja y granero. Al parecer veía a las personas como un obstáculo en su esfuerzo de cumplir el plan que Dios había trazado para su vida. Así que trataba a la mayoría de las personas con hostilidad, y siempre estaba ansioso de volver a su espacio donde estaban solo él y Dios, y, por supuesto, su esposa a la que rara vez prestaba atención. De hecho, el hombre me dijo cierta vez que aunque su esposa viniera a la iglesia, a él no lo veríamos con mucha frecuencia. Él no necesitaba ese tipo de compañerismo.

> El plan de Dios nos incluye a todos, y en consecuencia quiere conectarnos unos con otros para realizar ese plan.

La idea de este hombre no es muy diferente de la que otros han tenido a través de los siglos. Una relación con Dios se vive más fácilmente en espacios separados, lejos de la tentación, la distracción, y una cantidad de otras cosas de las que preferimos culpar a otros. Ya sea que tal enfoque lleve a la persona a un monasterio o procure mantener a todos fuera de sus asuntos, la creencia es que su relación con Cristo es un asunto privado.

Asunto privado… en realidad, la relación con Dios es una conexión con Aquel que se acercó a las personas. Sí, hay momentos especiales cuando Dios, con toda ternura, nos habla de manera individual. Sí, Dios trata con la singularidad de la experiencia de cada persona, y pone su dedo en los elementos de la vida de cada persona en los que necesita su ayuda. Sí, Dios tiene un plan especial para mi vida y uno completamente diferente para la suya, pero no hay aislamiento. El plan de Dios nos incluye a todos, y en consecuencia quiere conectarnos unos con otros para realizar ese plan.

Ya hemos considerado la increíble idea de que Dios quiere estar con nosotros. Ciertamente, no lo merecemos, y es asombroso pensar que un Dios perfecto quiera dedicar su tiempo a personas imperfectas. Sin embargo, su plan revelado en la historia humana y en la persona de Jesús, es ser "Dios con nosotros".

Y eso también significa, *Dios con ellos.*

Cuando Jesús intervino en la vida de unos pocos pescadores, fue con la seguridad de que ellos algún día serían pescadores de hombres. Me pregunto si era eso lo que ellos también querían. Como la mayoría de nosotros, posiblemente estaban más enfocados en pasar tiempo con un probable Mesías. Tal vez imaginaron que la oportunidad de ser parte de su Reino significaba que tendrían autoridad sobre las personas, que alcanzarían sus propias metas de una vez por todas, y que se elevarían por encima de su mediocre existencia. Cuando observamos cómo ellos lucharon para aceptar algunas de las enseñanzas de Jesús, fácilmente podemos concluir que ellos no consideraban que se conexión con Jesús era una oportunidad de servir a las personas.

Sin embargo, así es Dios. Estamos conectados con Aquel que quiere tener muchos amigos. La misión que nos ha invitado a aceptar se enfoca en ayudar para que otras personas encuentren lo que hemos encontrado. Aquí no hay exclusividad.

No estoy seguro de que tengamos ese sentimiento en la iglesia local.

Lamentablemente, algunas iglesias parecen dar prioridad al aislamiento. Sus edificios y bancas casi vacíos parecen no tener cabida a nadie más. Es rara la idea de alcanzar a otros. Si desea encontrar su entrada a tales iglesias… usted puede. Sin embargo, ellas seguirán concentradas en sus metas y no dedicarán tiempo a distracciones como llegar a personas como usted. Este tipo de iglesias está pereciendo, y es difícil decidir si eso es algo positivo o negativo.

Los discípulos llenos del poder del Espíritu operan con una mentalidad completamente diferente. Sabemos que Dios nos ha mandado alcanzar a las personas, y en cada oportunidad buscamos demostrar que una relación con Dios es posible. Miramos a otros como Jesús les percibió, como ovejas sin pastor (Mt. 9:36), y sabemos que el Pastor que hemos encontrado tiene lugar en su rebaño.

Ahora, hay muchas razones de que Dios nos ha dado su Espíritu Santo, pero la principal entre ellas es investirnos de poder para que seamos sus testigos (Hch. 1:8). Ya, hemos reflexionado en el mensaje y las implicaciones de este versículo. Al decir que sus discípulos serían testigos en Jerusalén, Judea, Samaria, y hasta lo último de la tierra, Jesús reveló claramente su propósito de enviarlos a Jerusalén, Judea, Samaria, y hasta lo último de la tierra. Estas palabras no son el fundamento de la teoría de las misiones solamente. Las personas, cerca y lejos, deben oír lo que hemos oído y ver lo que hemos visto. Así que "ir" no es figurativo. Dios nos otorga poder para que podamos cumplir su llamado.

> Cada día vivimos conscientes de nuestro llamamiento, un propósito superior a cualquier ambición egoísta.

Este Reino único no tiene que ver sólo con nosotros.

Sí, Dios tiene muchos planes para nosotros y muchas cosas buenas que darnos, pero solamente recibimos cuando damos. En una de sus más curiosas declaraciones, Jesús dijo que encontramos la vida cuando la perdemos (Mt. 10:39). Él presentó varias ideas revolucionarias en sus enseñanzas, verdades contrarias a lo que se espera en nuestra cultura, y que a veces se prefiere.

Jesús dijo que su reino está centrado en "Él y ellos". Cuando alguien le preguntó cuál de los muchos mandamientos era el más importante, de alguna manera Jesús dio una respuesta sorprendente. ¿Acaso no debió Jesús decir?: *¡Todos los mandamientos son importantes! Si Dios lo dijo, entonces eso los hace realmente importantes, entonces asegúrense de cumplir cada mandamiento como su prioridad.* Sin embargo, Jesús no dijo eso. Él respondió sin vacilación: "Ama al Señor tu Dios con todo tu corazón, con todo tu ser y con toda tu mente" y "Ama a tu prójimo como a ti mismo" (Mt. 22:36–39). Y después dijo que todos los mandamientos se conectan con este, pero el punto principal es la respuesta a la interrogante.

Esa respuesta nos muestra la prioridad de su Reino: *Él y ellos.*

En otro pasaje, Jesús dijo: "Busquen primeramente el reino de Dios y su justicia, y todas estas cosas les serán añadidas" (Mt. 6:33). En otras palabras, cuando nos concentramos en Jesús y en ellos, Dios cuidará de nosotros.

Esto denota una idea poco común. Si llevamos una vida centrada en nosotros, perdemos. Pero si llevamos una vida de adoración a Dios y amor al prójimo, ¡Él cuidará de nosotros! Una estrategia asombrosa, ¿verdad?

Esto es lo que entienden las personas llenas del poder del Espíritu. Cada día vivimos conscientes de nuestro llamamiento, un propósito superior a cualquier ambición egoísta. Sabemos que amar a Dios y amar a otros son las únicas maneras de cumplir la Gran Comisión. Solamente cuando obedecemos estos mandamientos, estamos conectados con Aquel al cual seguimos y confesamos (Jn. 13:35).

Jesús dijo que su misión era "buscar y salvar lo que se había perdido" (Lc. 19:10).

Jesús se describió como el buen Pastor, el que deja en el redil a sus ovejas para buscar a la que ha perdido (Lc. 15:4). Incluso dijo que daría la vida por sus ovejas (Jn. 10:11). Si estamos en relación con Dios, entonces estamos conectados con Él. Eso quiere decir que el centro de nuestra existencia no somos nosotros.

Una vida en el poder del Espíritu se manifiesta de muchas maneras, pero su prioridad es alcanzar a las personas. Jesús enseñó claramente este punto a sus discípulos. Y fue una lección que les costó escuchar.

Según un relato bíblico, Jesús estaba descansando junto al pozo cerca de la ciudad samaritana de Sicar, mientras sus discípulos habían ido a la ciudad para comprar alimento. Juan registra toda la historia, aunque él también había ido a comprar almuerzo (Jn. 4). Mientras él y los demás discípulos estaban en la ciudad, Jesús mantuvo una conversación con una mujer que no tenía muy buena fama en Sicar. Esta conversación fue transformadora para ella. Jesús señaló el problema en la vida de ella y le mostró su gran compasión, y finalmente le dio el agua de vida que satisfizo su sed más profunda.

Cuando ella se disponía volver a la ciudad para hablarle a sus conocidos acerca de este hombre junto al pozo, los discípulos regresaron con el alimento. El texto dice que ellos vieron a Jesús conversando con la mujer, "aunque ninguno le preguntó" qué necesitaba ella (v.27).

¿En serio? Jesús estaba hablando con una mujer samaritana, una de pasado dudoso, y ¿ninguno preguntó de qué hablaban? La conversación había transgredido las pautas sociales, ¿y a nadie le importó? Aparentemente Juan se informó después sobre la historia porque en ese momento perdió *su oportunidad de oír una buena entrevista*.

Almuerzo.

En vez de decir: "Jesús cuéntanos qué pasó". Ellos dijeron: "Rabí, come algo" (v.31). Pero Jesús no aceptó. Él no estaba descontento con lo que habían para comer o porque no había salsa de tomate para las papas fritas.

Su mente estaba en otro asunto, enfocado en algo que hubiera querido que ellos también entendieran.

"Yo tengo un alimento que ustedes no conocen" (v. 32).

¡Sorprendente! Seguro que ellos entenderían el significado implícito en esa afirmación. Pero, no fue así. Ellos se preguntaron si alguien ya le había traído algo de comer.

Así, Jesús les explicó cuál era su verdadero alimento: "hacer la voluntad del que me envió y terminar su obra" (v. 34). Luego les dijo que levantaran la vista del pan que tenían en las manos y que observaran el campo que estaba listo para la cosecha. "¿No dicen ustedes: 'Todavía faltan cuatro meses para la cosecha'? Yo les digo: ¡Abran los ojos y miren los campos sembrados! Ya la cosecha está madura" (vv. 35–36).

Repentinamente el almuerzo ya no tuvo tan buen sabor.

La vida es mucho más que el alimento. Hay algo más importante en nuestra rutina diaria. Hay una misión con las personas, y maravillosas historias de transformación que deben ser escritas. Hay mujeres solitarias junto al pozo y hombres heridos en el camino. Hay personas desesperadas en la casa contigua y en todas partes del mundo. Aunque no lo creamos, la cosecha está madura y es tiempo de que salgamos al campo a recogerla.

Si levantamos la mirada, veremos lo que Jesús ve... y solo entonces comenzaremos a darnos cuenta de lo que Él quiere que hagamos.

Para reflexionar

1. ¿Por qué no es posible que cumplamos los propósitos de Dios si no sentimos la necesidad de conectarnos con los demás?

2. ¿Qué cree usted que Jesús procuraba que sus discípulos entendieran con la historia que Juan registró en el capítulo 4 del evangelio que escribió?

CAPÍTULO
18

Conectar:
Amor redentor

Durante casi dos milenios de historia, la iglesia ha tenido una relación con el mundo que se describe mejor como difícil. En muchas generaciones, la relación ha sido antagónica debido al agresivo esfuerzo de los gobiernos de impedir su crecimiento e incluso destruir a los seguidores de Cristo. Como en tiempos de la iglesia primitiva, muchos de los discípulos de Jesús han anunciado su verdad bajo un manto de sospecha, e incluso declarada persecución.

Por supuesto, hubo también épocas cuando los gobiernos toleraron e incluso aceptaron a la iglesia y sus seguidores. En tales casos, el cristianismo fue visto como la religión del imperio, y sus ciudadanos denominados cristianos, independientemente de las normas éticas que eligieran obedecer. En estos contextos, la iglesia fue un socio desconfiado de los monarcas, con frecuencia luchando por el poder al mantener una elevada posición de moral como la aparente voz de Dios incluso para el rey. En tales casos, sucedió que el gobierno por su parte, con frecuencia reemplazó ciertos elementos de verdad al usar la religión para propósitos políticos.

Hoy, en el mundo occidental, vemos que ambos extremos están operando. Ciertamente la ideología de la iglesia está bajo ataque, y los principios bíblicos están rápidamente perdiendo en la discusión moderna el lugar de influencia que una vez tuvieron. Al mismo tiempo, los segmentos de la iglesia han buscado flexionar el músculo político y hablar de asuntos preocupantes empleando una diversidad de medios, algunos de ellos piadosos y otros aparentemente no.

Cuando Jesús dijo que estamos en el mundo pero que "no somos del mundo" (Jn. 17:14) y Pablo nos desafió para que recordemos que "somos ciudadanos del cielo" (Fil. 3:20). Ellos buscaron una actitud ante la vida que siempre los cristianos han tenido dificultad para demostrar. Algunos se apartaron a los monasterios, mientras vivieron muy cerca del límite, exponiéndose constantemente al peligro de caer en el abismo mundanal.

La iglesia nunca ha sido una propuesta fácil en el mundo. Sin embargo, cuando los discípulos miraron claramente a Jesús e interpretaron su misión como la suya propia, el cuadro fue más nítido. A Jesús le importaba mucho la justicia, pero no recurrió a ningún medio político para alcanzarla. Las calles polvorientas por las que anduvo no eran lugares para la democracia, y el judío que vivía en tiempos del Imperio Romanos no tenía posibilidad de influir en el comportamiento del gobierno. Sin embargo, lo que Jesús sí podía hacer era amar a las personas… y lo hizo. En realidad, eso fue lo que Jesús hizo más que cualquier otra cosa.

> A Jesús le importaba mucho la justicia, pero no recurrió a ningún medio político para alcanzarla.

Ninguno estaba fuera del alcance de su mirada compasiva. Los borrachos, los recaudadores de impuestos, incluso las prostitutas —con sus rostros tan curtidos y avejentados por la dura vida que llevaban— todos ellos eran objeto intencional del amor transformador de Jesús. Los intocables, los leprosos que no podían esconder su enfermedad y los religiosos que escondían las propias, podían experimentar el toque misericordioso y el cambio si se acercaban a Jesús.

Dios es amor (1 Jn. 4:8).

El joven Juan observó esa verdad de cerca y nunca la olvidó. Cuando era anciano, todavía se maravillaba del amor que había observado cada día y cada momento en la mirada y en las manos compasivas de Jesús. Él no pasaba a nadie por alto. Incluso el lunático semidesnudo, que buscaba la soledad y habitaba entre los sepulcros, vino corriendo a Jesús, y mientras se acercaba fue liberado de demonios.

Si ese mismo Espíritu nos llena, ¿acaso no debería ser similar la lista de personas con las que nos relacionáramos?

Con mucha frecuencia, los cristianos que celebran haber sido liberados de las profundidades del pecado olvidan de donde fueron sacados. Después de llevar una vida de alguna manera limpia, ellos comienzan a mirar con desdén a los que están sumidos en el barro; los ven como inferiores, merecedores de su sucio futuro, indignos de su tiempo. Estos fariseos modernos se enorgullecen por lo que solo Dios pudo hacer en ellos.

Los que vivimos en el poder del Espíritu no olvidamos nuestra condición anterior, y en los quebrantados que nos rodean vemos lo que pudo ser nuestro destino de no haber conocido el amor de Cristo. Recordamos que el evangelio fue las "buenas nuevas" a nuestros oídos y sabemos que las nuevas todavía son buenas para los que están atrapados en su tenebroso estilo de vida.

Las pancartas rara vez proclaman esperanza.

Siempre me ha preocupado una clara diferencia entre Jesús y nosotros. (Bueno, son muchas las diferencias, pero una me molesta más que las demás.) ¿Por qué las personas que aparentemente estaban más lejos de Dios, cuya vida se caracterizaba por los hábitos más viles y un estilo de vida que estamos pronto a censurar y calificar, por lo general corrieron al encuentro de Jesús, mientras que aquellas que en apariencias vivían piadosamente, fueron los que desearon su muerte?

¿Y por qué generalmente sucede lo contrario en nuestro caso?

Las personas atrapadas en una vida de pecado circulan por el exterior de nuestras mega–iglesias y capillas pequeñas con poco interés de lo pueda haber disponible adentro. La mayoría de nuestros vecinos ni siquiera saben que estas personas no asistieron a la iglesia el domingo pasado, porque nunca piensan en eso, ni tampoco tienen una razón para pensar a dónde vamos los domingos por la mañana. Al mismo tiempo, aquellos que se enorgullecen de su santidad se sientan cómodamente en nuestras iglesias y practican su egoísmo con plena seguridad de que no recibirán reprimenda alguna.

La persona que realmente vive en el poder del Espíritu observa el mundo como Jesús lo ve.

Quizás Jesús fue conocido por su mirada compasiva. No podía ver el quebranto sin pensar que no debía suceder.

> Vemos a las personas como quien una vez fuimos, y meditamos dónde estaríamos si Jesús no hubiera pagado ese rescate que no merecemos.

Él percibía al pecador como una víctima de Satanás para provocar la ira del Padre. El engañador había atraído a la preciada creación para que también se rebelara ante Dios, Pero el Padre ahora se acercaba con mirada compasiva y mano extendida, esperando que cada ser humano confiara en Él y creyera que hay un camino mejor.

Así es cómo los que andamos en el poder del Espíritu debemos ver a quienes nos rodean. La obra del Espíritu de Dios en nosotros produce amor como fruto principal. ¿Cómo? Otra vez, es la unión de la relación y la experiencia. Estamos maravillados de cómo Jesús nos liberó de las cadenas de nuestra propia historia, y sabemos que Él es poderoso para hacer lo mismo por otros. Vemos a las personas como quien una vez fuimos, y meditamos dónde estaríamos si Jesús no hubiera pagado ese rescate que no merecemos. Hay esperanza para otros porque hubo esperanza para nosotros.

Por eso las personas corrían al encuentro de Jesús.

Nosotros también vinimos. Como Juan, descubrimos que Dios es realmente amor. El amor cambia a las personas. En realidad, es lo único que nos cambia.

La Epístola a los Romanos ofrece un argumento extenso de que la ley no puede redimir, ni siquiera la ley de Dios. Las reglas muestran nuestras faltas y las magnifican más poderosamente que cualquier microscopio o telescopio. Sin embargo, la ley no nos restaura. En efecto, "la ley no pudo liberarnos... por eso Dios envió a su propio Hijo..." (Ro. 8:3).

Por eso el discípulo lleno del poder del Espíritu no desprecia a los pecadores. No debe sorprendernos cuando quienes están atrapados en las garras de Satanás escogen el pecado. Ciertos pecados parecen chocantes, pero nunca motivo de sorpresa. Lo sorprendente es que Dios no se aleja de estas personas y tampoco nosotros, a quienes Él ha enviado.

¿Quién no puede ser rescatado? ¿Hay alguno que se alejó de tal manera por el mal camino que no pueda regresar mediante la gracia? Las historias en torno a Jesús probablemente gritan un rotundo ¡no!

Zaqueo generalmente es considerado como un engañador, odiado por sus conciudadanos por su trabajo de cobrador de impuestos para Roma; una ocupación que los cobradores usaban como pretexto para robar. Los amigos de infancia posiblemente expresaban menosprecio ante la mención de su nombre, y su odio solo aumentaba cuando veían su prosperidad. Zaqueo era un hombre pequeño de estatura con un corazón también pequeño. *Pero entonces...*

Su curiosidad por ver al maestro aldeano impulsó al orgulloso hombre a subirse a un árbol, y después él mismo se sorprendió cuando Jesús se detuvo y lo llamó para que bajara del árbol. Horas más tarde, después que Jesús entró en la casa del recaudador de impuestos, el hombre salió de ella con un corazón nuevo y comenzó a pagar con sus bienes para devolver a los que alguna vez había engañado (Lc. 19:8). ¡Estoy seguro de que los conciudadanos no imaginaban que eso sucedería!

Si la experiencia de Zaqueo fue una sorpresa, el día cuando un grupo de leprosos volvió a la ciudad con la piel completamente sana seguramente fue un hecho impresionante. Los leprosos no podían ir a su hogar. La enfermedad contagiosa que tenían los marcaba como malditos por Dios, y los que alguna vez los amaron, ahora los consideran muertos. Sin embargo, ninguno estaba realmente muerto cuando Jesús entró en escena. Cada uno de los diez leprosos fueron restaurados a una vida nueva, y diez familias recibieron un don inimaginable (Lc. 17:11–14). Maravilloso, ¿verdad?

Juan dice que podríamos llenar el resto de este libro y centenares más si alguna vez se contara cada historia (Jn. 21:25).

Las personas en el poder del Espíritu viven con esta expectativa. No damos la espalda al malvado, al necesitado, al quebrantado, o incluso a los que ocultan sus tinieblas tras sus riquezas y fastuosos castillos. Corremos hacia tales personas, sabiendo que la misma semilla redentora que cada día transforma nuestra vida puede ser plantada en cualquier corazón dispuesto a recibir, y puede dar comienzo al desarrollo de una gran cosecha. La obra redentora de Jesús es para cada generación.

Por tanto, no importa si el presente gobierno es un aliado o un adversario. Como Jesús dijo a un confuso gobernador romano: "Mi reino no es de este mundo…" (Jn. 18:36). Un día no muy lejano, Dios establecerá su reino, y ningún gobierno o reino humano prevalecerá delante de él. Los discípulos llenos del poder del Espíritu creen que pueden invitar a todos los que encuentran a formar parte de ese Reino.

Por cierto, Jesús ya los ha invitado, pero nuestro amor los hace conscientes de esa invitación.

Para reflexionar

1. ¿Por qué piensa usted que es muy difícil que amemos de la manera que hemos sido amados?
2. ¿Qué debe hacer Dios a fin de ayudarlo a convertirse en un mensajero de su amor redentor?

CAPÍTULO
19

Conectar:
A quién Dios ama

La verdad es que Jesús murió por causa del amor. Entendemos que Jesús vino al mundo para morir, pero algunos fueron los instigadores de su muerte, decididos a que con su muerte también cesara su enseñanza. Estos fueron motivados por algunos factores clave. Ciertamente, Jesús afirmó ser Dios, y según el sistema religioso de ellos, tal confesión era una blasfemia. Pero según leemos en la historia, esta aparente blasfemia que Jesús pronunció fue la excusa que necesitaban para llevar adelante lo que habían planeado.

La razón principal de que querían matarlo era su popularidad. Jesús amaba a las personas que ellos menospreciaban, y le mostró a esas personas de dudosa reputación que Dios estaba dispuesto a aceptarlas. Ellos juzgaron que era su deber para con Dios proteger su reputación. Después de todo, ¿cómo podría mantenerse cualquier noción de la santidad de Dios si estas personas pensaban que podían tener entrada? Por supuesto, ellos querían proteger también su propia reputación. Como árbitros del liderazgo espiritual, ellos no necesitaban esa clase de rival. La idea de que Jesús era Dios no era aceptable, y probablemente no podrían mantener la condición de superioridad social que habían establecido con tanto esmero.

Entonces le resistieron, y Jesús hizo poco para apaciguar sus preocupaciones. De hecho, pasó un buen tiempo con esas otras personas menos importantes, y tenía poco interés en debatir asuntos con los líderes religiosos. Finalmente, Jesús afirmó que venía de Dios e incluso que *era* Dios, entonces la pregunta más fácil fue qué harían con Él, y las posibilidades fueron las más desagradables.

¿Cómo se siente al pensar que Dios ama a las personas que usted rechaza? Obviamente, sabemos que Dios ama porque Él es Dios y tiene un gran corazón. Pero, si tuviera que escoger seguramente preferiría pasar su tiempo con personas como nosotros. Lo malo de esta conjetura es que Dios no tiene que escoger. Dios está muy complacido si *estas* personas son las que llenan los espacios en su calendario de encuentros.

No me malinterprete. Dios lo ama a usted también. Lo que sucede es que Dios también los ama a ellos ... y a usted lo considera como uno de ellos.

Un día de reposo por la mañana, en los primeros días de su ministerio, Jesús fue a la sinagoga de su ciudad para adorar, y era el turno de su familia de leer las Escrituras. Al parecer, el plan previo de Dios estaba precisamente coordinado porque a Jesús le fue entregado el rollo de las Escrituras que contenía la porción del Antiguo Testamento que describía el verdadero sentido de su misión. La lectura de ese día puso las palabras de Isaías en el contexto de esa reunión de adoración:

"El Espíritu del Señor está sobre mí, por cuanto me ha ungido para anunciar buenas nuevas a los pobres" *(Lc. 4:18).*

Esta fue la declaración de su misión, la razón de que usó sandalias y anduvo por calles polvorientas. Él afirmó esa mañana del día de reposo: "Hoy se cumple esta Escritura en presencia de ustedes" (v. 21). En otras palabras, la profecía de Isaías ya no era para el futuro. "Ese "mí" *¡soy yo!*"

Con toda seguridad eso repercutió entre los asistentes. Aunque la declaración que Jesús leyó era importante, lo que dijo a continuación

> El discípulo lleno del poder del Espíritu sabe que las pautas de conducta no lo hacen más o menos merecedor del amor de Dios, y está dispuesto a alcanzar a aquellos que son diferentes a él para proclamarles las buenas nuevas.

lo fue mucho más. Jesús identificó a los receptores del mensaje de Dios en esta misión eterna, el pobre, el cautivo, el oprimido. Ellos sí eran los bienaventurados.

Muchos cristianos consideran estas palabras como un mensaje especial para los desvalidos. Aquellos que se inclinan por el evangelio social piensan que las buenas nuevas que Jesús anunció con estas palabras están especialmente dirigidas a los desechados de la sociedad. Sí, Dios ama a todos, incluso a los que la sociedad desecha.

Sin embargo, Jesús no vino para alterar la jerarquía económica o vaciar las prisiones humanas. Según la perspectiva de Dios, todos somos admitidos en su enfoque central. A la luz de su idea ideal original, que perdimos por causa de nuestro pecado, todos somos pobres, todos estamos en prisiones, y todos estamos abatidos por nuestros pecados y por el enemigo que nos mantiene cautivos en ellos.

Jesús no se compadeció de las personas callejeras y menospreció a los líderes religiosos. Las puertas de su Reino se abrieron de par en par para ambos. El punto es que el último grupo no consideraba su condición desde la perspectiva de Dios. Ellos no necesitaban de un médico porque no se consideraban enfermos (Mt. 9:12).

Sin embargo, todos necesitamos de Jesús. No hay una línea imaginaria entre nosotros y aquellos que no son como nosotros. El discípulo lleno del poder del Espíritu sabe que las pautas de conducta no lo hacen más o menos merecedor del amor de Dios, y está dispuesto a alcanzar a aquellos que son diferentes a él para proclamarles las buenas nuevas. Por eso, encontramos a este tipo de personas en lugares inesperados. Como discípulos de Cristo, debemos abrir los brazos al extranjero y al desconocido. Somos los receptores de la misión de Jesús, y de buena voluntad nos entregamos para experimentar algo de Lucas 4 en nuestra propia vida.

Cuando Jesús anunció la promesa de poder que vendría sus discípulos, lo hizo en el contexto de cuatro destinos simbólicos: Jerusalén, Judea, Samaria, y hasta los confines de la tierra, son lugares o regiones que actualmente pueden localizarse en un mapa. Sin embargo, estas regiones también pueden representar el mundo que rodea a cada uno de nosotros. Jerusalén era el hogar de muchos de los primeros discípulos, ese lugar donde encontraban a la familia y los amigos. Judea era el campo, más allá de los muros de la ciudad, el siempre presente "allá afuera" que marcaba el límite típico para los que viajaban a pie. Samaria era tanto una idea como también un lugar. Para ellos, Samaria era lo indeseada, lo que consideraban inferior, el lugar que los judíos nunca visitarían en sus vacaciones. Samaria era lo último: "Por favor, Dios, allí no." Y "¿los confines de la tierra?" Bueno, ¿quién sabe lo que eso significa? La mayoría no ha ido más allá de las tres primeras regiones. Los confines de la tierra indicaban los lugares más allá del mundo conocido de entonces. ¿Cómo llegarían ahí? ¿Qué encontrarían ahí? Jesús pudo haber sugerido la luna, y habría sido igualmente difícil imaginar cómo sería llegar ahí.

Esto es adonde y a quiénes ellos irían. Jesús fácilmente pudo decir "a todas partes", pero estas regiones provocó en ellos una comprensión mucho más poderosa. Sin barreras, sin líneas en la arena, sin límites de dónde o a quién alcanzarían.

Y es aquí donde nosotros, las personas llenas del poder del Espíritu, nos encontramos.

En los primeros días del moderno movimiento pentecostal, a principios del siglo veinte, hubo un despertar de la vida llena del poder del Espíritu, el derramamiento renovado del Espíritu de Dios estimuló un urgente anhelo por las misiones mundiales. Algunos pensaron que las lenguas desconocidas que habían hablado en su experiencia pentecostal eran los idiomas que necesitarían en los diversos lugares del mundo. Otros, aunque no hicieron tal suposición, también estuvieron dispuestos a llegar a esos lugares remotos. Por cierto, un grupo que emergió en esos días, las Asambleas de Dios, se convirtió en uno de los grupos más grandes en el mundo en sus primeros cien años. Las Asambleas de Dios conectan la promesa de Hechos 1:8 con su propia experiencia según Hechos 2:4 y... las *¡personas llenas del Espíritu van!*

Las personas llenas del poder del Espíritu cruzan también las barreras. Encontramos "Samaria" a nuestro alrededor y en lugares distantes. Las personas llenas del poder del Espíritu dejan de lado los límites naturales de raza, grupo étnico y económico, y todos los demás para llevar las buenas nuevas a los que sabemos se incluyen en la identificación de Jesús según Lucas 4.

Además, extendemos los límites de nuestra Judea. En Hechos 8:4, se dice que los primeros discípulos evangelizaron doquiera que iban. "Predicaron la Palabra" puede traducirse como "predicaron las buenas nuevas" y subraya una vida misionera entre cualquier persona que encontraran en su camino.

Por supuesto, no debemos descuidar a Jerusalén. El amigo, la familia, los parientes deben oír del amor de Dios y recibir la invitación para aceptar la esperanza que hemos encontrado. Las personas llenas del poder del Espíritu se conectan con cualquiera y con todos, porque nosotros mismos nos consideramos también receptores del amor de Jesús.

Sí, Jesús murió por amor a los menospreciados. La vida llena del poder del Espíritu con frecuencia implica ese tipo de sacrificio. ¿De qué otra manera podríamos explicar que haya iglesias cristianas en las montañas de

> Ser una persona llena del poder del Espíritu es amar a los que no son como nosotros.

Tíbet y en las selvas del Ecuador? Así como encontramos grupos terroristas en las ciudades del Medio Oriente, también es posible encontrar grupos de cristianos que adoran del otro lado de la calle. ¿Por qué? Porque Jesús vino por cada persona, y los que comparten su misión comparten también su itinerario de viaje notablemente diverso.

Ser una persona llena del poder del Espíritu es amar a los que no son como nosotros. ¿Cómo podemos hacer eso? Una y otra vez reflexiono en mi propia relación con Dios, y sé que Él quiere algo similar para cada tribu y lengua. Entonces le rindo mi querer y mi necesidad —mi deseo de ser parte de su plan, y mi necesidad de su ayuda y fortaleza— y Dios me llena de poder por su Espíritu, tal como prometió.

Cuando el apóstol Pablo y su amigo mentor Bernabé se sintieron compelidos a llevar el evangelio a lugares lejanos, ellos se reunieron con los creyentes de la iglesia en Antioquía y compartieron su querer y su necesidad. Ellos sabían que Dios los desafiaba a salir más allá de lo familiar, pero les era difícil imaginar la importancia de lo que tenían por delante. No imaginaban la magnitud de la visión de Jesús para la expansión del evangelio en el mundo, pero sabían que ahí había una tarea designada para ellos.

Entonces ellos compartieron su pasión con sus amigos, y los cristianos de Antioquía los que poniendo las manos sobre ellos, oraron. Aunque no tenemos muchos detalles acerca de ese momento, sabemos que los dos hombres emprendieron su travesía con la experiencia de haber sido "enviados" en el poder misionero (Hch. 13:3). La relación y la experiencia enviaron a estos apóstoles al amplio y diverso campo misionero.

Sí, Jesús nos ama a todos, pero el carácter específico de su pasión es que los ama a *ellos*. Podemos decir que Jesús ama a aquellos que actualmente nadie ama. Y allí es donde se encuentran las personas llenas del poder del Espíritu, ya sea en un barco rumbo a Chipre o de camino a un vecindario cercano.

Esta es la encarnación en su forma más rudimentaria, Dios que viene a nosotros, es la esperanza proclamada a los cautivos por aquellos que comparten sus dificultades. Amar como Jesús significa que amamos a las personas que otros mantienen al margen. Estamos dispuestos a aceptar a las personas que otros mantienen a distancia.

La mayoría puede amar a los que son como ellos. Sin embargo, Jesús nos mostró cómo amar a los que están fuera de los límites naturales cuando amó a los que, socialmente, se encontraban en una condición de inferioridad. Así es, los receptores de ese amor somos nosotros.

Ese es realmente el amor de Dios. Es un amor que demanda más que la capacidad normal. Tal amor requiere su Espíritu, y puede ser la clara evidencia que se ha encontrado la vida en el Espíritu.

Para reflexionar

1. ¿Quiénes son las personas a las que le ha sido muy difícil amar?
2. Cuando piensa en su comunidad y su vida diaria, ¿quiénes son las personas no "amadas" con las que se encuentra? ¿Cómo puede comenzar a mostrarles el amor de Dios amándolas usted mismo?

Conectar:
Cómo Dios ama

Ellos no sabían quién era Jesús. ¿Quién hubiera pensado que Dios pasaría por el vecindario o saludaría a la gentes desde un bote de pesca? Nadie piensa que Dios podría esperar en la fila su turno para subir al próximo taxi. Dios sencillamente no viene por lugares como éste. El Creador del mundo no entra a hurtadillas a la obra de sus manos por la puerta de un establo. Y por supuesto no hace su entrada en una de las ciudades más pobres del planeta.

No, Dios no va a ese lugar... y nadie espera que lo haga.

Cuando el hijo de un carpintero comienza a atraer la atención de algunos que deciden seguirlo, muchos suponen que no se puede esperar mucho. Seguro, un profeta excéntrico lo había señalado con su dedo huesudo, pero el hombre era su primo. Más bien parecía una treta planteada durante una cena familiar, en vez de la entrada del legítimo Rey del universo.

Así que ninguno vino a Jesús pensando que era el Hijo de Dios... ninguno.

Pasaron años antes de que aquellos que lo seguían cada día captaran sus enseñanzas. Aunque sus milagros atrajeron la atención de las personas, y muchos se volvieron para echar un vistazo mientras Jesús pasaba por ahí, quizás para ver la sanidad de un enfermo, quizás para oír algo de lo que podría significar su presencia. Sin embargo, si ver es creer, la mayoría no respondió así. Por cierto, sucedió solamente después de su reaparición, días después de una cruenta muerte, cuando los más cercanos a Jesús descifraron el enigma. Él era el Hijo de Dios, un soldado romano estuvo entre los primeros que descubrieron esa verdad (Mt. 27:54).

Sin embargo, a pesar de la falta de fe de ellos, y a pesar de su necesidad de ver señales, a pesar de la continua mezquindad en presencia del Dios que adoraban en otro lugar, Jesús los amó. En efecto, Jesús los amó de tal manera, que murió... por ellos.

Cuando leemos las historias del Evangelio, rara vez captamos la incertidumbre que había en esos días. La pregunta de Jesús: "¿Quién dice la gente que es el Hijo del Hombre?" (Mt. 16:13), probablemente tuvo más respuestas que la que registra el texto bíblico. Incluso los que estaban en los primeros asientos no lo sabían. La respuesta acertada salió de la boca de Pedro, pero Jesús rápidamente replicó a su impetuoso amigo que no había descubierto esta verdad por sí mismo. En efecto, pocas horas después el pescador aparentemente olvidó lo que había confesado.

Ellos no sabían... y aun así Jesús los amó. Piense en lo que eso significa.

Dios ama primero.

Bueno, todos sabemos eso, ¿verdad? Sin embargo, ¿ha pensado seriamente en lo que eso significa? Dios ama primero, significa que nos ama antes de que entendamos quién es Él. Pablo lo entendió porque escribió: "Cuando todavía éramos pecadores, Cristo murió por nosotros" (Ro. 5:8). Eso significa que Cristo nos amó antes de que tuviéramos fe, antes de que tuviéramos esperanza, y ¡cuando estábamos perdidos!

> ## Dios ama primero, significa que nos ama antes de que entendamos quién es Él.

También fue muy bueno que nos encontrara porque nunca lo habríamos encontrado si Él no hubiera dado el primer paso. Él nos amó.

Por eso Jesús extendió su mano a una mujer sorprendida en el acto mismo de adulterio (Jn. 8:1–11), y acarició la cabeza de otra mujer que lavó sus pies y los secó con su cabello (Lc. 7:36–50). Por eso pudo acercarse a los endemoniados sin preguntarse cómo habían dejado que los demonios entraran en ellos. Por eso Jesús pudo derramar lágrimas de compasión por una mujer cuyo único hijo había muerto (Lc. 7:11–12).

Sí, es un milagro incluso que Dios nos amara, pero es mucho más extraordinario que Él nos amara primero. Puedo imaginar que Dios nos exigiera que primero le demostráramos algo. Puedo entender si hubiera un castigo humano que algunos tuvieran que experimentar para ganar el amor que Dios ofrece. Si tuviéramos que ser buenos en cierta medida o un poco mejor de lo que somos, para que Dios viniera y nos mostrara misericordia. Si hubiéramos tenido que ganar una competencia de sobrevivientes para tener la oportunidad de inclinarnos ante Él. Todo eso tendrá más sentido, y además sería un atractivo programa de televisión.

Pero no hay competencia, ni requisitos, ni mensajes ocultos. Dios nos amó primero, incluso cuando no sabíamos que estaba presente. Dios tiene vida que ofrecer, y sí, tiene un plan mejor que cualquiera que nosotros pudiéramos imaginar. Sin embargo, lo importante es que Dios no retuvo su amor hasta... bueno, hasta que nosotros hiciéramos algo.¡Dios nos amó primero!

Esa no es la manera en que yo aprendí a amar, y asistí mucho a la iglesia.

Bueno, yo crecí en una iglesia muy buena que mostraba amor a las personas, pero de alguna manera deduje que la iglesia necesitaba que yo creyera lo que ella creía y que me convirtiera en lo que ella se ha había convertido para que se me asignare un lugar oficial en la familia. O sea, piensa como yo pienso y haz lo que yo hago, y después podemos ser amigos. ¿Han notado que esa es la manera cómo opera?

No con Jesús. Si Jesús hubiera esperado que yo tuviera la manera de pensar y la conducta correcta… bueno, nadie habría participado con Él en la Última Cena.

En cambio, Jesús dio el paso radical de amar las personas antes que éstas reconocieran quién era Él y mucho antes de que el comportamiento de ellas cambiara como resultado de sus enseñanzas. En efecto, Jesús amó a quienes lo seguían, sabiendo que un día creerían o confiarían en Él lo suficiente como para seguir el camino que había trazado para ellos. Dios primero amó, y después ellas vinieron a Él. Si el orden hubiera sido otro, podríamos asegurar que el cielo estaría vacío, por lo menos nosotros no tendríamos esperanza estar ahí.

Sabemos todo esto, y celebramos el buen destino que es nuestro por la gracia de Dios. Sin embargo, ¿sabía que amar las personas así es también parte de la misión que Dios nos encomendó? ¡Es cierto! Si nos proponemos amar como Jesús, primero debemos amar a quienes Él amó (capítulo anterior) y la manera en que lo mostró. Podemos esperar que otros encuentren a Jesús entre nosotros, si les respondemos como Jesús nos trató a nosotros.

> **Podemos esperar que otros encuentren a Jesús entre nosotros, si les respondemos como Jesús nos trató a nosotros.**

Esto significa que no podemos pasar por alto a las personas porque huelen a pecado. Nosotros también fuimos pecadores. Sin embargo, Jesús nos amó de una manera que transformó nuestra vida.

¿Cuántas veces Jesús nos mostró historias de extraordinario amor? No importa cuántos reconocidos pecadores dejaron de lado su pasada manera de vivir, no importa cuántas mujeres gastaron el salario de un año para amorosamente derramar perfume sobre sus pies, no importa cuántas personas quebrantadas y solitarias encontraron esperanza, los fariseos mantuvieron su distancia de quienes no eran como ellos. Es increíble cuántos todavía hoy piensan como fariseos.

El amor es lo único que cambia a las personas. No es la promesa de una futura bendición ni la esperanza del bien que vendrá si nos portamos bien. Dios nos ama y quiere que le encontremos. Y si nosotros amamos, entonces podemos ser parte de esa posibilidad para las personas heridas que nos rodean.

Este es el momento trascendente para las personas llenas del poder del Espíritu: amar a los que no conocemos, a los que no creen, y también a aquellos que no muestran interés alguno. Eso es más que un amor que no espera retribución. Es un amor al que no lo sorprende el rechazo, porque sabe que el siervo de Cristo no recibirá un mejor trato que Aquel cuyo nombre representa (Jn. 15:20).

El amor de Jesús no se acaba por el rechazo. Jesús sigue llamando. Él recibió los golpes, las espinas, los clavos, aun así extendió los brazos a quienes lo maltrataron. Y en ese momento de agonía, manifestó su gracia a quien estaba a su lado y que de alguna manera lo vio como Dios (Lc. 23:42–43).

¿Podemos amar así? Posiblemente no.

Sin embargo, recuerde lo que sucede cuando el querer y la necesidad se juntan. Cuando nuestro deseo de ser como Jesús se conecta con nuestra incapacidad de superar el desafío, Dios nos da lo que necesitamos para que hagamos lo que nos encomendó. Por eso los misioneros pueden llorar por aquellos que todavía no conocen a Jesús. Por eso quienes se burlan del creyente fácilmente encuentran la otra mejilla. Es por esto que Jesús puede decir: "Perdónalos, porque no saben lo que hacen" (Lc. 23:34). Amamos primero, sin condición, y ese amor revela el rostro de Dios.

Jesús lo amó a usted de esa manera, y su plan es darle poder para que pueda participar de su misión. Cuanto más usted considere sus propias experiencias del amor de Dios, tanto más dispuesto estará de ser un conducto de él. De gracia recibe, también dé lo que de gracia reciba.

✍

¿A qué es semejante una vida en el poder del Espíritu? Bueno, en cuanto a una conexión con otros, significa una pasión profunda por las personas, un deseo ferviente que no puede permanecer impávido cuando la esperanza eterna y la vida están en juego.

Significa amar de modo redentor, sabiendo que no hay experiencia más importante que la fe que rompe las cadenas del pecado y el arrepentimiento que anula el poder que éstas tienen en la vida. La verdad de que Dios ofrece una relación a todo aquel que cree en Él, se vuelve la noticia más importante de cada día, y un mensaje cuya propagación será una digna manera de invertir nuestra vida.

Significa que amamos como Jesús, cruzando barreras reales e imaginarias. Jesús amó a los que eran muy diferentes a Él y abrió la puerta de Dios a todo tipo de personas, con diferentes antecedentes e historias.

Significa que abrimos nuestro corazón a quienes no quieren abrir el suyo. Amamos primero, de la misma manera que Jesús nos amó. Dejamos de lado nuestra cómoda situación y aceptamos a las personas que llevan lo que nunca hemos tocado, sabiendo que al encontrar a Jesús se volverán de sus caminos trágicos y seguirán a ese amigo hacia la vida.

No podremos conectarnos con otros de esta manera a menos que recibamos mucha ayuda, la cual es exactamente lo que Jesús quiere darnos con el poder de su Espíritu. No podemos y no lo haremos, pero Jesús puede y lo hará. Y cuando queremos conectarnos como lo hace Él, entonces recibiremos de Dios lo que necesitamos para crecer como nunca antes creímos posible.

Esta es la forma de una vida llena del poder del Espíritu.

Para reflexionar

1. ¿Por qué es tan difícil amar las personas antes que nos acepten o aprecien?
2. ¿De qué el conocimiento de que Dios lo amo primero abrió sus ojos a la necesidad de aquellos que lo rodean?
3. ¿Qué significaría para usted amar primero a las personas?

Crecer:
Hacedores de la Palabra

Las personas que viven en el poder del Espíritu no solamente se conectan con otros de una manera sorprendente, sino que también dan prioridad a la Biblia, el libro que ofrece la historia de Dios y sus propósitos para este mundo. Aunque las poderosas experiencias que vivimos nos proveen un equipamiento poderoso para la vida, nunca la vida llena del poder del Espíritu alcanzará su máximo potencial. Para los discípulos, el crecimiento es un viaje que dura toda la vida, definido y determinado por las enseñanzas de la Biblia. No importa cuán notable se vuelvan las demostraciones del poder de Dios o cuán evidente consideremos la unción del Espíritu de Dios, siempre habrá otro paso que dar. Tampoco importa cuántos de tales pasos demos, siempre habrá algo más que recibir de la inagotable medida de Dios. Por tanto, no hay justificación para el orgullo… no la hay en lo absoluto. La Biblia lo dice claramente.

¿Qué es la Biblia?

¿Acaso es una simple colección de notables historias de la tradición judaica y del cristianismo? ¿Es la Biblia un libro de normas que tiene cono fin calibrar la brújula moral que nos guía incluso en la vida moderna? Algunos la han relegado a tales propósitos, considerando las múltiples copias que llenan las estanterías, que se usan con poca frecuencia y mayormente como libro de referencia. Sin embargo, estas opiniones no conducen a una vida poderosa; por el contrario, resultan fácilmente en un enfoque del cristianismo de aprendizaje y obra, que sabemos es insuficiente.

La Biblia es mucho más que eso.

Sí, las historias son maravillosas. Los niños todavía se quedan cautivados por las hazañas de personajes inusuales, sin que importe si estas personas danzan frente a la pantalla de una computadora o pegados a una tela de franela, como era en los días en que sus padres eran niños. ¿Quién no ha imaginado que es el joven David, y que con sólo una piedritas cambió el curso de una nación? Dudo que yo sea el único niño que trató de dividir el agua de mi bañera o al menos imaginó que lo podía hacer. Incluso el más sencillo viaje en barco evoca imágenes de un gran pez que tragó a un ser humano y cómo este hombre hizo una fogata en su cavernosa barriga (al menos, eso es lo que mostraba mi ilustración de la escuela dominical).

Sin embargo, hay más enseñanza en estas historias. La vida llena del poder del Espíritu sugiere exactamente lo que mi fe de niño espera. Estas historias no solo deben ser leídas sino deben ser vividas. El mismo Dios que cerró la boca de los leones, todavía hoy puede domar los grandes felinos. Los israelitas transmitieron oralmente estas historias de generación en generación a fin de alentarles en la fe y ayudarles a creer que Dios puede ayudarles a vencer sus dificultades presentes. Las leemos y las contamos con algo más que esperanza. ¡Nuestro deseo es vivirlas!

La Epístola a los Hebreos dice que cuando Dios habla, su Palabra es "viva y poderosa" y penetra a lo más profundo del corazón del oyente (Heb. 4:12). Este no es un libro de reglas al que rutinariamente debemos quitarle el polvo de sus amarillentas páginas, por lo menos no sucederá si quien lo lee está lleno del poder del Espíritu.

> Desde una sombría celda, los apóstoles escribieron verdades que hablan a los influyentes hombres de negocios que miran la ciudad desde su oficina.

Más bien, la Biblia tiene un poder notable de hablar a las generaciones mucho después del momento y el contexto de su redacción original. Así es como Salomón ofrece sabiduría desde su antiguo palacio que orienta las decisiones que cada día toma un conductor de taxi en Brasil. Desde una sombría celda, los apóstoles escribieron verdades que hablan a los influyentes hombres de negocios que miran la ciudad desde su oficina.

¿Cómo puede un libro ser tan poderoso? El mismo Espíritu que dio poder al discípulo también habló a los escritores de sus muchas páginas. Es la Palabra de Dios; es más que un extenso libro acerca de Dios. Esto es lo que le da el poder que penetra. Así es como la Biblia define e inspira fe.

La Biblia le habla a todos los que están dispuestos a oír. Cada niño considera cautivante la prueba del amor de Dios. Los adultos captan su sabiduría y aceptan a su consejo. Por cierto, los únicos que ven la Biblia como algo inservible son aquellos que deliberadamente la rechazan. La Biblia no sanará una ceguera en la que decidimos continuar (Mt. 13:14).

La Biblia también es inmutable. Puede ser estudiada atentamente y examinada por el más entendido erudito, y también marcar con toda claridad el camino en la vida que debe seguir la persona más sencilla. ¿Cómo pueden oyentes tan diversos encontrar en sus páginas el valor transformados que tiene para la vida? Al aprender a vivir la Palabra.

La Biblia también es inmutable. Puede ser estudiada atentamente y examinada por el más entendido erudito, y también marcar con toda claridad el camino en la vida que debe seguir la persona más sencilla. ¿Cómo pueden oyentes tan diversos encontrar en sus páginas el valor transformados que tiene para la vida? Al aprender a vivir la Palabra.

Los discípulos llenos del poder del Espíritu leen la Biblia con expectativa. Nuestro estudio no es meramente para extraer una reflexión. Por el contrario, estudiamos la Biblia en busca de dirección, un plan de vida, y anticipamos que Dios usará su Palabra para proveer una muy necesaria guía práctica. Y esperamos resultados similares. Si Dios respondió las oraciones de los antiguos con sanidad, entonces puede sanar también las enfermedades en la era moderna. Esperamos encontrar respuestas, y tenemos la esperanza de que Dios obre como lo hizo en el pasado.

Cuando leemos que el joven Samuel respondió al llamado de Dios, diciendo: "Habla, que tu siervo escucha" (1 S. 3:10), seguimos este modelo. Cuando leemos que los apóstoles pusieron las manos sobre los enfermos mientras oraban, así también debemos hacerlo. Cuando leemos que los que fueron llenos del Espíritu Santo hablaron en lenguas desconocidas, debemos también pedir la misma señal. Hacemos lo que ellos hicieron porque queremos lo que ellos recibieron.

De modo que las personas llenas del Espíritu viven en estas páginas. Ellas leen a fin de obrar, no para convertirse en su propia marca de héroes, sino para que puedan hallar la vida en su máximo nivel, el de conexión y servicio a Dios conforme Él se propuso.

Como una guía moral, la Biblia se muy necesaria. La parcialidad de nuestro propio pensamiento prueba que debemos tener una medida más allá de nosotros mismos a fin de llevar una vida consecuente. Es fácil para nosotros identificarnos como "blanco o negro" en asuntos que no nos afectan, pero una vez que la dificultad o el contratiempo nos toca, nos sentimos algo perdidos en la zona gris. Por tanto, ocasionalmente cambiamos nuestras reglas y justificamos otros caminos si permanecemos en nuestras propias definiciones de la verdad.

La Biblia no cambia. Como una eterna guía para la vida, ella mantiene una exacta lista de pecados y de promesas que son ciertas. Cuando difícilmente otros pueden confiar que hablo la verdad porque yo mismo lucho para vivir conforme a lo que proclamo, el mensaje de la Biblia sigue vigente. Cuando pierdo la esperanza porque mis circunstancias se han vuelto difíciles de tolerar, la Biblia permanece. La Biblia presenta un camino de permanente gozo que es nuevo cada mañana (Sal. 30:5).

En definitiva, la Biblia es la revelación escrita de Dios de quién es Él y cómo aprovechar la vida que Él creó. Más que sabiduría, más que reglas, en ella *encontramos a Dios*. Después de comprometerse en una relación con Dios, los discípulos llenos del poder del Espíritu valoran las páginas de la Biblia como su mejor fuente de comprensión y conocimiento del corazón de nuestro Padre y Amigo. De modo que ser hacedor de la Palabra se convierte en una manera de andar con Dios, seguir su dirección, y encontrar el camino de su propósito específico para nuestra vida.

> En definitiva, la Biblia es la revelación escrita de Dios de quién es Él y cómo aprovechar la vida que Él creó.

Jesús dijo: "Si me amáis, guardad mis mandamientos" (Jn. 14:15).

No solamente encontramos el camino de Dios e incluso su carácter en las páginas de la Biblia, sino que también las maneras de mostrar nuestro amor a Él. Jesús mismo citó el principal mandamiento como: "Ama al Señor tu Dios con todo tu corazón, y con todo tu ser y con toda tu mente" (Mt. 22:37). La mayoría de los seguidores de Cristo conocen estas palabras, pero, ¿cómo pueden vivirlas? No es fácil abrazar a Dios. ¿Quién puede poner sus brazos alrededor de Dios?

Jesús nos enseñó que la obediencia es el camino a tal expresión. Como el niño que con su acción muestra si respeta o no la voluntad de su padre, nosotros mostramos nuestro amor a Dios a través de la obediencia. Que extraordinaria combinación, Dios nos ama de tal manera que nos guía con su sabiduría, y nosotros le mostramos nuestro amor siguiendo el camino que Él nos prepara. Parece muy fácil, ¿verdad?

Sin embargo, siempre hay una lucha entre lo queremos hacer y lo que realmente hacemos (Ro. 7:15). Pablo lo describe como una lucha de la carne contra el Espíritu, y reconoció que no siempre hacia lo que debía. Una vida en el poder del Espíritu no supone que la obediencia sea algo fácil; es más bien reconocer constantemente que necesitamos la ayuda y el poder del Espíritu para poder hacer la voluntad de Dios.

Dios no nos convierte en autómatas. Él no anula nuestra voluntad y nuestras elecciones, pero sí motiva las decisiones que tomamos. Una vez más, el querer y la necesidad se juntan y encuentran exactamente la experiencia del poder de Dios que necesitamos para cumplir su voluntad.

Muchos cristianos esperan que Dios los haga más obedientes. Ellos enfrentan sus áreas de lucha esperando que Dios los libere de sus deseos carnales y los guíe al camino recto. Bueno, de vez en cuando Dios quitará el hambre de lo malo de los labios de quien es sincero, pero su plan más común es esperar que la persona de el primer paso de arrepentimiento (que abandone el pecado). Después Dios transforma esos pasos con su poder. Ellos escogen, y Dios provee la fortaleza que ellos necesitan para vivir conforme a sus decisiones.

No hay vida en el poder del Espíritu separados de la verdad de la Palabra de Dios. Los que experimentan el poder de Dios tendrán un encuentro frente a frente con su verdad revelada. Ellos viven conforme a la Palabra, incluso en esos lugares donde nunca se habrían presentado con una Biblia en las manos.

Para reflexionar

1. ¿Cuáles son algunas de las maneras en que Dios le ha guiado a través de las palabras de la Biblia?
2. ¿Cuáles son algunos de los mandamientos de la Biblia que le resulta difícil, incluso imposible, aplicar?

C A P Í T U L O
22

Crecer: Esperando que Dios hable

Quizá no hay pensamiento más intrigante y potencialmente peligroso entre las personas que viven en el poder del Espíritu que la noción de que Dios habla en las circunstancias de la vida. Así es como algunos han malinterpretado y abusado de tales afirmaciones para manipular a las personas o añadir un peso sobrenatural a su sentido de dirección. Cuando alguien comienza con un: "Dios me dijo…" instantáneamente le confiere a lo que sigue una autoridad que es difícil de contradecir.

Sin embargo, Dios sí habla, y lo hace a las personas que viven en el poder del Espíritu.

Cuando consideramos cómo el poder del Espíritu crece y se expresa en el discipulado, no podemos ignorar un ingrediente clave de tal estilo de vida: El mismo Dios que ofrece una relación, es quien también habla.

Primero, tratemos de entender este pensamiento.

El Dios que creó el universo con solamente su palabra, y que hasta nuestros días, ha dado vida a veinte mil millones de expresiones particulares del ser humano,, ¿estará realmente dispuesto a dedicar de su tiempo para conversar con una de sus pequeñas criaturas? Debido a que Dios ha diseñado un camino especial para cada una de sus pequeñas criaturas y se manifiesta para ayudarnos en nuestra luchas diarias, la idea no es tan imposible, ¿no lo cree?

¿Quiere decir que Dios realmente habla? Al parecer lo hizo.

La Biblia dice que Dios conversaba con la primera pareja "cuando el día comenzó a refrescar" (Gn. 3:8). Mi esposa y yo disfrutamos mucho el balcón cubierto en el patio trasero de nuestra casa. Sabemos "cuando el día comienza a refrescar" en esta parte del mundo, y que ese balcón es el mejor lugar para disfrutarlo. Sillas cómodas, ventiladores de techo, y la mejor vista posible del patio que hemos mantenido con arduo trabajado. Aparentemente Dios visitó a Adán y Eva en un maravilloso entorno.

Dios habló también a Noé, transformó sus jardines en un astillero. Es difícil imaginar la construcción de una barca muy grande tan lejos de cualquier vía navegable. Supongo que usted dice a las personas que Dios le dijo que debía hacerlo… y ellas piensan que usted se ha vuelto ¡loco!

Imagine Abraham explicando a sus padres la razón por la que tenía que salir de la estancia familiar para ir, literalmente, donde solo Dios sabía (Gn. 12:1). Las personas simplemente no salían por su propia cuenta en esos días sin que sus amigos o familiares los esperasen en algún destino. "Dios me dijo…". Probablemente también sonaba algo raro y dudoso en esa reunión familiar.

Podemos seguir citando casos. Una y otra vez, los autores bíblicos interpretaron los momentos de la dirección de Dios con la idea de que Dios habló al personaje principal de la historia, y éste obedeció. A veces se describe la historia de manera tan sencilla que uno no llega a comprender la verdadera dificultad de la situación original.

Nada es peor que cuando Dios no habla. Incluso aquellos que no imaginan que Dios hable, están de acuerdo que un Dios que se mantiene silencioso no proyecta una buena imagen. Sin embargo, por cuatro siglos, no hubo voz de Dios entre su pueblo. Ningún profeta anunció los planes de Dios ni denunció las faltas del pueblo. Nadie oyó la voz de Dios. Con razón la gran noche de Belén fue una sorpresa para todos. Cuando finalmente Dios habló otra vez, lo hizo a través de la tierna voz de un niño recién nacido, un acontecimiento tan importante que definió nuestro calendario

> Dios habla, y parece absurdo pensar que no lo hace. Después de todo, ¿cómo podría Dios decir que nuestra relación con Él es una conexión si permanece silente y distante?

Dios habla, y parece absurdo pensar que no lo hace. Después de todo, ¿cómo podría Dios decir que nuestra relación con Él es una conexión si permanece silente y distante? Algunos piensan que los días cuando Dios hablaba han pasado, "Dios ya no habla", como si el registro escrito de lo que dijo siglos atrás fuese suficiente para mantener una relación activa con Él ahora. *No, mamá, ya no llamaré más. Simplemente sigue leyendo el libro de mi historia, y mirando los videos de nuestras primeras conversaciones.…*

Eso no sería de mucho beneficio para una relación, ¿verdad?

Un sensación de desaliento invadiría la oración si no hubiera ninguna esperanza de respuesta. Nuestro susurro individual sería como los cantos vacíos de quienes adoran dioses que no tienen vida. Recuerde que Elías tuvo que soportar todo un día el canto de los falsos profetas implorando que una estatua de piedra cobrara vida y enviara fuego sobre sus sacrificios

(1 R. 18:25-29). La incompetencia tal vez nos hace reír, aunque no así su perversa intención. Si Dios no hablara o contestara nuestras oraciones, ¿acaso no seríamos como ellos?

Sin embargo, muchos cristianos modernos no esperan que Dios responda sus oraciones. Ellos han recitado palabras desde su infancia, ocasionalmente han agregado algunas oraciones adultas para probar que han alcanzado madurez, pero hace mucho tiempo que dejaron de confiar que Dios tiene la respuesta. No es de extrañar que el esfuerzo de un pastor para motivarlos a orar diariamente difícilmente tiene éxito. Aparte de decirle a Dios lo que Él ya sabe, ¿qué más podría suceder?

Entonces alguien se cruza en nuestro camino diciendo: "Dios me dijo…" que haga esto o aquello, que vayas aquí o allá, y respondemos con el ceño fruncido y adoptamos la pose más escéptica. La afirmación despierta nuestra sospecha, y las puertas de nuestro corazón se cierran. *Dios no hace eso*, pensamos, aunque por lo general somos muy amables y quizás vacilamos en decir algo así en voz alta.

Bueno, la mayoría de nosotros anhelamos que Dios nos hable, pero tampoco queremos mencionar su nombre en cada conversación. Su nombre es la mención más sublime que podemos expresar, y hacerlo para llamar la atención de las personas a nuestros propios ideales suena muy semejante a tomar el nombre de Dios en vano, uno de los principales "no harás" que conocemos muy bien. Y sí, hay algunos que aparentemente no les importa abusar del nombre de Dios. Poco tiempo atrás, un anuncio comercial de una compañía cristiana de citas por internet me dijo lo que Dios quiere que haga, pero es difícil que mi esposa esté de acuerdo. Creo que hay buenas razones para poner en tela de duda la afirmación de que Dios habla, especialmente cuando el mayor beneficiario es la situación financiera de esa compañía.

Sin embargo, Dios habla, a menudo en voz alta y también con claridad. La Biblia es la recopilación de las muchas veces que Él ha hablado. Y lo que Dios ha dicho todavía tiene mucha aplicación hoy a nuestra relación con Él.

Las personas que viven en el poder del Espíritu a menudo oyen la voz de Dios a través de lo que Él habló a sus discípulos en el pasado. Las palabras de ánimo de Jesús a sus discípulos: "No tengan miedo" (Lc. 12:32), han sido aliento para cada discípulo lleno del poder del Espíritu a través de las edades. El episodio en que Jesús le dijo a su amiga Marta: "Cree" mientras se acercaban a la tumba de su hermano Lázaro (Jn. 11:26), nos alienta en nuestros momentos de dolor y nos llena de esperanza de lo que Él está por hacer. Las promesas resuenan a través de los siglos, y nos hablan en nuestra circunstancia como si las palabras estuvieran dirigidas a nosotros.

Aunque la Biblia expone la voz de Dios para todos nosotros, ella no representa la suma total de esa voz. Por cierto. Dios habla incluso cuando no puedan encontrarse el capítulo y el verso.

Estas son las experiencias "Dios me dijo…" que muchas personas ven con sospecha. Una amiga le dice a otra: "Dios me dijo que te llame", y expresa su preocupación por alguna situación. Otra persona dice: "Dios me dijo que detuviera el vehículo, y segundos después una persona en necesidad llegó al lugar". Incluso algunos despiertan en la noche, abrumados por un irresistible deseo de orar por un amigo que se encuentra distante, y después descubrieron que despertaron en a la hora exacta de una inesperada crisis. ¿Estamos listos para decir que estos incidentes son meramente fortuitos, o creemos que Dios es quien susurra su dirección a quien escucha?

Debido a que la Biblia está llena de casos en que Dios guía a su pueblo de estas maneras, ¿acaso no sería raro que tales experiencias cesaran? ¿De qué otra manera podría Dios dirigir a los que están comprometidos con sus propósitos? Es posible que algunos piensen que Dios ya no habla de esta manera, pero es posible que tengan otras razones para pensar así.

El discípulo que vive en el poder del Espíritu debe aprender a oír la voz de Dios. Es muy posible que esta voz no sea audible. La mayoría describe la voz de Dios como una impresión, un sensación innato de moverse en una dirección determinada o acercarse a un sorprendido transeúnte. Una vez, sentí una poderosa urgencia de hablarle a un hombre que aparentemente no tenía hogar y que había escogido para dormir uno de mis asientos favoritos en el parque. De alguna manera sentí que debía decirle que Dios estaba consciente de su necesidad y de su ruego, pero

> El discípulo que vive en el poder del Espíritu debe aprender a oír la voz de Dios.

esas palabras estaban muy lejos de ser un saludo típico. Es posible que me pida *dinero para su almuerzo*, pensé mientras tocaba el billete de cinco dólares en mi bolsillo. Eso tiene más sentido, pero, aunque pareciera extraño, no podía eludir la inexplicable necesidad de decirle: "Dios te ve y te oye".

Bueno, yo no soy una persona extrovertida. Me siento más cómodo con las palabras que brotan de mis dedos (como éstas) que con las que salen de mi boca, pero no pude evitarlas. Entonces lo remecí ligeramente en el hombro y esperé que abriera los ojos. Cuando abrió los ojos, y tardó unos segundos en enfocarlos, le dije lo que había preparado y después me pregunté qué pensaría él de esto.

Apenas terminé de hablar, noté que tenía lágrimas en los ojos y que éstas se deslizaban hacia su barba.

"¿Dios te dijo que me dijeras eso?" Cuando habló, se notaba que no había usado sus cuerdas vocales durante todo un día.

"Sí, eso creo", respondí, con más confianza cuando noté el efecto de mis palabras.

En seguida, me relató parte de su trágica historia, especialmente los acontecimientos más recientes que despojaron su vida de toda esperanza. En efecto, justo esa noche, quizá cinco horas antes de que comenzara mi caminata por ese parque, él le había dicho a Dios que si en realidad lo amaba... bueno, Dios debía probárselo porque todo en ese momento señalaba otra dirección.

Entonces, cuando despertó con las palabras que ahora yo sé que Dios me dio para que le dijera, él recibió su respuesta. Y con esa respuesta vino también un rayo de esperanza, lo cual no había tenido por un tiempo. Saqué los cinco dólares de mi bolsillo, pero él no los aceptó. "Usted ya me ha dado todo lo que necesito", dijo él, con una sonrisa más que satisfecha.

Aunque me senté en esa banca cada martes por la mañana por los siguientes cinco años, nunca lo volví a ver.

¿Habla Dios? Claro que lo hace, y las personas llenas del Espíritu lo saben, aunque nos resulte difícil explicar. Con frecuencia, esa voz nos ordena que "demos el paso" y aprovechemos la oportunidad. *"Este es tu momento"*, la voz parece susurrar y nos insta a algo para lo cual no creemos estar preparados.

Tuvo que ser esa la voz que dirigió a Simón Pedro a que se acercara al cojo en las gradas del templo. Gran parte de la arrogancia de Pedro ya se había debilitado en su corazón. Sin embargo, cuando vio al hombre necesitado, algo en su interior (o probablemente Alguien) le dijo: "Acércate".

Segundos más tarde, el una vez tosco discípulo dijo: "No tengo plata ni oro... pero lo que tengo te doy. En el nombre de Jesucristo de Nazaret, ¡levántate y anda!" (Hch. 3:6). Esta se convirtió en una maravillosa historia.

Dios habla, y sus discípulos aprenden a escuchar. De ninguna manera somos perfectos al oír, pero como dijo Jesús: "Mis ovejas oyen mi voz" (Jn. 10:27). Y cuanto más oímos esa voz, tanto más fácil es dar un paso en fe.

Dios tiene las palabras que hablaremos y el poder que necesitaremos para que las piernas del paralítico se fortalezcan. Dios lleva la carga pesada, pero nos escoge como sus conductores de entrega. Y es una experiencia maravillosa cada vez que lo hace.

Para reflexionar

1. ¿Qué piensa usted cuando las personas dicen que Dios les habla? ¿Cómo sabe usted que Dios realmente habla?
2. ¿Recuerda alguna vez que Dios le habló? ¿Qué le dijo Dios, y qué hizo usted?
3. ¿Cuáles son algunas de las pruebas bíblicas que podemos aplicar a las experiencias en que Dios nos habla y también a otros?

Crecer:
Señales que siguen

Hay momentos cuando quisiera ser uno de los primeros discípulos de Jesús, y vivir las extraordinarias experiencias que cotidianamente surgían en su camino a lo largo de Judea. Quisiera haber estado ahí cuando Jesús enseñó, haber visto su mirada compasiva mientras sanaba los enfermos, y aplaudir cuando respondía a las acusaciones farisaicas con palabras que golpeaban como el mejor jugador de defensa. Esos fueron días que habrían dominado las cuentas de twitter y los muros de Facebook.

Sin embargo, éste no fue uno de esos días.

Hay días cuando me alegra haber nacido dos mil años después de los sucesos diarios de Jesús. Estoy contento de que no tuve que navegar en un bote tarde en la noche. Sé que hubiera preferido quedarme atrás cuando el endemoniado se acercó corriendo al grupo, y no creo que hubiera querido estar allí ese día cuando Jesús sugirió que sus discípulos hicieran lo imposible.

Uno de ellos dijo que un año de salario no alcanzaría para comprar alimento para esa gran multitud (Jn. 6:7). De todas maneras, ninguno de ellos tenía consigo el equivalente de un año de salario. Aunque Jesús es el especialista de los momentos imposibles, parece que en esta historia delegó esa responsabilidad en quienes no estaban preparados. Por eso estoy contento de que no estuve ahí.

Probablemente usted conozca la historia. Los discípulos recogieron el alimento disponible y sólo encontraron el almuerzo de un muchacho entre la multitud de más de cinco mil hombres (v. 9). Creo que eso dice mucho sobre cómo pueden estar preparados los hombres, pero sus esposas tampoco estaban mejor preparadas. Más de diez mil personas necesitaban alimento y ninguno tenía nada, excepto un muchacho cuya madre parece ser la única que intuyó que habría una crisis.

De modo que los discípulos organizaron a la multitud en grupos pequeños y todos se sentaron, haciéndoseles agua la boca en anticipación de las migajas que pudieran gustar.

Luego las cosas se volvieron interesantes. Jesús comenzó a partir el pan y a echarlos en las cestas. También puso un pedazo de pescado allí, luego otro, y otro…. y otro. Bartolomé tomó la primera cesta, sorprendido de cuán pesada se sentía. *¿Cómo ese muchacho la cargó, y cómo pudo poner todo esto es su pequeña cesta? Mmm….*

De pronto las voces de los discípulos se elevaron con gran entusiasmo cuando se dieron cuenta de lo que estaba ocurriendo. El pez salía más rápido de las cestas que de las redes que los pescadores alguna vez hayan sacado. Pan, y más pan, y cada vez más pan llenaba cada cesta hasta el borde, y no importaba cuán rápido Bartolomé distribuía el pan a los miles o a las personas en el área, la cesta nunca se vaciaba.

Después de comer por una hora como si no hubieran comido en semanas, las cestas llenas fueron traídas de vuelta a Jesús. Bartolomé estaba se había saciado y ya no quería siquiera ver otro pedazo de pan, pero él sabía que aunque llenara sus brazos con una docena más de panes, nada vaciaría esa cesta. ¡Siempre habría más!

Bueno, ese habría sido un buen día para pasarlo con los discípulos después de todo. Si alguna vez hubo un momento que probara que Jesús era más que un notable maestro, tuvo que ser ese. Seguro que las personas ahora creerían que Dios le había enviado. De seguro que Bartolomé creyó.

¡Pero la multitud no creyó!

Por cierto, al día siguiente la multitud se juntó de nuevo, pero esta vez Jesús parecía frustrado. ¿Había regresado la multitud porque habían creído su mensaje, o estaban ahí por la comida? La pregunta quedó pendiente mucho tiempo para que los discípulos se sintieran bien respecto de la respuesta.

Este es el problema con los milagros. Ellos ofrecen una abrumadora evidencia de que Alguien más allá de lo normal está presente, y que algo está sucediendo que exige inmediata atención. Sin embargo, los que observan o los que experimentan los milagros a menudo terminan inundados por la autosatisfacción e incluso la necesidad de ver más. El sensacionalismo supera lo sensacional.

La mayoría de nosotros tenemos momentos cuando reflexionamos así: *Si solo alguien fuera sanado en nuestra iglesia, el lugar se repletaría.* Supongo que la asistencia aumentaría, al menos por un tiempo, ¿pero aumentaría la fe a niveles mayores? No siempre.

> Dios nos ha llamado a una relación, donde la fe y la confianza resultan de una conexión mucho más profunda que el pescado que milagrosamente pudimos comer.

Es por esto que los milagros por sí solos no pueden hacer toda la obra. Dios nos ha llamado a una relación, donde la fe y la confianza resultan de una conexión mucho más profunda que el pescado que milagrosamente pudimos comer.

Aun así, lo milagroso tiene una manera de atraer a la multitud y ofrece evidencia de que Dios está presente. Es por esto que los días de Jesús fueron llenos de milagros. Sí, el milagro es maravilloso para aliviar el sufrimiento. Si usted alguna vez ha estado en crisis, sabe que sin duda aceptaría un milagro. El alivio puede resultar en una vida transformada.

Sin embargo, los milagros de Jesús tenían un mayor significado. Él proponía que estos fueran una evidencia sobrenatural probara que había venido de un lugar sobrenatural. Sin tretas, ni explicaciones naturales. Dios había venido a las personas, ofreciendo pruebas con cestas de alimento, restaurando la vista, y sanando las enfermedades de la piel. Entonces las personas se pusieron en la fila con sus necesidades, y Jesús les retribuyó con la mayor exposición de milagros que jamás se haya visto sobre la tierra. Mejor que Moisés, incluso más impresionante que Samuel, y mucho más de lo que Elías alguna vez imaginó hacer. Estas señales enviaron un mensaje a todos los que observaban, uno que dice que Dios está con nosotros.

Esta estrategia de la revelación divina continuaría. Jesús prometió que, aunque sus obras fueron maravillosas, los discípulos harían incluso mucho más. Jesús lo llamó "mayores cosas" (Jn. 14:12), resaltando una explosión anticipada de los momentos de Dios que pronto abarcarían el Medio Oriente y más allá. Y así sucedió.

Sin embargo, ¿dónde están los milagros ahora? El ciego viene a la iglesia y regresa a su casa usando el bastón para andar. El herido oye palabras de esperanza, pero nada cambia. Se recuerdan las sanidades, incluso aquellos que las recuerdan mueren de enfermedades. Si esta es la iglesia, que anda en pos del Salvador que alimentó a miles, ¿dónde está el poder?

En el mismo pasaje que Simón Pedro citó ese día de Pentecostés, describe las generaciones cómo la nuestra pertenecientes a los últimos días. ¿Acaso no hay razón para anunciar el reino de Dios en esta era? La Biblia señala nuestro tiempo como uno de gran expectación, pero la realidad difícilmente concuerda. Aquellos que han decidido que tales días son cosa del pasado se contentan con la experiencia del ayer, pero ciertamente este no es el plan de Dios.

Dios quiere más, y las personas con una vida en el poder del Espíritu comparten la misma pasión.

En todo el mundo, la necesidad que las personas tienen de Dios comúnmente se caracteriza por lo sobrenatural. Sanidades, liberaciones, e increíbles provisiones son más que pequeños puntos geográficos que marcan el panorama. Pero los que están aquí en casa, viven con poca expectación e incluso experimentan menos el poder de Dios. Quizás las historias de otros están dispuestas para que sean suficientes para nosotros, pero eso no parece probable, ¿verdad?

Nuestra hambre por el poder de Dios ofrece una razón más probable. Hasta que no busquemos más y estemos bastante desesperados por satisfacer nuestra gran necesidad, parece que Dios permitirá que nuestra propia religión gobierne el día hasta que se acabe. Llenamos estadios, pero nuestra capacidad de vaciar hospitales necesita algo de ayuda.

Imagine lo que sería. El brillo deslumbrante del poder transformador de Dios en manos de barro como las nuestras. Matrimonios que se han separado sin posibilidad de restauración ahora vuelven a juntarse con fuerza inimaginable. Nuestra lepra, a menudo más interna que la que llevamos bajo la manga, cambia en una piel rozagante, saludable y sin una cicatriz. ¿Y los indigentes que se encuentran entre los ricos? Imagínelos cantando mientras llevan cestas de pan y peces a su hogar. Mejor aún, imagine los ricos llevando estas cestas para ellos.

Algunos insisten que los milagros ya no son necesarios en una nación cristiana. Ciertamente Dios ha hecho suficiente entre nosotros para dejar en claro su intención. Más milagros solamente nos haría más perezosos. Nuestra abundancia es milagro suficiente para resaltar la bondad de Dios. Quizás eso es verdad, pero quizás nunca hubo un tiempo cuando el mundo occidental necesitara una prueba de Dios más que ahora. El racionalismo se ha combinado con la auto-dependencia de modo que los eruditos suprimen las historias sobrenaturales de la Biblia. El posmodernismo ha tomado el escenario nacional como una nueva generación que interpreta la conducta impía de los padres para afirmar que en realidad no hay un Dios. ¿Acaso ahora no sería este un buen tiempo para una prueba sobrenatural de que hay Uno que ofrece más?

> **Dios ha prometido darnos poder, así como lo ha otorgado a otros, pero debemos cambiar y hacer las cosas a su manera.**

¿Qué estaría esperando Dios?

Quizá la respuesta está exactamente donde los discípulos llenos del poder del Espíritu esperen encontrarla, la falta de fusión del querer y la necesidad entre los que gozan de comodidad financiera. Mientras que la vida que llevamos funcione satisfactoriamente, ¿habrá algún lugar para la desesperación espiritual? ¿Puede el querer y la necesidad suscitarse verdaderamente si podemos hacer lo que queremos y pretender que no tenemos necesidad? Hasta que el hambre por la verdad no reemplace el enfoque en nuestras respuestas inadecuadas, parece improbable que los milagros alguna vez puedan producir fe, no, los milagros solo ofrecen un encabezado de corta duración.

Ahora es el tiempo para una vida en el poder del Espíritu.

Uno difícilmente puede argumentar que Dios está menos dispuesto para revelarse a sí mismo a esta generación, o que de alguna manera prefiera conectarse con otros pero no con nosotros. Por el contrario, el verdadero culpable es nuestra auto-dependencia y la orgullosa estrategia de abastecernos por nosotros mismos, entonces el problema es nuestro plan, no el plan de Dios. Y la respuesta estaría también a nuestro alcance.

Debemos volver a las prioridades del Reino y reconocer que nuestra contentamiento con solamente aprender y hacer realmente no satisface. Dios ha prometido darnos poder, así como lo ha otorgado a otros, pero debemos cambiar y hacer las cosas a su manera.

Cuando Jesús dispuso enviar sus discípulos al campo misionero, lo hizo con la promesa de darles poder, las señales y los prodigios les seguirían doquiera que fueran (Mr. 16:17). Ellos seguirían a Cristo y después vendrían las señales. Este orden es muy importante.

Muchos cristianos modernos imaginan que si Dios les mostrara una señal o realizara un evento milagroso, su dedicación aumentaría y otros probablemente vendrían corriendo. *Vamos Jesús, has que algo grande suceda y ¡mira cómo reaccionarán!*

Es una gran idea pero el orden es incorrecto.

Jesús dijo que las señales seguirían a los que obedecen su Comisión. Cuando vayamos, Dios probará que va con nosotros, incluso nos guiará. Por eso, cuando enfrentemos sufrimientos, nuestro deseo y la necesidad de su ayuda abrirán el camino para que Dios obre justamente eso. Se supone que no debemos tener la respuesta para los sufrimientos. ¡Hemos sido capacitados por el Único que tiene la respuesta! Y Dios probará esto cuando dependamos de Él para dar nuestro próximo paso. Si lo trata de hacer por usted mismo, Dios le dejará. Exprese que tiene hambre de Dios y reconozca que nada puede hacer por sí mismo.

Recuerde, Dios quiere revelarse a sí mismo mucho más de lo que usted quiere que ser visto. Y manifestará su presencia de maneras más poderosas de las que usted pueda imaginar. La vida llena del poder del Espíritu no hace que las cosas sucedan, sino sabe que Dios está listo y dispuesto para manifestarse a la generación que ya no cree en Él.

Para reflexionar

1. ¿Por qué cree usted que las personas prefieren ver más milagros que conocer a Dios?

2. ¿Por qué supone que Jesús dijo que las señales "seguirían" a los que creen?

3. ¿Cómo puede lo milagroso "enfatizar" su mensaje? ¿Qué revela lo milagroso respecto de usted? ¿Qué revela respecto de Dios?

CAPÍTULO 24

Crecer: Enseñándoles a obedecer

"Vayan y hagan discípulos". El mandamiento sigue pendiente instando a cada seguidor de Cristo hacia una misión mayor que nosotros mismos. Más que un llamado a quien se compromete, las palabras de comisión de Jesús son un mandato para cada uno de nosotros, un mandato que muchos no ponen por obra.

Por definición, un mandato es una orden de una corte superior, o de un oficial, a alguien en posición inferior. Es una orden, una directiva para que aquel que ha sido investido de poder pueda ir y cumplirla. En ese sentido, es difícil pensar que la tarea es opcional para cualquiera que afirme haber recibido la salvación eterna. En sencillas palabras, Jesús nos salvó para que hagamos esto.

Muchos, dijo un líder de la iglesia, estamos en el "negocio" de las personas. (Incluso nosotros dijimos eso en unos capítulos anteriores.) Esta afirmación es muy cierta. Nuestra misión es con las personas y para las personas, pero nuestra verdadera misión es también cumplir el objetivo específico de ayudar a que las personas se vuelvan discípulos. Solamente el "negocio" de las personas puede llevarnos a buscar diversas iniciativas que envuelva a seres humanos. Muchas organizaciones trabajan en el "negocio" de las personas con motivos y metas diferentes. Nuestra meta es singular y clara, hacemos discípulos.

¿Hacemos discípulos? ¿Cómo cada uno de nosotros participamos de esta misión en particular? ¿Cómo lo hace usted? ¿Percibimos nuestra asociación con otros en la iglesia como nuestra contribución principal a la causa? ¿Acaso no es nuestro pastor el que hace discípulos, porque le pagamos con nuestra ofrenda, mientras nosotros vivimos y esperamos además que él se encargue de nuestro propio discipulado? Algunos de nosotros ni siquiera hacemos eso, creemos que nuestro pastor tiene la responsabilidad de hacer discípulos de nosotros también. Sin embargo su anhelo de tener una vida en el poder del Espíritu, me dice que usted no es uno de esos.

Sin embargo, ¿cómo estamos haciendo discípulos?

En la iglesia moderna, hacer discípulos se ha vuelto algo complejo. El modelo cristiano de "aprender y hacer" ha saturado los estantes de las librerías con miles de posibles opciones. Y algunos han dado al discipulado definiciones elaboradas y complicadas, u ofrecido una lista de temas y pasos que tomar. Sinceramente, a veces, el viaje parece tan abrumador como si uno estuviera enlistándose para su primer semestre en la universidad. Las personas comienzan su viaje de fe cargando muchos libros en sus brazos y con una cara de pánico tratando de encontrar el edificio correcto en un laberinto de estructuras de alto nivel académico.

No creo que Jesús se propuso que la tarea de hacer discípulos fuera tan difícil. Francamente, el nivel de complejidad actual de hoy rápidamente superaría al de los discípulos originales. Sus esfuerzos parecen más enfocados en lo práctico, o sea se aprende en el camino. Ellos vivieron algo que fue notablemente eficaz y que puede enseñarnos una cosa o dos.

> Jesús quiere que cada uno de nosotros enseñe a otros lo que Él nos enseñó.

Ellos escucharon lo que Jesús dijo, e hicieron exactamente eso.

Jesús definió el hacer discípulos cuando dijo: "Enseñándoles a obedecer todo lo que les he mandado a ustedes" (Mt. 28:20). Bueno, aclaremos esto. Esto es lo que Jesús quiere que hagamos. Jesús quiere que cada uno de nosotros enseñe a otros lo que Él nos enseñó. De modo que yo enseño a un amigo lo que aprendí, después de mi reciente desafío transmito lo que aprendí acerca de Dios, y tal vez alguien comparta lo que él o ella aprendió de mí.

¿Es eso hacer discípulos? Yo puedo hacer eso.

Esta definición de hacer discípulos suena familiar, ¿no le parece? Es la idea de: "Lo que ustedes recibieron gratis, denlo gratuitamente". Otra vez, Jesús no nos pide que demos otra cosa excepto lo que ya Él nos ha dado. Entonces, la lección difícil que aprendí en mis últimos esfuerzos por perdonar no es solamente para mi beneficio y mi diario privado. Puedo compartirla con otros, tal vez incluso dando así a otros la oportunidad de librarse de una dolorosa experiencia, porque han aprendido de mí. Enseñar a otros lo que hemos aprendido es un mandato en el que todos pueden participar, sin que importe cuánto hemos aprendido hasta ahora.

Esto es lo que los discípulos en el poder del Espíritu hacen. Sí, hay mucho valor en un aprendizaje profundo. Necesitamos personas que nos ayuden a descubrir los grandes tesoros de las Escrituras. Hay valor en los esfuerzos de algunos por organizar el enfoque educativo de la Biblia para que no perdamos ninguna de sus valiosas verdades. Sin embargo, el verdadero discipulado resulta cuando un seguidor de Cristo comparte lo que ha aprendido mientras toma un café con otro. De modo que ser un "testigo" simplemente es compartir lo hemos visto, oído y experimentado de Jesús, y hacer discípulos significa contar a otro lo que Jesús nos ha enseñado. Esto suena como un mandato en el que incluso un pescador ignorante puede participar.

En un sentido, hacer discípulos es reproducirnos. Claro que no estamos tratando de clonar nuestra experiencia espiritual. La creatividad ilimitada de Dios se demuestra en el viaje particular de la vida que ha diseñado para cada uno de nosotros. Algunos líderes religiosos han tratado de controlar a sus seguidores, limitar sus influencias, y dictar sus decisiones. Eso parece como reproducirse uno mismo, pero no es hacer discípulos. Es repetir a esa persona, lo cual no es el plan.

> Cuando compartimos nuestra vida y generamos fe en otros, podemos tener una gran influencia en ellos.

Cuando los padres se reproducen en la vida de un hijo, ciertamente hay ADN compartido. En ciertas maneras el niño se parece a la mamá y actúa como el papá, pero nadie llamaría a ese hijo un clon. El niño tiene su propia personalidad, sus propios intereses. Aunque fuertemente influenciado por los padres que lo "produjeron", crecerá para convertirse en otra persona. La crianza no puede superar la particularidad de la naturaleza. (Si usted piensa que su hijo es su clon, tenga otro y entenderá mi punto.)

Cuando compartimos nuestra vida y generamos fe en otros, podemos tener una gran influencia en ellos. Ellos pueden pensar y actuar algo parecido a nosotros, al menos por un tiempo. Sin embargo, sus rasgos únicos y la crianza de su propio contexto de experiencias revelarán en última instancia que ellos son más que nosotros. No nos reproducirnos a nosotros mismos, hacemos discípulos.

Ahora, aquí es donde podría explicar cómo comenzar, pero es probable que usted no lo necesite. Su viaje de hacer discípulos ya ha comenzado. Se inició cuando Jesús comenzó a hacer un discípulo de usted. Solamente abra el libro de las lecciones de su vida a otra persona. Dé a esa persona acceso a donde usted ha estado. Comparta el álbum de recuerdos de su viaje con Cristo, y señale los puntos altos y bajos.

Sobre todo, asegúrese de abrirse a las lecciones de la vida que otros han experimentado. Es por esa razón que su iglesia ofrece clases de grupos pequeños, de modo que pueda encontrar las verdades que otros han descubierto en su propio camino. Así es como usted crece en su vida y en su fe. No pierda el rico caudal de entendimiento que está almacenado en su entorno.

❧

Esto es lo que sabe la persona que vive en el poder del Espíritu. Dios nos ha dado todo lo que necesitamos para hoy, y si no, lo hará justo en el momento que surja la necesidad. Nuestro viaje es sencillo, uno de relaciones y experiencias, donde Aquel con quién andamos provee lo que necesitamos cuando lo necesitamos. No tengo que encontrar hoy las respuestas del mañana o generar la fortaleza para los desafíos de mi futuro. Dios sabe lo que necesito y lo proveerá conforme a mi necesidad.

Cuando el discípulo hace discípulos, no solamente ayuda a que otros aprendan lo que él aprendió, sino que también transmite su sentido de lo que quiere y necesita. Para hacer discípulos, no solamente debemos compartir una lista de verdades. También, debemos enseñar para que otros deseen la presencia de Dios y su propósito, y que nunca olviden su constante necesidad de la ayuda y el poder de Dios. Para reproducir discípulos que vivan en el poder del Espíritu, debemos ayudarlos a que anden por un camino similar de hambre y necesidad. La tarea de hacer discípulos no es simplemente proveer información. Estos nuevos amigos deben experimentar el poder de Dios por sí mismos. Tal era la prioridad de esos primeros hacedores de discípulos, y no puede ser menos importante para nosotros.

Los discípulos que viven en el poder del Espíritu saben que nuestra parte es querer la ayuda de Dios y que sin esa ayuda, el fracaso es inevitable. No puedo llevar esta vida sin que Dios me provea y capacite en cada paso del camino. Deseo de Dios y lo necesito, y entonces Él con gozo me faculta con una capacidad mayor a la mía.

Una vida en el poder del Espíritu se muestra en un compromiso de crecer. Siempre habrá un "próximo nivel" que alcanzar, una conexión más profunda con Dios y su verdad que explorar. Estos discípulos demostraron ese deseo con una adherencia cercana a la Biblia. Sabemos que este Libro es la revelación escrita de Dios y sus propósitos, y buscamos conectarla a nuestra vida haciendo lo que ella nos indica.

Las personas que viven en el poder del Espíritu también aprenden a escuchar la voz de Dios. Sabemos que Él hablará palabras de dirección para ayudarnos a ver oportunidades que otros no perciben. Sabemos que Dios está dispuesto a revelar su poder donde haya necesidad. Los milagros ocurren entre las personas llenas del Espíritu, no por nuestra habilidad o capacidad sino porque Dios desea manifestar su presencia entre nosotros. Las personas que viven en el poder del Espíritu desean ver un Dios revelado, y siempre están conscientes de cuánto lo necesitan.

En última instancia, los discípulos que viven en el poder del Espíritu saben que estamos bajo el mandato de hacer discípulos. Jesús mandó que enseñemos lo que hemos aprendido y debemos dejar que nuestras experiencias sirvan como un libro para guiar y animar a otros, así como ganamos también conocimiento y ayuda de sus historias.

Las personas que viven en el poder del Espíritu crecen. Cada día parece que nos alejamos más y más de la futilidad de lo que fuimos una vez, mientras estábamos en el camino de convertirnos más como Jesús. Algunas lecciones son más difíciles que otras, y la tentación de retroceder o incluso renunciar ocasionalmente vuelve, incluso a los que ya están avanzados en el camino. Pero al final, sabemos que cada momento, incluso los más difíciles, obrarán para nuestro bien y nuestro continuo crecimiento.

Para reflexionar

1. ¿Quién ha cumplido un papel clave para que usted se convierta en un discípulo y pueda crecer?
2. ¿Cómo el compartir su propio viaje y las lecciones que ha aprendido pueden ser de ayuda e incluso necesarias para que otras personas quieran conocer a Cristo?
3. ¿Cuán importante es comprender las lecciones de la vida que usted comparte a través de las enseñanzas de la Biblia?

Servir: Esto es crecer

Jesús tenía una manera única de observar a las personas en una habitación. En una ocasión, observó con sus discípulos a las personas mientras echaban sus ofrendas en las alcancías del templo (Mr. 12:41). Mientras los discípulos miraban boquiabiertos la familiar escena de los religiosos de alto nivel que hacían un espectáculo de sus contribuciones, Jesús observó a una persona: una viuda que había dado todo lo que tenía. Su ofrenda era un sacrificio de amor, y quizás su última esperanza, al echar en el recipiente sus últimas monedas.

En otro contexto, Jesús observó a las personas que a menudo también pasamos por alto. Tenemos la tendencia de observar a los que se destacan en un salón, cuya presencia capta la atención. Ciertamente ellas son el objeto de la acción. Las ideas que expresan y los planes que hacen son los que afectarán la dirección política y las finanzas. Ellas son las personas importantes cuyo aliento parece activar las ondas de la sociedad.

Sin embargo, Jesús no observaba a esas personas. Por el contrario, Jesús se fijó en otros, en los siervos presente en el salón. Jesús observó a aquellos que llenan los vasos de agua y los consideró grandes, quizás incluso los mejores bajo ese techo.

¿Por qué? ¿Cómo es posible que nuestro buen sentido del honor y la grandeza puedan diferir tanto de la opinión de Jesús? Trabajamos duramente para escalar a esas posiciones. Sabemos que los puntos más altos de la escala jerárquica están reservados para los más talentosos, los más dedicados, y los que tienen más cosas. Nuestras salas están bien organizadas, conforme al orden jerárquico, pero las personas que Jesús observa ni siquiera se incluyen en nuestra lista.

Sin embargo, ellas son parte de la lista de Jesús. De hecho, ellas encabezan la lista. Quizás la preferencia de Jesús revela su amor por los relegados. Tal vez, Jesús espera el día cuando las cosas cambiarán y los relegados gozarán de notoriedad. Tal vez, Jesús está en contra de lo que representan esos grandes y renombrados personajes.

En realidad, la razón es algo más profundo: un siervo reconoce a otros siervos. Jesús vino, no para ser servido sino para servir a las profundas necesidades de aquellas personas que creó (Mt. 20:28). Por tanto, no es de extrañarse que tuviera los ojos puestos en aquellos que saben que son llamados a servir también.

En el reino de Dios, las cosas siempre parecen contrarias a la mentalidad que nos rodea. De hecho, es más probable que nuestra mentalidad haya sido distorsionada. La manera de pensar de Jesús es la acertada.

> En el reino de Dios, las cosas siempre parecen contrarias a la mentalidad que nos rodea.

Los discípulos de Jesús luchaban con este asunto en particular, tanto como nosotros. Ellos luchaban cada día por un puesto de prominencia. Con el entusiasmo de un reino venidero, incluso la madre de Santiago y Juan no resistió el impulso de pedir a Jesús un lugar de preferencia para sus hijos, que habían sacrificado sus puestos en el negocio familiar de la pesca.

Usando esta petición como fondo, Jesús enfatizó que "el que se humilla" recibirá por título, "el más grande en el reino de los cielos" (Mt. 18:4). Casi puedo imaginar a los discípulos corriendo para hacer algún servicio. "Jesús, aquí te traigo unas uvas. Si esta es la manera como se consigue la mejor posición, ¡entonces te mostraré que puedo ser el mayor de los más humildes!"

Sin embargo, el sentimiento parece que no duró mucho. Por cierto, la última noche juntos —la misma noche que Jesús fue traicionado— Jesús mismo tomó una vasija con agua y comenzó a lavarles los pies. Eso sí que fue extraño. Pedro expresó la vergüenza que todos sentían cuando se negó a que Jesús le lavara los pies. Se cubrió los pies con la túnica, y dijo a Jesús: "¡Jamás me lavarás los pies!" (Jn. 13:8). Continuando con la conversación, Jesús dio más puntos de enseñanza sobre el tema del servicio, pero es difícil ignorar lo obvio, ¡ninguno tomó la vasija o se ofreció para terminar el trabajo!

Ellos no lo habían entendido, y por lo general nosotros tampoco captamos la idea. Hay algo en nuestra naturaleza que, cuando se trata de servir, prefiere el lado receptor. Creemos que nuestra condición social nos da valor, que nuestra sed de importancia solo puede saciarse por la atención que otros nos den. Sin embargo, Jesús nos mostró un camino diferente, y nos dio su perspectiva eterna, tiene sentido que prestemos atención.

Tenga en cuenta que seguimos a un Dios que sirve.

¿Cómo podemos atesorar el principal asiento cuando Aquel a quien seguimos toma un lugar de siervo? Cuán ridículo es pasar el vaso de agua y darnos cuenta que Jesús lo está llenando. Esta no es la manera que mostramos gratitud al Único que murió por nosotros. Es su propósito que sirvamos, y que su Reino se convierta en nuestro enfoque. Servir a Dios es nuestro mayor deseo, y Él dice que debemos hacer lo mejor cuando servimos a otros.

Nuestras luchas no deben ser muy sorprendentes, pero pronto nos daremos cuenta que servir es crecer. En este viaje de seguir a Jesús, el hecho de servir ofrece más potencial para crecer que ningún otro paso que podamos dar. Por supuesto, el deseo de ser servido seguirá todavía muy latente. Las personas se conectan con la iglesia por miles, pero solo unas pocas son rápidas en ofrecer ayuda. En la mayoría de las congregaciones, alrededor de 20 por ciento de las personas realizan 80 por ciento del trabajo, mientras que las otras todavía tienen que aprender el beneficio personal de servir. Lamentablemente, muchas de estas personas tienen una agenda muy ocupada que no les deja tiempo para servir en otros contextos. La vida se vuelve limitada al aprender y hacer, y parece que el agotamiento está presente. La petición de ayuda de un pastor suena como una cosa más que hacer en una vida saturada de actividades.

> **Cuando usted sirve a los demás descubre su verdadero don. Descubre sus talentos y habilidades.**

Muchas de estas mismas personas describen su andar cristiano como estancado y aburrido. Ellas siguen asistiendo a la iglesia porque es bueno para sus hijos, pero quedarse a dormir los domingos por la mañana suena muy atractivo. Aunque sus iglesias ofrecen muchas experiencias atractivas, estos amigos están en la lucha de muy pronto decidir que su fe rara vez ha demostrado ser una que cambia la vida. Ellos necesitan el crecimiento que solamente el servicio puede ofrecer.

Servir a otros abre posibilidades increíbles. Cuando usted sirve a los demás descubre su verdadero don. Descubre sus talentos y habilidades. Usted sabe en qué área es bueno, incluso si es renuente para reconocer esto delante de otros.

Sin embargo, servir descubre dones, no solamente talentos. Cuando usted sirve a Dios, descubre la capacidad que nadie sabía que poseía, incluso usted mismo. Por esta razón Dios pudo encontrar al futuro rey para Israel mientras éste tocaba el arpa y cantaba alabanzas a un auditorio de ovejas.

Esta es la razón por la que Dios pudo descubrir un guerrero poderoso, oculto en una cueva y deseando que nadie le robara sus últimos granos de trigo. Es por esta razón que Dios pudo dar al impetuoso e inestable Simón el sobrenombre de "Roca". Casi puedo oír a su hermano, Andrés, riéndose por eso.

Quién es usted y lo que será no es lo mismo. Por cierto, usted tiene posibilidades que ni siquiera se imagina. Hay armas en su arsenal que ni siquiera conoce. Solamente a medida que sirve, Dios las traerá a la superficie. Estos son los dones de Dios, mucho más que simplemente talentos o habilidades probadas.

Algunos ofrecen pruebas elaboradas que le ayudan a entender cuál es su mejor área de servicio, pero estas solamente pueden medir lo que usted quiere hacer, lo que ha hecho, y lo que otros le han visto hacer. Ellas no pueden captar su corazón para entender lo que Dios propone. Dios tiene una manera de sacar cosas sorprendentes a la superficie, el tipo de cosas que revelan su presencia y poder.

Es por esto que las personas que viven en el poder del Espíritu pueden manifestar dones inesperados y extraordinarios. Las personas normales hacen cosas anormales. Si el hijo de un carpintero en una comunidad pequeña y pobre resultó ser el Hijo de Dios, seguramente habrá muchas más sorpresas por delante.

Servir también promueve otros elementos de crecimiento espiritual. Cuando estoy haciendo algo conforme al propósito de Dios, mi propia conexión con Él permanece ferviente. Oro más, valoro más profundamente las verdades que estoy aprendiendo de su Palabra. Permanezco más consciente de mi necesidad de su ayuda, y en cierta medida eso me dispone para experimentar la ayuda y el poder del Espíritu Santo.

Jesús pasó varias tardes en la ladera de un monte en un contexto de enseñanza, pero la mayoría de sus esfuerzos de hacer discípulos de sus seguidores fue "en la calle". Ellos tenían un currículo donde las lecciones que ofrecían les conectaban con las personas y sus necesidades reales. Seguir a Jesús no fue una experiencia académica. Fue llevar una vida en el área de la lucha humana.

¿Por qué la clase de Jesús estuvo en un constante viaje de estudios? Porque el servicio proporcionaba la mejor manera de capacitación para la obra. Las parábolas proveían la verdad que la multitud podía poner en práctica. Los discípulos debían vivir la verdad de Jesús de modo que demostrara ser transformadora para las personas con las que se encontraban. En medio de tales momentos, ellos descubrieron el verdadero corazón de Dios y su propósito.

Tiene sentido que un Dios que ama y sirve ponga a sus discípulos en estas mismas oportunidades. Estas oportunidades son la única manera de que puedan experimentar el corazón de Dios. ¿Cuál declaración de verdad puede hablar más fuerte que observar a Jesús mientras alcanza con compasión a los quebrantados? ¿Qué libro puede enseñar lo que su poder y su compasión pueden demostrar? Ellos vieron su pasión, ellos comprendieron sus prioridades, y pasaron el resto de su vida siguiendo su ejemplo.

Así es como una vida en el poder del Espíritu se revela en el servicio. Dios ha puesto su Espíritu en nosotros, y quiere que nos convirtamos en las manos y los pies que evidencien su corazón. Nos acercamos a las personas con el deseo de ayudarlas, porque Aquel que mora en nosotros nos impulsa en la misma dirección.

Los discípulos que viven en el poder del Espíritu sirven a los demás. Es parte de nuestra naturaleza. No nos preocupa recibir atención y popularidad en esta vida, porque sabemos que tenemos la atención de Dios y que celebraremos su Reino por toda la eternidad.

Los que no sirven a otros todavía tienen que encontrar el verdadero sentido de la transformación de vida que Dios ofrece. Los que sirven sin el poder de Dios, notarán que su fortaleza no es suficiente para el largo camino que les esperan por delante. Hay solamente una manera de hacer la obra de Dios, y esta es por su Espíritu (Zac. 4:6). Hay una sola manera de vivir después que hemos recibido ese poder, y ella es darnos a nosotros mismos por el bien incluso de los más débiles que encontremos.

Para reflexionar

1. ¿Por qué es necesario servir para que los creyentes entiendan el corazón y los propósitos de Cristo?
2. ¿Cómo el servir a otros lo afectó a usted? ¿Le ayudó a crecer o le mostró la necesidad de tener el Espíritu y el poder de Dios?

CAPÍTULO
26

Servir:
Motivado por el amor

Después de esa fatídica noche en que tres veces negó a Jesús, y después vio, probablemente desde la distancia, como mataban cruelmente a Jesús, Pedro no se sintió muy bien respecto a su posición en el reino de Dios. Ahora, después de la resurrección de Jesús, ciertamente Pedro estaba contento por el milagro, pero su futuro todavía era incierto. Así, al principio del capítulo 21 de Juan leemos que Pedro decidió ir de pesca, regresar a lo que le era familiar y con la esperanza de no equivocarse.

Felizmente, Jesús no había terminado su obra en su amigo, quién era veces difícil de tratar. Después de interrumpir la excursión pesquera de Pedro, otra vez, Jesús comenzó a restaurar la esperanza del pescador de ocupar un lugar en su Reino. "¿Me amas?" preguntó Jesús tres veces (véase Juan 21:15–17). Al principio, la pregunta le dio a Pedro una oportunidad muy necesaria de afirmar una vez más su devoción a Jesús. Sin embargo, cuando Jesús preguntó la tercera vez, el recuerdo de haberle negado tres veces mostró que todavía estaba sensible. ¿Acaso podría Pedro anular el fracaso público con tres afirmaciones privadas de compromiso? Tal vez podría, pero parecía poco probable. Aun así, antes que el capítulo termine, todo estaba en orden otra vez para que el pescador siguiera adelante.

Sin embargo, esta historia supone más que una simple restauración. Parece que Jesús llevó a Pedro a un entendimiento más profundo de lo que quería que él hiciera. El pescado ya no estaba incluido en el menú; ahora las ovejas eran el objetivo. Con cada afirmación a su pregunta de sondeo, Jesús declaró la nueva misión: "Apacienta mis corderos... cuida de mis ovejas... Apacienta mis ovejas". Y al hacerlo, Jesús conectó los puntos entre el ministerio y la motivación de una manera que es crítica también para el futuro discípulo.

Servir nunca ha parecido una vocación atractiva. Ninguno quiere tomar la toalla y la vasija. Para Pedro y sus contemporáneos, la idea de un reino donde ellos gobernaran juntamente con Jesús era muy atractiva. La vida bajo el dominio de Roma había destruido bastante su gusto por un estilo de vida inferior. Un mundo donde los romanos fueran los que sirvieran sonaba muy alentador. ¿Realmente debían ellos renunciar a su esperanza de estar "en la cima" de su mundo futuro?

Sin embargo, ahora Jesús cambió la conversación. El servicio supone más que solo realizar una misión; tiene también una motivación. Servimos, no porque servir sea necesario, como suele decirse: "Alguien tiene que sacrificarse para beneficio de los demás". No, hay algo más que Jesús reveló en sus tres directivas a las respuestas de Pedro. "Pedro, ¿me amas?", en realidad significa; *"Pedro, porque me amas, apacienta mis ovejas".*

Esta es la razón de que servimos. Nuestro amor por Cristo, que fluye debido al desarrollo constante de la relación que disfrutamos con Él, da significado a nuestro servicio. ¡Servimos a otros por causa de nuestro amor por Cristo!

> Nuestro amor por Cristo, que fluye debido al desarrollo constante de la relación que disfrutamos con Él, da significado a nuestro servicio.

Sinceramente, ninguna otra motivación hay que obre a tan largo plazo.

Algunas personas entran en el ministerio porque les cautiva las tareas asignadas. La enseñanza se ha vuelto su amor, ayudar su pasión, cantar su entusiasta celebración. Se complacen de momentos donde sus habilidades suplen necesidades y sus recursos hacen la diferencia. El entusiasmo de tal impacto se siente como que nunca acabará… pero se acaba.

La enseñanza se vuelve una tarea, especialmente cuando se critican nuestros esfuerzos. Ayudar se vuelve una rutina cuando ninguno parece apreciar nuestros esfuerzos. Incluso cantar pierde su sabor cuando nuestra voz ya no cautiva la atención que ansiamos. Sentimos que se abusa de nuestras habilidades cuando no hay satisfacción de la necesidad, y cuando nuestros recursos no son ilimitados como las demandas. En simples palabras, nuestro amor por lo que hacemos acabará cuando ya no lo amamos como solíamos, *¡y habrá días así!*

Otros encuentran un motivo en el amor por las personas. Bueno, esa es una buena meta puesto que el amor es el sello del pueblo de Dios. Por eso amamos a los niños que dirigimos en la alabanza. Amamos a los jóvenes estudiantes con los que trabajamos. Estamos llenos de compasión hacia los ancianos que ministramos en la casa de reposo. Amar las personas es un resultado natural de la obra que Jesús nos encomendó, por lo menos debería ser así.

Sin embargo, no siempre los niños se portan bien, los estudiantes de la secundaria pueden volvernos locos, y a veces esos amados ancianos pueden tener una lengua muy afilada. Si nuestra motivación es amar a los que servimos, habrá momentos cuando amarlos será extremadamente difícil. Y después de unas cuantas veces de ser maltratados por quienes son objeto de nuestro servicio, servirles ya no parece tan atractivo. Como resultado y debido a la frustración, muchos cristianos han renunciado al mismo ministerio que una vez habían anhelado.

El problema no es un corazón malvado sino una motivación equivocada. Amar nuestro trabajo en el reino y amar a las personas que ayudan para que tengamos una actitud maravillosa y una gran experiencia, no son suficientes en el área de la motivación. Hay solo una motivación que resiste los altibajos de la vida: un amor por Jesús que sigue creciendo.

Jesús nunca falla. Jesús nunca se molesta. Las razones de que respondemos a Jesús en amor nunca disminuyen. Ellas siempre son suficientes, siempre auténticas, y siempre significativas. Cuando servimos por amor a Dios, podemos soportar los contratiempos o las frustraciones. En efecto, la única vez cuando nuestro amor por Cristo tiene una motivación inapropiada para servirle es cuando dejamos de amarle como antes lo hicimos, y eso no tiene sentido.

El servicio verdadero fluye de la relación que tenemos con Cristo. Porque amamos a Cristo, voluntariamente servimos a los demás, sacrificando nuestros recursos, y dando todo lo mejor que podemos a fin de cumplir los propósitos del reino de Dios.

De esta manera, el servicio se convierte en un acto de adoración. Tomamos los dones que Dios nos ha dado, los talentos y habilidades, los recursos, y la capacidad para entregarlos, y los depositamos sobre el altar, celebrando el gran plan de Dios de manifestar su gloria. Tenemos una relación donde Dios es excelso y nosotros los agradecidos.

> Nuestros actos de servicio nunca deben centrarse en nosotros cuando verdaderamente fueron hechos por amor a Dios.

Por tanto, cuando nuestros esfuerzos se vuelven deficientes o nuestro deseo disminuye, la respuesta no se encuentra en la culpa, en esforzarnos más, o cualquiera de las otras prácticas comunes que nos motivan de manera equivocada para "hacer". En cambio, volvemos a nuestra Fuente, nuestra relación con Dios. Esa conexión debe ser saludable, en crecimiento, que moldea nuestra vida. Acudimos a Dios, y Él nos restaura y nos renueva. Cuando Dios obra en nosotros, nuestra fortaleza para servir se renueva.

El amor por Cristo como un motivador hace del orgullo un destino nada atractivo ni factible. Cuando estamos firmes en su amor, ¿cómo podemos tomar su lugar o aceptar alabanzas por nuestras obras de amor? Nuestros actos de servicio nunca deben centrarse en nosotros cuando verdaderamente fueron hechos por amor a Dios. Es por esto que algún día depositaremos nuestras coronas celestiales ante sus pies (Ap. 4:10). Todo lo que ellas representan fue hecho para Dios. Todo lo demás se desvanecerá.

Sí, a veces las personas apreciarán nuestro sacrificio por el bien de ellos. Sí, algunos admirarán la habilidad con la que hacemos nuestras tareas del ministerio. Aprender a hacerlas bien parece una meta importante cuando trabajamos para Aquel que amamos. Sin embargo, el aplauso puede cambiar nuestro corazón para que nos consideremos más de lo que somos. La lógica puede decir que solamente Cristo es digno y el poder viene del Espíritu Santo, pero las tentaciones del orgullo pueden superar la lógica. Solamente un amor profundo por Jesús puede proteger a la persona que anda en el poder del Espíritu.

En este punto, la vida en el poder del Espíritu excede en gran manera a la vida de aprender y hacer. Cuando la motivación correcta está presente, entonces el servir se relaciona menos con el hacer y más con asemejarnos a Jesús. El hacer agota cada recurso, pero lo que somos prospera en el sacrificio. Por esta razón, Pablo pudo hablar de participar con gozo en los sufrimientos de Cristo (Fil. 3:10). El herido y golpeado apóstol no se había vuelto loco, antes bien Pablo había aprendido que tales sufrimientos sirvieron como emblemas del amor por su Salvador.

Entonces, ¿dónde podemos servir? Encontrar a los que necesitan ser amados parece un lugar que nos conectaría claramente con la misión. Para Dios, las tareas son secundarias a la necesidad. Dios nos capacitará cuando estemos dispuestos a mostrar nuestro amor por Él y ellos. Sin embargo, Dios puede moldear nuestro corazón solamente si lo rendimos a Él. Es por eso que se puede encontrar personajes poco probables en contextos extraordinarios, haciendo lo que previamente parecía imposible. Ellos ven y aman, y Dios provee lo que ellos necesitan para que obren según Él lo haría.

Con mucha frecuencia, nos enfocamos más en el "qué" de nuestro servicio que en el "por qué". Consideramos nuestros talentos y los comparamos con la asignación. Si notamos una buena "concordancia", entonces nos ofrecemos como voluntarios y salimos para realizar la misión, siempre y cuando las exigencias no recarguen nuestro horario. No es de extrañar que este enfoque rara vez traiga el resultado deseado.

El servicio de la persona que vive en el poder del Espíritu llega a donde hay desesperanza, sabiendo que Dios proveerá. Confiar en nosotros mismos por lo general significa que no iremos sino hasta estar convencidos que ya poseemos lo que necesitamos. Nos abatimos ante ese tipo de incertidumbre. Sin embargo, la vida llena del Espíritu sabe que Dios siempre es fiel. Damos lo mejor que podemos pero sabemos que lo que tenemos no es el total de todos los recursos disponibles.

"¿Me amas?"

Si puede imaginar que Jesús le hace a usted la misma pregunta que hizo a Pedro, tenga por seguro que su "sí" no es el fin de la conversación. Hay una misión, una vida de servicio a la que ha sido llamado. Si usted puede responder sí a las preguntas, también responderá afirmativamente a la misión.

Para reflexionar

1. ¿Se ha cansado alguna vez de servir a las personas? ¿Qué cree que estaba en el centro de sus sentimientos?
2. Tome unos momentos y describa su amor por Cristo. Escriba un párrafo (o incluso una página) que le diga a Dios acerca de ese amor.

Servir: Acepte
la tarea con docilidad

En una conversación nocturna, Jesús comparó el Espíritu Santo con el viento: "*El viento sopla por donde quiere*, y lo oyes silbar, aunque ignoras de dónde viene y a dónde va. Lo mismo pasa con todo el que nace del Espíritu" (Jn. 3:8). Es fácil entender que a Nicodemo lo desconcertara esta metáfora. La mayoría de los líderes religiosos de nuestro tiempo también tienen dificultad para entender esta idea.

Sin embargo, el Espíritu Santo a menudo obra de manera diferente a lo que esperamos. Las personas tratan de explicar sus propósitos que no se pueden discernir, diciendo: "El Señor obra de manera misteriosa". Aunque esa declaración no explica mucho, sí revela la potestad de Dios de obrar según su complacencia, incluso cuando no podamos entender.

La vida en el poder del Espíritu se vive, según lo que un amigo llama "el espacio en blanco" de la vida. Aunque hay muchos momentos que podemos entender, algunos nos superan y requieren una fe sencilla pero absoluta. Dios está obrando un plan mayor que no conocemos en su totalidad. Dios tiene una perspectiva eterna y un propósito más profundo de lo que podemos ver.

En la mayoría de los partidos de fútbol americano, el entrenador que dirige el juego se sienta cerca de la parte superior del estadio desde donde tiene una amplia vista de todo el campo. Desde esa perspectiva, observa cada movimiento del juego, incluido las maniobras alrededor del balón y las oportunidades en el campo. Entonces, desde su perspectiva, el entrenador sugiere la jugada y la comunica a los que están en el campo de juego.

En el campo, el juego parece completamente diferente. Es difícil que el corredor pueda ver más allá de los atacantes que vienen contra él. La línea del gol parece estar a millas de distancia especialmente con la poca oportunidad de moverse hacia adelante. La analogía no es perfecta porque el entrenador no siempre indica el juego correcto, pero espero que pueda captar la idea de la perspectiva.

La perspectiva de Dios siempre es eterna. Él sabe que las cosas que fácilmente nos consumen, constituyen una pequeña parte de su plan eterno para nuestra vida. Dios tiene un mejor plan, uno que puede marcar una mayor diferencia que la "jugada" que hubiéramos preferido realizar. Las lecciones aprendidas son más importantes que los acontecimientos en sí mismos. La verdad descubierta y la fe desarrollada pueden ser más valiosas que las rápidas eludidas de los supuestos rivales.

Así que el Espíritu Santo obra su propia voluntad, y el que vive en el poder del Espíritu acepta esa dirección. Las cosas pueden cambiar repentinamente, incluso respecto a dónde los discípulos deben ir y qué podrían hacer. Los dones vienen en el momento y a menudo cesan cuando ya no se adaptan al propósito de Dios. Esta vida que deseamos acepta las cosas con docilidad y mantiene con firmeza la relación con Dios.

> Esta vida que deseamos acepta las cosas con docilidad y mantiene con firmeza la relación con Dios.

Felipe se encontraba entre los primeros siervos escogidos para una tarea específica en la iglesia de Jerusalén (Hch. 6:5). Esta nueva tarea fue necesaria a medida que aumentaban los ministerios de la iglesia. Lo apóstoles no podían dedicarse a la distribución de alimentos y otras necesidades esenciales, mientras mantenían su enfoque en la enseñanza y la oración. Por eso, escogieron a Felipe y a algunos otros para que ayudasen. Es importante notar que el único requisito para que calificaran es que fueran "llenos del Espíritu y sabiduría" (v.3).

Sin embargo, servir alimentos a las viudas en Jerusalén no fue la historia completa de Felipe. Unos capítulos más adelante, leemos que Felipe estaba en medio de un gran avivamiento en Samaria. Esto es muy importante porque aparentemente los apóstoles todavía no habían ido a Samaria con su mensaje, pero uno de los distribuidores de alimentos había ido. Los resultados fueron extraordinarios (ver 8:4-8). Los paralíticos y los cojos fueron sanados y varios poseídos por demonios fueron liberados, provocando que muchos creyeran en el mensaje de Felipe y en su Dios. De hecho, el éxito fue tan notable que muchos eruditos llamaron a Felipe el primer evangelista de la iglesia.

Si Felipe necesitaba tal título no es claro, pero su obra captó la atención de los apóstoles. Pedro y Juan vinieron a Samaria para ver lo que el Espíritu Santo estaba haciendo a través de su siervo que estaba lejos de su hogar.

> Éstos, al llegar, oraron para que los samaritanos recibieran el Espíritu Santo, porque el Espíritu aún no había descendido sobre ninguno de ellos; solamente habían sido bautizados en el nombre del Señor Jesús. Entonces Pedro y Juan les impusieron las manos, y ellos recibieron el Espíritu Santo (Hch. 8:15–17).

Una vez más, el momento de la investidura de poder vino sobre las personas que creyeron y habían sido bautizadas. Estos samaritanos habían recibido el poder que Jesús había prometido, y estaban listos para unirse a la misma obra encomendada a los apóstoles.

Uno puede imaginar el gozo de Felipe al ver que estos convertidos eran enviados a participar de los propósitos de Dios, en cambio parece que Felipe desaparece. En medio del entusiasmo en Samaria, el Viento sopló en una nueva dirección. Unos versículos más adelante, leemos que: "Un ángel del Señor le dijo a Felipe: 'Ponte en marcha hacia el sur, por el camino del desierto que baja de Jerusalén a Gaza'" (v.26). Mientras leemos, notamos que un importante ministro de finanzas de Etiopía iba de camino a su casa después de visitar Jerusalén. Esta historia es muy importante, especialmente para él y debido a la Comisión que pronto llevaría a su país, pero el mapa nos muestra algo más.

El camino de Jerusalén a Gaza se extiende hacia el sureste de la ciudad mientras que Samaria se encuentra a más de treinta millas al norte. Claramente notamos que entre los muchos creyentes que estaban disponibles, ciertamente Felipe no era el más cercano a ese camino, y uno pensaría que había establecido un ministerio importante en el avivamiento en Samaria. Sin embargo, el Espíritu Santo tenía un plan diferente. Él había escogido a Felipe para esta misión por muchas razones que no entendemos o ignoramos, pero a menudo así es como el Espíritu proyecta sus estrategias. Él dirige a sus siervos hacia las necesidades y oportunidades. Él ve cuando las necesidades surgen. Por cierto, momentos después de bautizar al etíope, Felipe volvió a desaparecer. Esta vez, apareció en Azoto, una ciudad un poco más allá de la costa del Mediterráneo (v. 40).

> El discípulo que vive en el poder del Espíritu acepta cada tarea dócilmente, sabiendo que Dios revelarle nuevos pasos según su voluntad.

El discípulo que vive en el poder del Espíritu acepta cada tarea dócilmente, sabiendo que Dios revelarle nuevos pasos según su voluntad. El Espíritu es el Señor de la cosecha, y nosotros sus siervos, seguimos su directiva. Es probable que nuestros caminos no cambien drásticamente, o con tanta frecuencia, como sucedió con Felipe. Sin embargo, los siervos siempre están dispuestos a obedecer lo que el Maestro les pida.

Este aspecto de una vida en el poder del Espíritu tiene muchas ramificaciones. Primero, significa que nunca nos definimos por la obra que hacemos. Las tareas no definen nuestra identidad, aunque ponemos en nuestra obra lo mejor de nuestro esfuerzo. Al igual que Felipe — que estuvo a cargo del cuidado de las viudas en Jerusalén, dirigió una obra de evangelización en Samaria y en un camino desierto, y quién sabe qué cosas más después de eso— las personas llenas del Espíritu dejan que Dios las use de muchas maneras y opere los cambios según su voluntad.

Para nosotros, eso significa evitar la tentación de la posición. Aunque la iglesia moderna tiene varios cargos necesarios para su ministerio, debemos tener cuidado de no pensar que el reino de Dios opera en el paradigma de un ambiente de trabajo. Los siervos no "escalan" para aumentar su autoridad o prominencia sobre otros. No tienen deseos de posición ni se aferran al estatus que ella parece proveer. En cambio, la persona llena del Espíritu mantiene una mentalidad de servicio, sabiendo que los planes de Dios pueden requerir cambio, nueva dirección, y, a veces, un ámbito de influencia menor.

Para Felipe, el camino le condujo de la prominencia en un gran avivamiento en Samaria, donde trabajó entre centenares de personas, a enfocarse en un hombre en un camino en el desierto. El mismo ministerio de Jesús fue entre millares que comieron pescado y pan en un monte y entre un grupo más reducido cuya vida cambió para siempre. Cuando servimos a Dios que ama a cada ser humano, en realidad no tiene importancia el tamaño del grupo.

¿Por qué el plan de Dios no busca una multitud creciente? ¿Por no querría Dios que sus siervos escalaran tan alto como fuera posible según la medida de influencia? Aunque los caminos de Dios a menudo son incomprensibles, esto no es tan difícil de entender. Nuestra tendencia al orgullo puede ser una trampa devastadora. Como ya hemos visto, la idea de que la vida gira en torno a nosotros es una noción muy trágica. Ella causa que algunos piensen que están construyendo su propio reino, aunque usen el nombre de Dios para alcanzar tales propósitos. Cuando las personas usan el nombre de Dios para promover su propios planes, es tal vez la manera más peligrosa de quebrantar el mandamiento de Dios (Ex. 20:7).

La persona con una vida que vive en el poder del Espíritu debe estar consciente de lo tentador que es la posición y el peligro de llamar las cosas como "propias". Para ayudar a prevenir tal estratagema, Dios nos cambia y adapta nuestra asignación en maneras que cumplan mejor sus propósitos en el mundo que *nos rodea* y *en nosotros*. Como tal, a menudo nos encontramos alternando entre los momentos visibles y ocultos. Jesús dijo si somos "fiel[es] en lo poco" entonces nos pondrá "a cargo de mucho más" (Mt. 25:21). Específicamente la idea "a cargo de" se refiere a nuestro lugar futuro en el reino de Cristo, pero hay períodos cuando también nuestra influencia y obra visible para Dios puede aumentar en esta vida. De modo que nuestra vida de servicio tiene una manera de fluctuar entre lo "poco" y lo "mucho". Nuestra misión es ser fiel en ambas situaciones.

Todos los creyentes luchan constantemente con el orgullo. Uno puede notar fácilmente cómo este elemento esencial del pecado es destructivo para un siervo. El orgullo puede llevarnos al fracaso, desde pensar que nuestro Señor nos debe ciertas bendiciones hasta vivir y obrar nosotros mismos como señores. Este es el "estilo gentil" de liderazgo del cual Jesús habló cuando explicó a sus discípulos que su reino operaría de modo diferente.

> Como ustedes saben, los gobernantes de las naciones oprimen a los súbditos, y los altos oficiales abusan de su autoridad. Pero entre ustedes no debe ser así. Al contrario, el que quiera hacerse grande entre ustedes deberá ser su servidor, y el que quiera ser el primero deberá ser esclavo de los demás; así como el Hijo del hombre no vino para que le sirvan, sino para servir y para dar su vida en rescate por muchos (Mt. 20:25-28).

La persona que vive en el poder del Espíritu se rinde al Espíritu, no al orgullo. Aceptamos nuestra misión, sabiendo que estamos participando en un plan eterno donde nuestro Señor es glorificado. Este tipo de actitud no permite un plan centrado en uno mismo. Hay solamente un Reino que edificar, entonces me someto dócilmente a mi propia tarea, de este modo estoy dispuesto para tomar cualquier otro paso que Dios pueda tener para mí.

Tomar mi tarea dócilmente no significa que evitemos relaciones profundas ni grandes compromisos. Debemos entregarnos completamente a las personas y a los lugares donde Dios nos ha puesto. Como el ejemplo de Felipe, la obra que tenemos a mano es digna de nuestros mejores esfuerzos. Así que nos comprometemos de todo corazón, con sinceridad, sabiendo que las despedidas futuras son temporales. Una eternidad juntamente con Cristo y con aquellos que hemos llegado a amar es la mayor recompensa que podamos recibir.

Entonces la persona llena del Espíritu deja de lado sus propios planes. Santiago señala la futilidad de tales planes, sabiendo que la vida en el Espíritu demanda flexibilidad constante (Stg. 4:3–17). En cambio, vivimos listos para servir, listos para dar lo mejor en nuestra tarea actual a la vez que no nos aferramos a ella, de modo que Dios pueda cambiar nuestra dirección según lo crea conveniente.

Para reflexionar

1. ¿Por qué sería contraproducente volverse muy apegado a una posición o lugar en el ministerio?
2. ¿Por qué piensa usted que a veces Dios mueve a sus seguidores de lugares muy visibles a tareas no visibles?

CAPÍTULO
28

Servir: El mayor sirve a las personas

J esús muchas veces le dijo a sus discípulos que "alzaran los ojos" para que centraran la atención en ellos mismos o en el desafío que enfrentaban, de modo que pudieran percibir las personas al igual que Jesús cada día. Solamente cuando ellos veían el rostro de ellos podían desarrollar el sentimiento adecuado para la obra que Jesús quería que hicieran. *¡Si tan solo miraran!*

Tenemos la misma lucha.

Tenemos una poderosa tendencia a enfocarnos tanto en la tarea, que perdemos de vista a "quién" se sirve en el esfuerzo del ministerio. Las mujeres por lo general son más sensibles cuando se trata de relaciones, pero a veces también el activismo puede abrumarlas. Queremos servir a Dios, de modo que el "hacer" se convierte en el medio principal.

Y hay mucho por hacer. El hambre necesita satisfacción, la enfermedad requiere cuidado, y el sufrimiento demanda esperanza y mejores respuestas. Pensamos: *Si tan solo tuviéramos más personas podríamos haber hecho más*, sabiendo todo el tiempo que las necesidades que nos rodean nunca disminuirán. Nunca me he preguntado cómo Jesús comenzó una fila de sanidad, pero no sé cómo pudo detenerla. Parece que cuánto más hacemos, tanta más necesidad descubrimos que debe satisfacerse.

Cuando Jesús habló de las responsabilidades futuras del liderazgo de sus discípulos, los llamó para que fueran siervos. Ellos no debían portarse como "señores" sobre sus seguidores, sino por el contrario debían dar de sí mismos por el bien de aquellos que dirigirían. Este estilo de "líder-siervo" ha sido el foco de muchos debates y libros desde entonces durante cientos de años.

¿Qué es un líder-siervo? Algunos lo describen como un liderazgo con una profunda comprensión de la humildad. *Guíe como sabe guiar, pero recuerde que Jesús es su líder, así que no deje que su sentido de importancia lo domine.* Esa es una buena idea en principio y el grado de humildad ciertamente es importante, pero vivirla resulta difícil por decir lo menos. La tentación de sumergirse en esa piscina de orgullo afecta a la mayoría de los líderes siervos que toman este enfoque "más amable, más gentil".

Creo que Jesús sea refería a algo más que un enfoque típico del liderazgo, menos el factor del egocentrismo.

El verdadero estilo de líder siervo se define por la palabra *siervo*. Un siervo es uno que sirve a otros, que recibe su sentido de dirección de la necesidad que ve y puede suplir, que encuentra su propósito en hacer el camino más fácil para otros. En otras palabras, servir gira en torno a las personas. Jesús describió la mayor forma de amar: "Nadie tiene amor más grande que el dar la vida por sus amigos" (Jn. 15:13). Jesús mismo demostró ese amor, modelando para nosotros un tipo de líder que raras veces se ve. El camino a su trono fue a través de una cruz. Uno no ve muchos líderes que escogen ese camino.

> Tenemos la misión de servir a las personas sin tener metas más atractivas como el interés propio y los elogios.

Sin embargo, ese es el camino para nosotros también. Jesús dijo que si queríamos seguirle, necesitamos tomar nuestra propia cruz para hacerlo (Mt. 16:24). No estamos en el camino rápido de la comodidad y la fama. Por el contrario, nuestro camino es el de la negación y el sacrificio por el bien de otros. Tenemos la misión de servir a las personas sin tener metas más atractivas como el interés propio y los elogios.

Entonces, ¿cómo mide uno la excelencia en el servicio? ¿Acaso no hablan los que fueron servidos en esa evaluación? Claro que sí. Los mejores siervos son los que hacen la milla extra a favor de personas, y que no piensan en la retribución o incluso en la gratitud. Los siervos hacen lo que debe hacerse porque están comprometidos con la tarea asignada por el amo.

Ellos están comprometidos con las personas.

Esto es lo que Jesús dio a entender al describir a un líder-siervo. Sí, sus discípulos tendrían funciones en la dirección de su iglesia. Ellos tomarían decisiones y darían directivas a otros siervos, pero solamente cuando su mirada se centrara en las personas ellos comprenderían cómo liderar al estilo único de Jesús.

Por tanto, eso también motiva a Dios a acercarse a nosotros. Incluso en el Antiguo Testamento, vemos que Dios responde poderosamente al clamor de su pueblo. Ya sea a Moisés y una generación de esclavos, o en los días de los jueces cuando naciones rivales causaban estragos en la vida diaria de los israelitas, Dios respondió enviando a un líder que conquistaría a los que dominaban sobre ellos. En Jesús, Dios proveyó su principal Salvador por su pasión por nosotros.

Jesús nos mostró esa misma fervor cuando contempló Jerusalén y con lágrimas rogó por ella. Considere su amor a pesar de su trágica historia, un amor firme por nosotros que llena el corazón de Dios hoy:

> ¡Jerusalén, Jerusalén, que matas a los profetas y apedreas a los que se te envían! ¡Cuántas veces quise reunir a tus hijos, como reúne la gallina a sus pollitos debajo de sus alas, pero no quisiste! (Mt. 23:37).

Los discípulos con una vida en el poder del Espíritu aprenden a mirar a las personas de esa manera. ¿Por qué? Porque el corazón de Dios ha llenado nuestro corazón. Cuando vemos personas en necesidad, algo conmueve nuestro interior. Entonces con compasión y un sentido de propósito divino, intervenimos en situaciones, incluso en situaciones que son mayores que nuestros recursos. Dependemos de los recursos de Dios, sabiendo que su corazón se conmueve por aquellos que hemos encontrado.

Los que se concentran solamente en hacer, por lo general tienen la mirada en otro lugar. Tienden a imaginar que su responsabilidad es cumplir las tareas necesarias. De modo que tratan de manejar tales asignaciones, y se convierten en grandes predicadores, maestros notables, o incluso líderes de grandes organizaciones de compasión. Sin embargo, con el tiempo su búsqueda de excelencia se separa de las mismas personas que esperan servir. Repentinamente, las personas ya no son prioridad. La meta es ser el mejor, el mayor, o la persona que puede hacer lo que ninguno ha hecho antes. Jesús dijo que este tipo de liderazgo erra su objetivo.

Cuando el amor por Cristo y la compasión por las personas motivan nuestra obra, algo hermoso surge, un sentido de comunidad o familia que muchos están desesperados por encontrar. Para la mayoría de nosotros, la familia incluye estas personas que sabemos que nos aman tanto que darían la vida por nosotros. Ellas nos dan la seguridad que anhelamos y la compañía tan esencial para que llevemos una vida saludable. Como hemos visto, Jesús amó a aquellos que nadie quiso amar y les dio la bienvenida en la familia de Dios, un concepto extraordinario.

Esto es lo que hace un líder-siervo, transmite valor a cada individuo. Cuando servimos, enviamos un mensaje del amor de Dios de maneras poderosas. Probamos que la relación con Dios es posible porque puede evidenciarse en nosotros. A través de nuestro compromiso con las personas, el reino de Dios avanza tanto en poder como en amor.

En una vida en el poder del Espíritu, el servicio es una forma esencial de expresión. Sin embargo, Dios no solamente quiere nuestro tiempo y recursos. Dios tiene una manera específica de servirnos, una que nos ayuda para llevar una relación saludable con Él. Como hemos visto, aprender y hacer a menudo termina en orgullo y agotamiento, pero servir según el modelo de Dios genera un sentido verdadero de comunidad y de pertenencia a la familia de Dios. Libera el maravilloso poder y amor de Dios.

El discípulo investido de poder del Espíritu sabe que servir es un medio clave de crecimiento. El estudio y la enseñanza por si solos no pueden darnos la vida de Dios. En cambio, debemos relacionarnos con nuestro mundo a través del servicio, de modo que aprendamos plenamente todo lo que Dios quiere enseñarnos.

> Puesto que somos seguidores de Cristo y el Espíritu prepara el camino para nosotros, no debemos aferrarnos a tareas específicas o incluso a los lugares donde las realizamos.

Nuestro servicio también debe estar motivado por nuestro amor a Cristo. Nuestro deseo de hacer tareas o el sentimiento de compromiso por las personas experimentarán altibajos, pero nuestras motivaciones para amar a Cristo nunca disminuirán. Todas las demás motivaciones fallan en tiempo de dificultad, pero nuestro amor por Cristo se vuelve un recurso inagotable cuando consideramos cómo Él nos ama.

El siervo que vive en el poder del Espíritu recuerda también quién dirige sus pasos. Puesto que somos seguidores de Cristo y el Espíritu prepara el camino para nosotros, no debemos aferrarnos a tareas específicas o incluso a los lugares donde las realizamos. Dios puede cambiar lo que hacemos, liberarnos de una tarea a fin de darnos otra, o sacarnos de lugares ocultos a los visibles, e incluso volvernos a posiciones poco visibles una vez más. Sus caminos y sus pensamientos son más altos que los nuestros (Is. 55:8–9), y a menudo no comprendemos sus propósitos. Así que vivimos por fe, una que confía en el Dios que nos ha llamado, y que acepta la obra y los lugares donde puede usarnos mejor.

Finalmente, la vida llena del Espíritu llama a las personas a un compromiso. El Reino donde servimos tiene solamente un Rey dignatario. Él recibió esa posición exaltada a causa de su propio compromiso de sacrificio a favor de otros, y sabemos que el camino a nuestra propia exaltación está pavimentado con las piedras más humildes. Jesús nos otorgó autoridad para que continuemos su obra y mostremos su corazón a las personas. Eso significa una cruz de negación de nosotros mismos también. Algún día compartiremos su gloria, pero el camino a tal grandeza pasa a través de la disposición de poner las necesidades de los demás por delante de las nuestras.

Al final, esta vida de amor a Cristo y servicio a los demás provee el mejor cumplimiento de sus mandamientos: "Ama al Señor tu Dios con todo tu corazón, con todo tu ser y con toda tu mente... Ama a tu prójimo como a ti mismo" (Mt. 22:37, 39).

Esta es nuestra misión y los medios por los cuales se cumple. Tales esfuerzos notables de amor para servir muestra que es la manera más poderosa de transformar el mundo.

Para reflexionar

1. ¿Por qué los siervos de Dios deben enfocarse más en las personas que en las tareas que hacen para ellas?
2. ¿De qué manera le han impresionado los actos de servicio de otros cristianos?
3. ¿Cuáles son algunas de las razones de que Dios a veces le muestra que sirva en ministerios más pequeños, menos visibles?

Ir: El propósito del poder

Nuestro asombro de que Dios quiera tener una relación con nosotros solamente lo supera la impresionante verdad de que también quiere compartir su poder con nosotros. Eso es difícil de imaginar, pero según las propias palabras de Jesús, es una parte de su plan. *Recibiréis poder....*

La mayoría de nosotros admitiría rápidamente que tal acto sería muy riesgoso. Debido a nuestra tendencia a la auto-promoción, el egocentrismo, y cualquier otra palabra con los prefijos auto o ego, la idea del poder de Dios en nosotros al menos parece algo riesgosa. ¿Puede Dios confiar que apoyaremos su plan y continuaremos canalizando toda la atención y gloria a Él? Si Dios nos da poder, ¿lo usaremos para nuestros propósitos o los pondremos al servicio de su Reino?

La elección es el don más sorprendente de Dios y que continuamente Él nos extiende. En el huerto del Edén, Adán y Eva se equivocaron en su elección, optaron por hacer caso omiso de las claras instrucciones de Dios a cambio de un plan elaborado por una serpiente. Eso difícilmente parece una decisión sabia, debido a la grandeza que Dios ya les había mostrado. Entonces allí está su prueba, no se podía confiar en el primer varón ni en la primera mujer para que tomaran una buena decisión. Sin embargo, nosotros no hemos sido mejores, cada uno de nosotros usamos nuestro don para satisfacer egoístamente nuestros propios deseos, sin que importe el mejor camino que Dios nos ofreció. Si Dios hubiera renunciado a nosotros... bueno, lo habríamos entendido.

En cambio, Él no solamente murió para darnos la oportunidad de tener una relación con nosotros, sino que puso su plan eterno en nuestras manos, escogiendo más bien que ese plan dependiera de nuestra elección. Y la manera cómo cumpliríamos con ese plan sería mediante su poder ¡en nosotros!

Jesús prometió ese poder, y pocos días después, los discípulos fueron bautizados en el Espíritu Santo, y obró en ellos algo que nunca hubieran logrado por su propia cuenta. ¿Qué harían ellos con esa oportunidad? Bueno, en el caso de ellos, y en el de muchos desde entonces, se tomaron mejores decisiones. En efecto, la misión se extiende hasta nosotros y continúa en la actualidad, incluso cuando algunos han fracasado en el camino. Dios todavía da su poder a los que siguen esperando recibir su poder y aceptan su misión de ser "testigos" entre nuestro pueblo y más allá de nuestros límites.

Sin embargo, hay algunos en la comunidad llena del Espíritu en la iglesia actual que todavía necesitan comprometerse con la misión. Ellos han decidido que el poder del Espíritu es para su propio beneficio, para que los ayude a vivir de manera más enfocada la vida cristiana. Algunos consideran su condición de llenos del Espíritu como un sello de que ya han alcanzado la meta, como si el bautismo en el Espíritu no tuviera otro propósito que ser una experiencia que da sólo una satisfacción personal.

Sí, hay extraordinarios beneficios potenciales en lo que muchos llaman el bautismo en el Espíritu. ¿Cómo no podría la presencia del Espíritu Santo en nosotros afectarnos de muchas maneras? ¿No debiéramos resistir con más eficacia la tentación? ¿Acaso no deberíamos comprender claramente el amor de Dios, y saber con mayor claridad su dirección? La relación con Dios es la base de nuestra salvación, y el poder de su Espíritu indudablemente llevaría esa relación a un nivel completamente nuevo.

Sin embargo, la razón principal por la que Dios nos da su poder es que *cumplamos con la misión que nos ha encomendado*. Como ya hemos visto, nos falta el poder para cumplir la Comisión de Dios por nosotros mismos. Sencillamente no tenemos la habilidad de ser lo que no somos, de ir donde nunca antes hemos estado, y hacer lo que nunca antes se ha hecho con la mera fuerza humana.

> Hemos recibido esta misión extraordinaria y dependemos absolutamente de Dios si es que esperamos cumplirla con éxito.

Entonces nuestro querer y nuestra necesidad depende de que recibamos la promesa de Jesús acerca de la venida del Espíritu Santo. Qué tragedia sería que no nos entregáramos al propósito divino. Sin embargo, eso es lo que le sucede a algunos que han buscado e incluso recibido la promesa.

La vida en el poder del Espíritu se orienta hacia afuera, no solamente en el servicio sino en la propagación del mensaje del evangelio. Como dijo Jesús, seremos sus "testigos tanto en Jerusalén como en toda Judea y

Samaria, y hasta los confines de la tierra" (Hch. 1:8). Buscar el poder que Dios ha ofrecido por cualquier otra razón es no entender la verdadera razón de su promesa. Dios nos llena de su poder para que podamos hacer ¡lo que Él ha planeado que hagamos!

Los primeros discípulos entendieron esto. Hubo muchas lecciones que aprender y problemas que superar a medida que avanzaban. Sus propias ideas de quién podía tener una relación con Dios debían ser cambiadas. Como hemos visto, un diácono llamado Felipe estuvo entre los primeros que fueron a Samaria, y llegó allí antes de que los mismos apóstoles parecieran estar listos para ir. Sin embargo, incluso en su temprana comprensión de su misión y su percepción limitada de los mayores elementos de su mensaje, ellos sabían que tenían una obra que realizar, y el poder que necesitaban para hacerlo.

No mucho después de que la joven iglesia comenzara a impactar su ciudad, comenzó la persecución contra ella. Los creyentes se convirtieron en blanco fácil de formas extremas de crueldad. Por tanto, se dispersaron, salieron de Jerusalén en busca de un lugar más seguro. Aun en estas circunstancias no dejaron de predicar el mensaje de gracia de Jesús (Hch. 8:4). Ellos debieron estar llenos del Espíritu para ser testigos por doquiera que iban, y al compartir la verdad de Dios en medio de la crisis que enfrentaban, probó que estaban determinados a cumplir la obra. Muy impresionante, ¿verdad? Uno se pregunta por qué muchos del mundo occidental se intimidan fácilmente ante las críticas ocasionales o el ridículo cuando aquellos que recibieron el mismo Espíritu Santo evidenciaron su disposición de enfrentar incluso mucho más.

Nuestra misión es hacia afuera, y nuestra determinación de vivir tal enfoque es un ingrediente esencial para nuestra fortaleza y la continua buena salud de nuestras iglesias. Cuando una congregación se vuelca hacia adentro, lo cual es una tendencia natural con el tiempo, pierde su razón de existir. Sus reuniones terminan siendo un poco más que ejercicios de sus propias preferencias, haciendo lo que les gusta y esperando también que le guste a otros. Estas iglesias a nivel local comienzan a vivir como si el líder de ellos fuese el responsable de mantenerlos contentos, atender sus necesidades, y hacer de alguna manera que sus propias búsquedas egoístas tengan significado. En esto radica la razón básica de que muchas congregaciones en el mundo occidental han dejado de crecer y han comenzado a declinar. El enfoque hacia afuera es el ingrediente esencial para el fortalecimiento y la salud, así como es esencial para la vida de cada creyente.

Ya hemos visto cómo Dios estableció su iglesia para que se centre en "Él y ellos". Nuestro amor por Dios y por otros provee el poder para cumplir su Comisión y mantener nuestra vida en línea. En ninguna otra parte esa prioridad parece más notoria que en nuestros esfuerzos por conectarnos y alcanzar aquellos que todavía no tienen una relación con Dios.

Aunque nuestro esfuerzo colectivo como congregación local es una manera de vivir nuestra comisión, cada uno debe personalmente buscar su propia contribución si vamos a llevar una vida de poder. No basta con aplaudir los esfuerzos que hace nuestro "equipo" o celebrar lo que nuestra iglesia está haciendo. Nosotros mismos debemos llevar una vida en el poder del Espíritu.

Por esto Dios eligió morar en nuestro corazón. Sí, es correcto decir que el Espíritu de Dios está en su iglesia, pero sus días de morar en edificios han pasado (Hch. 9:11). Dios no da su Espíritu Santo a una comunidad reunida o una organización. Él pone su Espíritu en cada creyente con el claro propósito de que cada uno lleve una vida poderosa.

Sin embargo, muchos procuran seguir a Cristo sin experimentar su promesa. Ellos tratan de aprender y hacer en un esfuerzo por complacer a Dios y de participar de su reino, solamente para enfrentarse a su propia insuficiencia y fortaleza. Otros tal vez experimentan su poder, pero fracasan en participar de su misión. Después de un tiempo, parece que ni el poder ni la pasión que una vez tuvieron, pueden notarse en sus vidas. Pocas personas son más peligrosas para la misión de la iglesia local que aquellas que una vez tuvieron el poder de Dios, pero que dejaron que sus propios planes tomaran el control. Este tipo de personas tienen la apariencia de líderes espirituales y pueden hablar de su experiencia en el momento que recibieron el poder, pero han fracasado en mantener un enfoque hacia afuera lo cual les ha drenado todo lo que ese poder podría haber logrado.

Jesús prometió que señales y maravillas seguirían a los que obedecieran su llamado. Él prometió la presencia y el poder de su Espíritu dondequiera que su reino fuera predicado. Sin embargo, ¿qué promesa hay para aquellos que no van?

Parece razonable que haya una conexión entre el egocentrismo de muchos en el cristianismo occidental y la falta de poder que parece igualmente evidente. Al mismo tiempo, en contextos a nivel local, sea pequeño o grande, aquellos que se entregan completamente a la misión mundial de Dios encuentran fortaleza y bendición en gran medida. Cuando nuestra elección por esa misión permanece fuerte, podemos esperar que Dios continúe fortaleciendo nuestros esfuerzos. Esta es la razón de su promesa.

Esa es la naturaleza y la expresión plena de la vida en el poder del Espíritu.

Para reflexionar

1. ¿De qué manera es el enfoque hacia adentro un acto de desobediencia?
2. ¿Por qué la acción de consagrarnos a la misión de Dios pueda ser realmente una de las mejores maneras para crecer en la relación personal con Dios?

30

Ir: Riesgo

Hasta el momento, hemos hablado bastante acerca de las posibilidades, el aumento de la capacidad y la increíble naturaleza de la vida en el poder del Espíritu, pero hay razones de que la decisión de tener dicha vida no es unánime. Solamente ciento veinte seguidores de Jesús permanecieron en el aposento alto, y muchos más desde entonces a través de los siglos han rechazado la promesa, en vez de recibir la investidura de poder.

Seguramente podemos considerar las decisiones que otros toman como evidencia de su preferencia egocéntrica por las prioridades a nivel personal, pero ese no siempre es el caso. Una vida de servicio no se conecta con el deseo de muchos, pero hay más que eso para la multitud más pequeña. Recuerde, Jesús dijo que debemos tomar nuestra cruz si decidimos seguirle, y eso significa que la cruz puede ser diferente para cada uno.

Sinceramente, algunos no buscan la promesa de Dios por temor. Entregar a Dios el dominio pleno de su futuro suena bueno cuando su bendición fluye claramente, pero las prioridades de Dios a menudo no concuerdan con aquellas que escogemos nosotros mismos. El temor de lo que Dios pudiera requerir mantiene a muchos lejos de poder recibir la experiencia del aposento alto.

Procure ponerse usted mismo en el lugar de esos primeros discípulos poco tiempo después de la ascensión de Jesús. Hasta ese momento, Jesús había provisto todo lo que ellos necesitaban en cada momento. Seguir a Jesús significaba exactamente eso, seguir. Jesús tomaba las decisiones de dónde ellos irían, en casa de quién comerían, y lo que harían cuando la multitud los siguiera a través del lago. Seguir a Jesús no siempre había sido fácil, pero supongo que habrían estado muy emocionados de tener la certeza de su presencia tangible con ellos. De hecho, algunos han sugerido que la esperanza que tenían del pronto retorno de Jesús los ayudó a que subieran al aposento alto. Si todos hubieran estado verdaderamente de acuerdo ese día, probablemente pensarían así: *Jesús, te extraño mucho. ¿Vas a regresar pronto?* El horizonte parecía ilimitado, los potenciales destinos eran muchos para contarlos, y las directivas de qué hacer menos claras. ¿Tenían ellos razón de estar temerosos? ¡Claro que sí! Sin embargo, eso no los detuvo.

El temor a lo desconocido paraliza a muchos aspirantes a discípulos. Parece más fácil conformarse con una vida en el desierto, que confiar en Dios para enfrentar cualquier batalla que surja en el camino a la Tierra Prometida. ¿Cuántas veces Jesús dijo a sus discípulos: "No tengan miedo"? Jesús seguía dando este consejo porque el temor de ellos surgía con frecuencia. La vida hoy puede ser más avanzada a nivel tecnológico, con medios superiores de transporte, pero el camino hasta los confines de la tierra permanece pavimentado con razones que temer.

Si el temor no retiene a algunos en su casa, entonces puede que el rechazo lo haga. Los que llevan una vida en el poder del Espíritu casi siempre han tenido que lidiar con el rechazo de los que andan por otros caminos. Quizás unos piensan que los que llevan las buenas nuevas sean bienvenidos con entusiasmo (Is. 52:7), pero los que abrazan la vida en el poder del Espíritu tampoco son una mayoría.

> Los que llevan una vida en el poder del Espíritu casi siempre han tenido que lidiar con el rechazo de los que andan por otros caminos.

Muchos años atrás, un prominente líder lleno del poder del Espíritu dijo: "No puedes conocer el Pentecostés sin conocer el exilio."[2] Aunque su afirmación se refiere específicamente al rechazo que muchos enfrentaron a principios de los 1900—expulsados de sus iglesias, ridiculizados, acusados falsamente, y en ocasiones atacados con violencia física— su reflexión permanece válida, incluso en contextos aparentemente más abiertos. Aquellos que creen que Dios desea dar poder a su pueblo hoy, conocen las críticas que otros fácilmente harán a su fe, las promesas que creen, y las experiencias que ellos describen como el cumplimiento de la promesa de Dios. El poder del Espíritu Santo resiste y también atrae a aquellos que todavía tienen que aceptar los propósitos de Dios para su vida.

El temor y el rechazo son dos motivadores poderosos del alma humana, pero vamos a agregar un tercero, el riesgo. ¿De qué otra manera llamaríamos a una vida donde encontramos situaciones que son mayores que nuestros recursos, y tratamos de lograr metas que están mucho más allá de nuestra capacidad? En tales momentos, el ridículo y la crítica parecen lógicos. Seguir el plan de Dios demanda que se arriesgue todo por un Reino que solamente los que tienen fe pueden percibirlo.

Dios puede ver en nosotros lo que no podemos ver por nosotros mismos. Dios nos dirige por un camino que supera el nuestro, y desea que confiemos en que Él suplirá lo que necesitamos para cada momento. Así es como las grandes historias de la vida en el poder del Espíritu comienza, con un desafío tan grande para realizarlo conforme a la razón.

Muchas personas rechazan la posibilidad de una vida de más poder de Dios en base a este contexto aparentemente sensible. Sin embargo, tal riesgo de temor, rechazo, y todo lo que poseemos es una manera clave de cómo se manifiesta la vida en el poder del Espíritu. Debemos vivir al borde del abismo donde la única seguridad que se encuentra en el mañana es la presencia de Único que nos envía ahí.

Abraham sabía que el justo por la fe vivirá (Ro. 4). Moisés estuvo dispuesto a guiar su generación a través del desierto siempre y cuando la presencia de Dios estuviera con ellos (Ex. 33:15). David recogió cinco piedras, confiado no en su habilidad con su pequeña arma sino en Dios de quien Goliat se había burlado (1 S. 17:40). David solamente necesitó una piedra para vencer al gigante, pero el texto no habla que Goliat tenía cuatro hermanos, de modo que David debió recoger toda la munición que podría necesitar.

La vida en el poder del Espíritu requiere denuedo, pero no un denuedo que proviene de la confianza en uno mismo. No hay razón alguna de que confiemos en nosotros mismos. En cambio, debemos tener denuedo para confiar que Dios cumplirá su promesa, el mismo Dios que dio la promesa del Espíritu Santo. Esta es la razón de que personas con diversas características tomen parte de una vida en el poder del Espíritu. El audaz debe conocer una fuente diferente para su audacia, y los humildes deben hallar en su fe el valor que nunca conocieron en sí mismos. Este denuedo no proviene de lo que traemos ante Dios sino de lo que Dios nos da. Nuestra única contribución es el querer y la necesidad.

A veces el denuedo debe impulsarnos para avanzar a través de la confusión. Simón Pedro tenía una idea bastante fuerte de los caminos de Dios cuando tuvo una visión de un lienzo lleno de todo tipo de animales inmundos. Al principio, fue renuente al mandato: "Levántate, Pedro; mata y come", sabiendo que Dios había prohibido tales animales en la dieta judía (Hch. 10:13–14). Sin embargo, Dios le estaba dirigiendo hacia una nueva oportunidad, una que debió parecer algo confusa. Conforme a la instrucción de la visión, Pedro fue con los varones gentiles que habían venido a buscarle, y luego fue testigo cuando el Espíritu Santo cayó sobre los gentiles de la misma manera que él mismo había experimentado (vv. 44–46). Cuando Dios comienza a operar lo que habíamos pensado que nunca haría… bueno, eso parece algo más que confuso. Sin embargo, cuando somos guiados por el Espíritu, a veces las respuestas a las que estamos acostumbrados no concuerdan con las nuevas interrogantes que encontramos.

Nos hemos acostumbrado a que los gentiles reciban la salvación y el poder del Espíritu, pero nuestras incertidumbres crean sus propios límites. ¿Qué tan dispuestos estamos para aprender lo que no sabemos? ¿Demandaremos que Dios nos guíe solamente a lo que parece familiar o aceptaremos únicamente lo que nos resulta agradable? ¿Pueden nuestra mente y nuestro corazón abrirse a nuevos misterios, o transformar a Dios a nuestra propia imagen y requerir que Él haga lo que nos gusta o pensamos que es aceptable? Supongo que usted sabe que la vida en el poder del Espíritu conoce la respuesta a tales interrogantes.

Esta es una vida que demanda la disposición a crecer, y dejar de lado cualquier pensamiento de que hemos ya resuelto las cosas por nosotros mismos, y que nuestros sistemas o ideas previas han captado la suma total de la obra de Dios en el mundo. Es riesgoso poner a prueba ideas previamente establecidas. En un nivel, permanecemos confiados en que la verdad saldrá a luz y prevalecerá, pero no es fácil permanecer abierto, especialmente cuando oímos las opiniones de los intolerantes que nos rodean.

¿Podemos tener hambre de crecer cuando ese crecimiento nos ensancha, demanda más de nosotros de lo que alguna vez hemos dado, y nos llama a lugares más allá de nuestra zona familiar de comodidad? Este es el camino de la vida en el poder del Espíritu, y es lógico que las cosas sean así. ¿Qué necesidad tendríamos del Espíritu de Dios si los desafíos se adaptan a nuestros paradigmas o parecen muy semejantes a nuestras experiencias previas? ¿Por qué debemos buscar la presencia y la ayuda de Dios si lo que hemos enfrentado resulta cómodo dentro de nuestro contexto actual? El hecho que el desafío que tenemos por delante requiere más de lo que tenemos para dar, parece adecuarse a la idea de seguir a Dios plenamente. Ese camino debe ser muy extraordinario para que justifique una necesidad del poder sobrenatural de Dios.

> No se puede llevar una vida en el poder del Espíritu sin el poder del Espíritu, entonces prepárese para el viaje de su vida.

Esa es una verdad esencial acerca de la vida que Dios tiene para cada uno de nosotros. Es una vida que requiere de Dios. La visión verdadera de Dios para nuestra vida debe ser conforme a su medida. Si no fuera así, entonces ¿por qué es necesario que esperemos la venida de su poder, según manda Hechos 1:5? No se puede llevar una vida en el poder del Espíritu sin el poder del Espíritu, entonces prepárese para el viaje de su vida.

El apóstol Pablo le rogó a los romanos que ofrecieran sus cuerpos a Dios como "sacrificio vivo" (Ro. 12:1). Por el contexto de este punto, parece claro que tal vida no está reservada para una minoría espiritual selecta o un tipo especial de seguidores de Jesús. Algunos quizás piensan que la vida en el poder del Espíritu es solo para unos cuantos cristianos muy devotos, pero Pablo indiscutiblemente describe la elección de seguir de Cristo como nuestra verdadera "adoración espiritual". Jesús no murió solamente por unos cuantos, sino por cada persona que acepta la relación con Él al igual que el conjunto de razones para buscar su misión y su poder.

Hay un recorrido de aprendizaje y experiencia para todos los que andamos en este camino lleno de poder. Hay mucho más que encontrar y bastante espacio para que la fe crezca. Dios pide que avancemos hacia los momentos que nos esperan, y promete darnos lo que necesitamos para cada paso. Los que piensan que un encuentro singular con su Espíritu será suficiente para cada circunstancia futura, no han leído con cuidado el libro de los Hechos. Repetidas veces el Espíritu Santo se manifestó en la vida de los primeros discípulos, a veces para darles dirección, otras, para darles el denuedo que necesitaban. Cuando se necesitaba sanidad, también tuvieron esas experiencias. Dios repetidas veces irrumpió en la vida de ellos para proveerles lo que necesitaban. Ellos recibieron para que pudieran dar, el mismo proceso por el cual hoy Dios capacita a las personas en el poder de su Espíritu.

Entonces, sí, hay un riesgo. Hay temor y rechazo de mirar abajo y más que unas pocas barreras de dificultades que cruzar. Sin embargo, mediante el poder del Espíritu de Dios, incluso las circunstancias más inverosímiles pueden proveer un lugar donde Dios revele su amor y suficiencia, a través de las vidas que operan en el poder del Espíritu.

Para reflexionar

1. ¿Cómo el temor y el rechazo afectó alguna vez su esfuerzo de obedecer la misión de Dios?
2. ¿Por qué piensa que Dios lo lleva a lugares de riesgo en su viaje hacia sus propósitos?

CAPÍTULO
31

Ir: Puede significar permanecer

Jesús dijo: "¡Vayan!" Pero, ¿qué significa esto? Esta no es una palabra muy difícil de definir. Cuando alguien manda que otro vaya, claramente implica una directiva o incluso un destino en mente. La directiva de Jesús concuerda con esa idea. Jesús incluso mencionó lugares específicos como Jerusalén, Judea, y más allá de estas ciudades. Sin embargo, dado el alcance de ese momento de misión, uno se pregunta si Jesús quiso dar a entender más que solamente la idea de viajes planeados. Es probable que así sea.

Vayan también puede referirse a ir *de aquí* allá. En otras palabras, *deje lo que está haciendo y haga otra cosa*. Claramente esta es la idea principal en la Comisión de Jesús. Los días de estar sentados en el monte escuchando sus enseñanzas habían terminado. La misión por delante era una nueva donde ellos serían los maestros. El enfermo sería sanado, pero ahora sería la mano de los discípulos la que se extendería para traer sanidad. A partir de ese punto en adelante, vayan significaba una nueva dirección, una nueva actividad, y un nuevo mundo de compromiso.

Eso es lo que significa para nosotros también. Cuando estamos en relación con Jesús, su corazón comienza a crecer en nosotros. Conforme a su instrucción, esperamos su promesa de poder, y cuando lo recibimos, todo cambia. La misión ahora está en nuestras manos. Los destinos son más amplios y variados de lo que podemos imaginar. Dios abre las puertas, nos envía al frente, y vamos, dispuestos para hacer aquello para lo que Él nos capacitó. Vayan significa *¡ir y hacer lo que nunca antes había hecho!*

Inherente en su mandato está la idea de *levantarse de la banca, probar sus piernas, y poner en práctica lo que Dios le ha estado preparando que haga*. La directiva es claramente hacia afuera. Hasta este punto, puede que solo hayamos observado e incluso ocasionalmente ayudado conforme Dios ministraba a las necesidades a nuestro alrededor. De lo contrario, nuestro enfoque ha sido hacia adentro, aprendiendo todo lo que podemos y experimentando los cambios que Él trajo a nuestra vida. Dios ha estado ministrando a nuestras necesidades y liberándonos de todo lo que nos retenía. Él nos transmitió su corazón y nos enseñó sus caminos, con el solo objetivo de enviarnos un día, y sabremos que ese día ha llegado al cumplirse en nosotros su promesa de darnos poder.

Ahora, Jesús sigue ministrándonos, a medida que nos comprometemos con su mandato de ir que Él planeó para nuestra vida. Siempre habrá lugares para que crezcamos, para servir a otros ampliamente conforme al propósito de Dios, para hallar cambios en nuestro entendimiento, y para aumentar nuestra fe. Según hemos visto, había todavía mucho que los discípulos debían aprender. Había lecciones de vida que solamente la experiencia en el camino por delante podía enseñar. Sin embargo, el mandamiento de ir indicaba que la misión había comenzado. El enfoque había cambiado a un propósito externo, porque ellos habían sido comisionados e investidos de poder en el reino de Dios.

> Siempre habrá lugares para que crezcamos, para servir a otros ampliamente conforme al propósito de Dios, para hallar cambios en nuestro entendimiento, y para aumentar nuestra fe.

¿Ha cambiado su enfoque también? Note que Jesús dio la Comisión antes del cumplimiento de la promesa del Espíritu Santo. Por esto, era necesaria la razón de "esperar" según vemos en Hechos 1:5. Las palabras de Jesús cuando dijo "vayan" resonaron en sus oídos por varios días, tal vez incluso unas semanas, antes de que ocurrieran los eventos que leemos en Hechos 2. ¿Por qué? Porque la comisión despierta nuestro hambre. Su desafío, alineado con el corazón que crece en nosotros, hace que busquemos su promesa incluso con mayor fervor. Llegado el tiempo de Pentecostés, ellos estaban juntos y en armonía, pidiendo: *¡Dios, danos la promesa del Espíritu Santo!*

Jesús nos dijo algo muy interesante respecto de las maneras en que su Padre entrega el don:

> Pues si ustedes, aun siendo malos, saben dar cosas buenas a sus hijos, ¡cuánto más el Padre celestial dará el Espíritu Santo a quienes se lo pidan! (Lc. 11:13).

Pedimos porque el deseo del cumplimiento de su promesa sigue aumentando en nosotros. Pedimos porque estamos anhelantes de sacrificar nuestra vida como una manera de dar gracias a Dios por todo lo que nos ha dado. Pedimos porque le amamos y queremos que su Reino venga a la vida de otras personas. De modo que, a pesar de lo desconocido y del riesgo que percibimos en el horizonte, pedimos que el Espíritu Santo nos envíe adelante con su poder. Nuestro deseo de cumplir la comisión es lo que nos impulsa a buscar el Espíritu de Dios. ¡Queremos ir!

Y cuando llegue ese momento, hay dos extremos en la continuidad del destino, Jerusalén y los confines de la tierra (Hch. 1:8). Como hemos visto, hay más puntos en el mapa. Estos puntos representan dos mentalidades diferentes que deben unirse en el corazón de cada discípulo lleno del Espíritu.

En primer lugar, consideremos Jerusalén. Esta ciudad capital era el punto nexo del evangelio y el lugar de nacimiento de la iglesia. Para los discípulos, Jerusalén representaba todo lo que era familiar. Ellos conocían sus calles, sus costumbres, y su gente. Y su gente los conocía a ellos. En el día de Pentecostés, incluso la multitud perpleja de afuera los reconoció a ellos y la región de donde provenían. Jerusalén guardaba varios misterios para los discípulos, y resultaba difícil que sus amigos de largo tiempo comprendieran el nuevo rumbo de sus vidas.

Para algunos, "¡vayan!" significaba *quedarse* geográficamente. La misión de estos se encontraba entre lo familiar, no tenían que aprender un nuevo idioma ni costumbres, aunque todavía tenían mucho que superar. Como podrá notar, aunque el contexto familiar de su propio lugar ofrece distintas ventajas, las trampas disponibles son también muy familiares. Llevar una nueva vida ante los amigos requiere completamente el poder del Dios. ¿De qué otra manera podemos ser alguien diferente de lo que hemos sido en los lugares donde fuimos otro tipo de persona?

Ciertamente, los que nos conocen luchan para ver en nosotros esa nueva luz. Incluso Jesús percibió que no era fácil ministrar entre las personas de su ciudad. Después de enfrentar la crítica y la falta de fe de ellos, dijo: "En todas partes se honra a un profeta, menos en su tierra y en su propia casa" (Mt. 13:57). Sabemos que sus hermanos (medios hermanos, en realidad) les resultaba difícil imaginar que su hermano mayor fuera el Hijo de Dios. Tengo una hermana menor, y puedo entender que eso sería difícil (especialmente para ella).

Para los que se dirigen hacia los confines de la tierra, la vida en Jerusalén puede parecer fácil, pero no lo es. Tratar de alcanzar a los que conocemos tiene un riesgo igual o incluso mayor de rechazo. Incluso la vida más llena del Espíritu con frecuencia debe vivirse con regularidad por largos periodos de tiempo, antes de que los que están cerca reconozcan la diferencia. Lo que hablamos debe notarse con evidencia. En Jerusalén las palabras rara vez son suficientes. La vida que se proclama debe evidenciarse.

Lamentablemente, muchos que afirman ser llenos del Espíritu de Dios parecen preferir manifestar juntos su vida poderosa los domingos, mientras que fracasan en mantener ese mismo fervor a lo largo de la semana. Los "pentecostales de iglesia" prestan mucha atención a la obra y los dones del Espíritu en la seguridad de sus reuniones, pero luego parecen desconectarse de su Fuente de poder durante la semana. Este modelo es difícil de interpretar para otros, especialmente para aquellos más cercanos a ellos (esposa, hijos, compañeros de trabajo). La conclusión usual es la hipocresía, la cual impide que aquellos que la observan crean que tal vida tenga algo que ofrecerles.

La vida en el poder del Espíritu ciertamente tiene mucho que ofrecer a través de los tiempos de adoración con otros creyentes, pero esta vida encuentra su mayor manifestación como una luz en medio de la oscuridad. El mercado es el lugar donde más se necesita el poder. En Jerusalén, el mercado debe ser el centro. Cuando las personas ven que nuestra vida brilla cuando andamos en los lugares familiares de nuestra ciudad, comienzan a notar una diferencia en nosotros que le resulta atractiva.

> Las personas que nunca explican la esperanza que está en ellas, rara vez celebran el nuevo nacimiento de sus seres queridos.

Las palabras también tienen importancia en Jerusalén. Cuando las personas han observado algo nuevo en nosotros, ellas necesitan tener una comprensión clara de cómo hemos cambiado. Es la presencia de Cristo en nosotros la que nos ha dado una vida nueva. Cuando las personas perciben la luz, las palabras se vuelven necesarias para que ellas también puedan saber que esa luz está a su alcance. Las personas que nunca explican la esperanza que está en ellas, rara vez celebran el nuevo nacimiento de sus seres queridos.

Al final, Jerusalén observa. Aunque renuente a creer, las personas que moran en nuestra Jerusalén, también necesitan esperanza. Ellas están tan atrapadas en destinos equivocados al igual que aquellas que encontramos en todo el mundo. Están hambrientas y desesperadas por encontrar una causa digna por la cual vivir y morir. Abandonarlas porque llevamos vidas aburridas es sinónimo de un corazón endurecido. Estas personas son nuestra prioridad en el campo misionero, las que fácilmente están a nuestro alcance.

Los lugares distantes (el tema de nuestro próximo capítulo) también tienen importancia. Sin embargo, en muchas iglesias a nivel local, el enfoque se centra en los que están lejos al punto de exclusión de cualquiera de los otros campos. Se ha instado a los cristianos a dar en lugar de vivir de manera que refleje su misión a nivel mundial. Sin duda, dar tiene importancia para la cosecha de los campos en todas partes, pero nuestra billetera no puede reemplazar a nuestros pies cuando se trata de buscar los propósitos de Dios para nuestra vida.

Las personas llenas del Espíritu entre nosotros que son llamadas a permanecer sienten que su corazón se conmueve por aquellos que conocen y por el estilo de vida erróneo por el que se han dejado seducir. Estas personas llenas del Espíritu desean inspirar esperanza en los pasillos de las escuelas secundarias donde han estudiado, y en las tiendas de comestibles donde suelen comprar. Ellas observan el rostro familiar de sus compañeros de trabajo bajo una nueva perspectiva, y quieren rescatar a sus amigos de los caminos en que ellas mismas una vez anduvieron.

La persona llena del Espíritu que se queda sabe que ha sido llamada a Jerusalén, y busca oportunidades para canalizar el poder de Dios en el mundo que conoce. Mientras que muchos se comprometerán para salir a lugares distantes hasta los confines de la tierra, la mayoría de los que se han comprometido a llevar una vida en el poder del Espíritu han encontrado que su campo misionero comienza en casa.

Para reflexionar

1. ¿Le resulta difícil hablar de su relación con Dios con sus familiares y amigos?
2. ¿Qué pasos puede dar para demostrar con eficacia esa relación en su Jerusalén?

CAPÍTULO
32

Ir: Hasta los confines

Aunque ya hemos considerado diversas maneras en que una vida en el poder del Espíritu se manifiesta, nada es más sorprendente y notable que la expansión a nivel mundial de tales personas en nombre del Salvador. Las personas que viven en el poder del Espíritu y que han sido llamadas a salir, se distinguen por su determinación de llevar el evangelio a lugares donde nunca ha sido oído.

La idea de "los confines de la tierra" al parecer suena convincente. Transmite la idea de un borde, un límite externo, o el punto más lejos de donde ahora uno se encuentra. Las personas llenas del Espíritu aceptan lo desconocido y descubren verdades para compartirlas con los que se quedan en lo familiar. Ellas exploran y encuentran lo que pocos han hallado y a menudo ven el poder de Dios manifestado de la manera más extraordinaria. De hecho, casi parece haber una relación inversa entre el número de milagros realizados y el número de personas que han oído el nombre de Jesús. Para los que no han oído, a menudo Dios da evidencia abundante de su amor y poder.

En efecto, "los confines" implica lugares distantes. Cuando Jesús habló por la primera vez sus palabras de Comisión, los discípulos sabían poco de lo que les esperaba más allá de Israel. El Imperio Romano se extendía a cierta distancia en casi todas las direcciones y era sorprendentemente accesible a través de caminos y vías navegables, pero más allá era un misterio y pocos podían imaginar tal horizonte. Sin embargo, ellos llevaron el mensaje de Cristo y su mandato de hacer discípulos, y varios viajaron más allá de sus hogares de infancia. Incluso hay evidencia que los Doce primeros discípulos predicaron entre las personas más allá de las áreas controladas por Roma. La historia de la iglesia dice que cada uno de ellos pagó un precio inconcebible en medio de la persecución que enfrentaron.

En la actualidad, el mundo es mucho más pequeño. Los avances en los medios de transporte han hecho del viaje una verdadera posibilidad en casi cualquier lugar del planeta. Sin embargo, los que viven en el poder del Espíritu no se limitan a lugares que fácilmente se encuentran en los mapas. Por el contrario, ellos buscan "los confines" con el evangelio, considerando dignos de su vida incluso a los nativos en las regiones más remotas. Para los que viven en el poder del Espíritu que cruzan dichas barreras, otros simplemente observan con asombro y alaban a Dios.

Sin embargo, los confines de la tierra pueden significar más que lugares geográficos. Incluso en países donde el mensaje de Cristo ha florecido, hay personas que nunca han oído de Cristo y circunstancias que nunca se han tratado. Incluso en los vecindarios donde las iglesias se localizan en las esquinas de las calles, hay un grupo de personas que son ignoradas. Se requiere la mentalidad de "los confines de la tierra" para comenzar a ministrar entre las personas olvidadas de su propia ciudad. Para algunos, son los desamparados o los heridos los que captan su atención. Para otros, los que están atrapados en estilos de vida pecaminosos son el objeto de su atención. Sin embargo, otros encuentran su propósito donde solamente las nuevas ideas pueden realizar la obra. Los confines significa los límites, y Dios continuamente levanta discípulos llenos del Espíritu que cruzan los límites hasta alcanzar a cada individuo.

> Dios a menudo demuestra su creatividad ilimitada en el tipo de obra que establece para revelar su amor y propósito.

Los confines también pueden significar nuevos enfoques. Dios a menudo demuestra su creatividad ilimitada en el tipo de obra que establece para revelar su amor y propósito. Donde una vez una sola idea de la iglesia pudo haber sido común a través del mundo occidental, en la actualidad, los conceptos del ministerio ofrecen una diversidad de vías para que el evangelio alcance hasta lo último de la tierra. Los que viven en el poder del Espíritu continúan esforzándose hacia los límites.

¿Acaso los que son guiados por el Espíritu Santo no deberían estar a la vanguardia de la creatividad? ¿Acaso las mejores y las más brillantes ideas no deberían provenir de los que son guiados por la presencia de Dios en su vida? Cuando los apóstoles lanzaron su misión, los líderes religiosos a nivel local no podían creer lo que hacían esos varones del vulgo. De hecho, uno de los líderes apaciguó a los opositores contra ellos, diciendo:

> "En este caso les aconsejo que dejen a estos hombres en paz. ¡Suéltenlos! Si lo que se proponen y hacen es de origen humano, fracasará; pero si es de Dios, no podrán destruirlos, y ustedes se encontrarán luchando contra Dios" (Hch. 5:38–39).

Es difícil imaginar estar en oposición a lo que el Espíritu de Dios está dirigiendo.

Quizás lo más notable al considerar lo que sucede en los confines de la tierra es la clase de personas en ese lugar que viven en el poder del Espíritu. Uno pensaría que esos lugares son el entorno para los inconformistas que hay entre nosotros; aquellos que se caracterizan por el riesgo que han tomado o por el poco apego a lugares cómodos. Pero muchos de los que confían en Dios para dichas hazañas extraordinarias parecen sorprendentemente sencillos. Ellos no son superhombres ni personas que no sienten amor por el "hogar" como el resto de nosotros. Ellos tienen familia y se interesan profundamente en sus nietos a los cuales ven rara vez. Semejante a muchos cuya historia marca las páginas de las Escrituras, no hay nada inusual en ellos que explique su andar extraordinario.

Esa es la sorprendente verdad acerca de las personas en el poder del Espíritu. Ellas son bastante semejantes al resto de nosotros. La diferencia está en el plan de Aquel que es el dueño de ellas y en la disposición que tienen para creer que Él puede hacer lo que supuestamente es imposible.

¿Se ha puesto a considerar que el lugar cómodo que usted llama hogar, el lugar que muchos cristianos seguidores rehúsan dejar, era un confín de la tierra para los primeros discípulos? Sin embargo, las personas llenas del Espíritu fielmente siguieron la directiva personal de Dios, y trajeron la oportunidad a nuestras costas un día para que tuviéramos una relación con Él. Lo que muchos una vez llamarían una nación cristiana ni siquiera se encontraba en el mapa de la iglesia primitiva, y quizás lugares donde el evangelio prosperó, en ese tiempo se encontraban desolados según la manera de medir la fe.

Por esta razón, la vislumbre de los tiempos del fin que salen del trono de Dios incluye personas "de todas las naciones, tribus, pueblos y lenguas" (Ap. 7:9). Dios "no quiere que nadie perezca sino que todos se arrepientan" (2 P. 3:9). Es la persona que vive en el poder del Espíritu la que impulsa esa misión, y sirve de colaboradora de Dios para cumplir su pasión por los que están en lugares distantes.

> Cuando Dios está con nosotros, ¿puede cualquier situación ser realmente imposible?

La persona que vive en el poder del Espíritu encuentra la manera de alcanzar. No permitimos que la razón y los recursos nublen nuestra visión. Después de todo, cuando Dios está con nosotros, ¿puede cualquier situación ser realmente imposible?

No hay mayor indicador de una vida en el poder del Espíritu que asumir el compromiso de "ir", como Jesús ordenó. Dios nos da su poder por esa razón; por tanto, es natural que consecuentemente busquemos cumplir su misión. Ese enfoque externo mantiene latente el poder del Espíritu en nosotros. Dios prometió apoyar nuestros esfuerzos con señales y maravillas (Mr. 16:17), pero debemos ir entre los que necesitan señales y milagros.

Jesús dijo a sus discípulos que nuestro amor por Él se mostraría mejor mediante la obediencia a sus mandamientos (Jn. 14:23). Hacer discípulos a todas las naciones es la obra central de estos mandatos, y el medio por el cual todos los otros actos de obediencia cobran sentido. Para experimentar el poder de Dios a través de nuestra vida, debemos obedecer lo que Dios *ya* nos ha hablado claramente.

✍

Como hemos visto, la vida en el poder del Espíritu presenta muchos momentos de riesgo. Aunque uno pueda argüir que la dependencia de Dios en realidad es una forma menos riesgosa de vivir, todavía consideramos desafiante su incertidumbre. Nuestro nivel de comodidad por lo general es mayor cuando estamos convencidos de que ya tenemos lo que necesitamos para hacer lo que nos proponemos cumplir. Dejar la dirección y los recursos en manos de Dios nos abre una gama mucho más amplia de posibilidades.

Hay riesgo si vivimos nuestro llamado en nuestra Jerusalén o en los confines de la tierra. El mundo familiar del hogar tiene muchos desafíos, tales como superar nuestra conducta anterior o llevar una vida que evidencie los cambios que Jesús hizo. No podemos descuidar Jerusalén y correr hacia las zonas más emocionantes; debemos estar comprometidos con aquellos dentro de nuestro círculo de amor.

Sin embargo, la Comisión también nos obliga a ir más lejos. El desafío de los horizontes más remotos de la tierra ofrece bastante evidencia de que Dios está con nosotros. Qué momento notable será cuando podamos presentar ante el Dios que nos llamó el fruto de esos viajes extraordinarios.

Mientras servimos, nuestros esfuerzos de ir proveen numerosas circunstancias que ayudan a que crezcamos a la imagen de Cristo. Cuanto más ejercitamos nuestra dependencia de Dios, tanta más libertad damos al Espíritu para que obre en nuestro interior. La decisión de ir cambiará el mundo, pero al obedecer también cambiaremos nosotros.

Cuando Jesús pidió que "alzáramos los ojos", estaba señalando el camino a la vida, la vida verdadera. Solamente mediante nuestra disposición de responder a su llamado podemos encontrar propósito, poder, y los medios por los cuales ambos se mantengan vivos en nosotros. En palabras sencillas, ¡si no vamos, no crecemos!

Como hemos dicho, no hay mayor prueba de la vida en el Espíritu que una conexión de nuestra acción con la misión divina. Aunque las señales y las experiencias particulares marcan el momento cuando el Espíritu de Dios nos llena, es nuestra presencia en el camino por delante la que revela verdaderamente su Espíritu en nosotros. Desde ese primer día de Pentecostés cuando el Espíritu de Dios vino con gran poder, Dios continuó enviando personas en la misión de su reino, armadas con la verdad, y los ojos fijos en destinos inesperados. Dios está en guerra contra la desesperanza, el sufrimiento, y los estragos del pecado, y su ejército son las personas llenas del Espíritu. ¡Estamos destinados a marcar una maravillosa diferencia!

Para reflexionar

1. ¿Cuáles son algunos de los esfuerzos de "los confines de la tierra" con los que usted está familiarizado? ¿Qué ha notado acerca de las personas que sirven allí?
2. ¿De que manera Dios posiblemente le está hablando para que obedezca su mandato: "Vayan"?

33

Adorar: Manifestando el Espíritu

En el Nuevo Testamento, las personas llenas del Espíritu eran conocidas por su extraordinaria búsqueda de la misión. Sin embargo, en la actualidad, parece que se conoce mejor a estos santos guiados por el Espíritu por la particularidad de su adoración. En realidad, tanto la misión como la adoración nunca deben separarse.

Desde el comienzo del movimiento pentecostal moderno (alrededor del 1900) las reuniones de adoración de personas guiadas por el Espíritu ha atraído mucha atención. Sus reuniones ofrecían extensas y avivadas campañas, informes de manifestaciones poco usuales, y celebraciones de alabanza que a menudo se oían por cuadras. Algunos asistían a las reuniones solamente para observar los eventos extraños y luego quedaban cautivados en los sucesos del momento, hallando muchos un cambio significativo para su vida.

En los últimos tiempos, dichas reuniones han menguado un poco, excepto para aquellos que las recuerdan bien y tienen la esperanza de revivir tales experiencias para una nueva generación. Hoy, la mayoría conecta la idea de una vida en el poder del Espíritu con la música de adoración contemporánea, levantar las manos, y dar la prioridad a la participación del público. Por cierto, algunas iglesias permiten estas prácticas a pesar de la resistencia de su doctrina a experiencias tales como el bautismo en el Espíritu Santo, la sanidad divina, o la búsqueda de los diversos dones del Espíritu. Estas personas aceptan la idea de una adoración en el poder del Espíritu pero mantienen cierta renuencia a permitir muchas de las libertades más comunes entre los que están llenos del Espíritu.

¿Reflejan cualquiera de estas expresiones una adoración en el poder del Espíritu? Por cierto, ¿qué puede anticipar un discípulo lleno del Espíritu de su propia vida de adoración a Dios? Estas son preguntas importantes que deben explorarse, para manifestar plenamente la vida en el poder del Espíritu y para vencer la resistencia que muchos sienten cuando se encuentran con tales expresiones. Es aquí, en el meollo de la adoración espiritual, donde algunos permiten que sus propias dudas e incertidumbres levanten una barrera que les impide recibir la promesa de Dios.

En primer lugar, la adoración en el poder del Espíritu nunca se trata de formas o métodos específicos. Como hemos dicho en varias ocasiones, la vida en el poder del Espíritu comienza y se fundamenta en una íntima relación con Dios. Ninguna otra práctica específica o don

> Ninguna otra práctica específica o don espiritual puede sustituir la intimidad que caracteriza la adoración en el poder del Espíritu.

espiritual puede sustituir la intimidad que caracteriza la adoración en el poder del Espíritu. Aquellos que asocian un cierto estilo de música o expresión física (como levantar las manos) como algo particularmente pentecostal o investido por el Espíritu, no han comprendido todavía el significado verdadero de esos términos.

A través de su historia y cualquiera sea el futuro de la iglesia antes del retorno de Cristo, los discípulos de Jesús continúan expresando su adoración y agradecimiento a Dios de maneras muy variadas. Estas formas diversas de adoración tienden a estar más conectadas a su propia cultura que ningún otro enfoque particular que pudiera mantenerse a través de las edades. Las personas llenas del Espíritu parecen más abiertas que la mayoría a implementar las prácticas de adoración que son relevantes a su cultura, en parte porque ponen prioridad en una relación verdadera con Dios. En dicha relación, uno puede expresarse a Dios de maneras que realmente reflejan su propio corazón. El lenguaje o estilo de las generaciones, ya sea previas o futuras, difícilmente me ayuda a ser "yo mismo" cuando vengo ante Dios en adoración. Para obrar como otros han obrado en el pasado puede que me conecte con ellos en sentido nostálgico, pero esos enfoques no me conectan con Dios de manera más eficaz de lo que pueda expresar mi propio corazón. Las llamadas "polémicas de adoración" claramente aluden más a nosotros que a Dios.

La adoración espiritual no está conectada a cierto estilo específico de música ni expresión física, pero tampoco está particularmente conectada a ninguna manifestación o don específico. Incluso, mientras escribo esta línea, puedo sentir cierta resistencia de algunos amigos de Hechos 2. Sin embargo, es la apertura a tales expresiones lo que distingue a la persona llena del Espíritu, y no solo la insistencia de que ciertos dones se evidencien.

Aunque los dones y las manifestaciones a menudo son indicadores de que el Espíritu de Dios está obrando en tales momentos, especialmente cuando estas experiencias pueden entenderse e interpretarse a través de la Escritura, no es el don solamente lo que se anhela o incluso la meta principal. La presencia y la obra del Espíritu Santo en nuestra vida es la que toma el lugar principal.

El apóstol Pablo nos enseñó que los dones del Espíritu son los medios de Dios para darnos lo que necesitamos (1 Co. 12:7–11). Recuerde que para los discípulos llenos del Espíritu, todo fluye de la experiencia con Dios y el conocimiento de su verdad. Damos lo que hemos recibido, y sinceramente, no se puede dar sin recibir. Rechazar la posibilidad de recibir los dones espirituales sería como cortar esa posibilidad tan significativa y quedarnos con poco más que nuestro aprender y hacer. Sí, Dios puede fortalecer nuestros esfuerzos de aprender y hacer, pero repito, ¿cómo dejamos que Dios obre si rechazamos o no damos prioridad a uno de sus principales métodos de entrega?

> Las personas llenas del Espíritu tienen hambre de toda forma en que Dios desee tocar su vida, incluso cuando expresan esos momentos en las maneras que Dios ha prescrito.

Ciertamente, los dones y las manifestaciones deben ser gobernados por la verdad revelada de Dios, pero su uso indebido en ocasiones, no invalida su importancia. Estos momentos de equivocaciones o excesos nunca deberían justificar su completo rechazo. Pablo hizo una corrección necesaria a sus amigos en Corinto pero a la vez elogió su búsqueda sincera de tales dones. Con el mismo fervor, las personas llenas del Espíritu tienen hambre de toda forma en que Dios desee tocar su vida, incluso cuando expresan esos momentos en las maneras que Dios ha prescrito.

Sin embargo, la prioridad que se da a estas experiencias de capacitación que Dios otorga, los dones y las expresiones de adoración no determinan en sí la adoración en el poder del Espíritu. En cambio, las personas llenas del Espíritu conocen que las expresiones de adoración buscan a Dios mismo. Anhelamos cada momento en su presencia, sabiendo que tales ocasiones son transformadoras y nos da la oportunidad de comunicar nuestro amor profundo por Aquel que ha abierto su corazón a nosotros. Entonces, la adoración para la persona llena del Espíritu, está en vincularse con Dios *según sus términos y no según los nuestros*. Venimos ante Dios dispuestos a que Él dirija la conversación y nos dé lo que necesitamos para el camino que tenemos por delante. No construimos murallas alrededor de nuestras experiencias específicas o evitamos que Dios las use. Nuestra búsqueda es sincera, donde Aquel a quien buscamos está plenamente en control.

La persona que vive en el poder del Espíritu sabe que la adoración es ante todo un deseo de honrar a Dios. Su mérito es indudable, y su santidad debe ser admirada y celebrada. No se adora a Dios por lo que pueda hacer por uno, sino por lo que Él es y por lo que ha hecho. Aunque nunca levantara su poderoso dedo a nuestro favor, la persona que vive en el poder del Espíritu sabe que Dios es digno de una adoración que sobrepasa nuestra vida.

En medio de esa adoración, Dios nos cambia. Él nos capacita para la obra que tiene reservada para nosotros, cumple su promesa de darnos el Espíritu Santo, y nos ayuda a entender el camino que tenemos por delante a través de ojos que están dispuestos a ver lo que Él ve. Los momentos de adoración no son sencillamente para generar buenos sentimientos o pensar que somos espirituales. El propósito es experimentar más de Aquel que nos amó de manera tan extraordinaria.

La persona que vive en el poder del Espíritu practica la adoración con una meta clara: tener un encuentro con Dios. Hablamos de Dios como alguien que podemos conocer, y hablamos de su presencia que nos rodea y nos llena. Dejamos de lado la rutina de la vida diaria con la esperanza de que Dios irrumpirá y manifestará lo extraordinario.

Una de tales expresiones que es única de la persona que vive en el poder del Espíritu, es la que muchos describen como "orar en el Espíritu". Durante los momentos de oración en otras lenguas, los discípulos de Cristo expresan su corazón a Dios de maneras que resultarían desconcertante para otros. Sin embargo, es claro que este tipo de oración era muy importante para los apóstoles. Pablo afirmó que oraba en el Espíritu mucho más que cualquier otro (1 Co. 14:18), mientras que Judas exhorta a sus lectores a edificarse de esta manera (Judas v. 20).

¿Por qué hay tanto poder en esta clase de oración? Pablo dice que cuando oramos de esta manera, el Espíritu Santo mismo intercede por nosotros (Ro. 8:26–27), ayudándonos a orar cuando no sabemos cómo orar.

Ahora, el mismo apóstol nos ayuda a entender que el empleo de tal oración en un contexto congregacional requiere que alguien ejerza el don adjunto de interpretación. De esa manera otros pueden entender, eso elimina cualquier caos o confusión. A través del mismo don, podemos a veces entender la oración del Espíritu en nuestros momentos de oración privada. Sin embargo, durante el tiempo de oración diaria en el Espíritu, tal entendimiento no es necesario para la persona llena del Espíritu. De modo que Pablo confiadamente afirma: "¿Qué debo hacer entonces? Pues orar con el espíritu, pero también con el entendimiento; cantar con el espíritu, pero también con el entendimiento" (1 Co. 14:15).

El discípulo lleno del Espíritu dice: "¡Yo también!" Sin embargo, el fervor por este tipo de oración no es para crear una experiencia mística o sensación espiritual de superioridad. Por el contrario, la persona llena del Espíritu desea fervorosamente la fortaleza y el aliento que resulta de dicha intimidad con Dios. Según dijo Jesús, los que buscan la atención de sus amigos, o el reconocimiento por su búsqueda pública de Dios, no recibirán mucha atención de Aquel que afirman buscar (Mt. 6:1).

La adoración para la persona llena del Espíritu ofrece la esperanza de profundizar la relación, y recibir experiencias que transforman la vida por causa de la presencia de Dios. En efecto, la mayoría de estos discípulos dicen que la adoración no ha comenzado sino *hasta que se haya tenido un encuentro con Dios*. Por esta razón, algunos pasan horas adorando, esperando tener ese encuentro con Dios.

Nunca debemos enfocarnos tanto en ninguna experiencia en particular, para que la experiencia en sí no se convierta en la meta. Cuando las personas prestan demasiada atención a las experiencias específicas, Dios se convierte en algo menos que el "muchacho repartidor" de sus deseos. Ellos no adoran verdaderamente a Dios sino que esperan que Él conceda todo lo que su corazón desea. En efecto, aunque algunos pueden haber encontrado maneras de alcanzar las experiencias que desean, sin la presencia de Dios íntimamente conectada a sus momentos, la prueba de su poder verdadero a menudo está ausente.

Debido a que muchos juzgan a las personas llenas del Espíritu por su adoración externa, y ocasionales demostraciones inusuales, puede ser correcto decir que uno debe estar verdaderamente lleno del Espíritu para saber la verdad respecto de tales expresiones. Para la persona llena del Espíritu, lo externo es siempre secundario a la intimidad con Dios. Allí, en lo interior es donde ocurre la relación y toma lugar el impacto verdadero de una vida transformada. Cuando anhelamos más de Dios, en vez de lo que Él pueda hacer por nosotros, habrá más posibilidad de que nos acerquemos a Él, que le conozcamos, y que entendamos su propósito de manera más clara (Stg. 4:8).

Este es el deseo que domina la adoración de la persona llena del Espíritu, y ofrece la mejor explicación del porqué participamos en dichos momentos de todo corazón. No podemos imaginar quedarnos quietos o indiferentes cuando invocamos a Dios. No podemos imaginar entrar a la presencia de Dios sin estar preparados, o con poco entusiasmo por las posibilidades de tales encuentros. Venimos a encontrarnos con Dios, ya sea en un contexto congregacional o en momentos privados.

Entonces, ¿qué debería uno esperar de las personas llenas del Espíritu en las reuniones públicas? Habrá un fervor por Dios y un deseo profundo de tener un encuentro con Él, según la manera que Él desee. Esa es la naturaleza de la libertad en la adoración de la que a menudo hablamos, no una libertad para hacer o expresar conforme nosotros sintamos, sino la libertad donde Dios puede obrar en nosotros conforme a su voluntad, y hablar a nuestra vida de manera familiar como también inesperada.

Para reflexionar

1. ¿Cómo expresa usted su apertura incondicional a Dios a través de la adoración?
2. ¿Qué límites ha puesto usted a Dios respecto de tales momentos? ¿Piensa que Dios desea más libertad en su vida de la que usted está dispuesto a dar?

Adorar: Celebrando al Dios que conocemos

Algo sucede cuando entramos en la presencia de Dios. Hay una exposición, una apertura de nuestro corazón que revela cada debilidad y falla. ¿Qué otra cosa podría resultar de un encuentro entre el Dios perfecto y seres imperfectos como nosotros?

Sin embargo, muchos tienen otras expectativas cuando participan en la adoración. Buscan sentirse bien, para tener un sentido de valorización, o alguna experiencia de adoración que "les ministre". Salen de los servicios de dichas iglesias como salen de las tiendas, pensando si consiguieron lo que querían o si deberían probar una "tienda" diferente la próxima vez. El enfoque es *"cuál fue el beneficio para mí"*, una señal evidente de que el consumismo se ha infiltrado en la iglesia local.

¿Acaso Aquel al que se adora no debería ser el receptor principal de la adoración? Imagine un adorador en el templo del Antiguo Testamento preguntándose cuál levita mataría de modo más agradable el animal que había traído. *Personalmente, prefiero al que mató a mi toro el año pasado, fue menos sangriento y tenía tanta serenidad en su rostro (me refiero al toro).* ¿En serio? Cuando estamos predispuestos a ser el receptor principal en un momento de adoración, es probable que parezcamos igualmente necios.

En los días del templo antiguo, ellos llamaban al momento de adoración un "sacrificio", y no era simplemente porque el animal daba su vida. Sacrificio significaba reconocer con humildad el pecado y venir ante Dios para recibir misericordia. Significaba derramarse ante Dios, aunque la sangre de ese animal simbolizaba ese derramamiento. La adoración cuesta algo al adorador.

Sospecho que la idea de la adoración en realidad no ha cambiado mucho. Por supuesto, el sacrificio de Jesús pone fin al sacrificio de animales en el templo, sin embargo permanece la necesidad de las expresiones en humildad y la actitud de sacrificio. Dios se ha revelado a sí mismo como una mezcla completa de santidad y amor incondicional, justicia rigurosa y tierna misericordia, y ambas caras de esa moneda se revelan en actos verdaderos de adoración.

Algo importante, poderoso, y difícil sucede cuando adoramos a Dios. Estar en su presencia significa que encontramos al Dios cuya cercanía sobrecogió a aquellos que tuvieron encuentros similares, según registra la Biblia. Pregunte a Moisés sobre la cercanía de Dios cuando con cuidado se quitó las sandalias ante una zarza que Dios había tocado (Ex. 3:5-6). Pregunte a Elías acerca del fuego y el terremoto que lo sacó de su depresión (1 Reyes 19:11-13). Dios no se encontraba en esas manifestaciones poderosas de las Elías fue testigo, éstas eran sus representantes, sin embargo Dios mismo vino en un silbo apacible. Pregunte a Juan, el joven que anduvo con Jesús cada día. Cuando era anciano, estuvo en la presencia de Cristo y cayó a sus pies como muerto (Ap. 1:17–18). Las respuestas pueden variar, pero la sensación de sobrecogimiento por la presencia maravillosa de Dios es el factor común.

> ## Algo importante, poderoso, y difícil sucede cuando adoramos a Dios.

Los discípulos que viven en el poder del Espíritu no consideran livianamente la santidad de Dios. Ellos saben que hay algo grandioso e incluso terrible cuando uno se acerca a Dios. Sí, el sacrificio de Jesús ha abierto esa puerta, pero entrar por ella sigue siendo una experiencia intensa. Por eso, todo acerca de la relación con Dios comienza con el arrepentimiento. Jesús dijo que debemos mostrar una pobreza de Espíritu (Mt. 5:3). No podemos acercarnos a Dios sin que el brillo de su gloria revele cada punto negro de nuestro corazón.

El encuentro de Isaías con Dios muestra esto claramente. Lea cómo este notable profeta comienza su viaje con Dios:

> El año de la muerte del rey Uzías, vi al Señor excelso y sublime, sentado en un trono; las orlas de su manto llenaban el templo. Por encima de él había serafines, cada uno de los cuales tenía seis alas: con dos de ellas se cubrían el rostro, con dos se cubrían los pies, y con dos volaban. Y se decían el uno al otro: "Santo, santo, santo es el Señor Todopoderoso; toda la tierra está llena de su gloria." Al sonido de sus voces, se estremecieron los umbrales de las puertas y el templo se llenó de humo.
>
> Entonces grité: "¡Ay de mí, que estoy perdido! Soy un hombre de labios impuros y vivo en medio de un

pueblo de labios blasfemos, ¡y no obstante mis ojos han visto al Rey, al Señor Todopoderoso!" En ese momento voló hacia mí uno de los serafines. Traía en la mano una brasa que, con unas tenazas, había tomado del altar. Con ella me tocó los labios y me dijo: "Mira, esto ha tocado tus labios; tu maldad ha sido borrada, y tu pecado, perdonado."

Entonces oí la voz del Señor que decía: ¿A quién enviaré? ¿Quién irá por nosotros?

Y respondí: Aquí estoy. ¡Envíame a mí! (Is. 6:1–8).

Usted puede imaginar la increíble visión que tuvo Isaías en esta notable escena. El serafín que volaba, humo, los umbrales que se estremecían, y las voces que proclamaba la santidad de Dios. Hay muchos factores asombrosos en su esfuerzo por describir este suceso.

Sin embargo, es la respuesta de Isaías la que demanda nuestra atención. En realidad no podemos imaginar lo que él vio, pero podemos captar lo que sintió, y al principio no fue agradable. En ese momento donde la realidad abrasadora de la santidad de Dios estaba expuesta, Isaías pudo ver la oscuridad que había en su vida. No es de extrañar que durante mucho tiempo los judíos hubieran creído que nadie podía ver a Dios y seguir con vida (Jueces 13:22). Isaías estaba convencido de que moriría.

> **Estar en la presencia de Dios haría que cualquiera buscara con desesperación un lugar donde ocultarse.**

En contraste, creo que Isaías se compararía favorablemente con la mayoría de nosotros. Si Dios midiera con calificaciones, este excelente y letrado profeta recibiría una mejor calificación en la hoja de notas que nosotros, y supongo que un momento como éste para nosotros no sería más placentero. Estar en la presencia de Dios haría que cualquiera buscara con desesperación un lugar donde ocultarse.

Sin embargo, Dios tenía un plan. Para Isaías, un carbón encendido de su altar borró los pecados del profeta. Para nosotros, ese carbón encendido es Jesús mismo. Gracias al sacrificio de Jesús, nosotros también somos hechos nuevos y podemos sobrevivir, e incluso florecer en ese lugar extraordinario.

El punto es que nuestro encuentro con Dios comienza con quebrantamiento. No danzamos como celebración en la sala del trono de Dios, o nos regocijamos por la satisfacción de nuestro acceso, sin que antes nuestra relación con Él sea restaurada. Los hijos de Israel rogaron a Moisés que le pidiera a Dios que se apartara de ellos porque los abrumaba su cercanía. El sentido de insuficiencia para estar en la presencia de Dios era más de lo que podían soportar.

Sin embargo, Moisés subió a lo más alto de la montaña para tener un encuentro con Dios. No tenía razón para sentirse más confiado de su propia santidad, pero Moisés sabía que Dios lo había llamado a subir allí, y él deseaba cumplir el plan de Dios para su vida. Moisés, al igual que Isaías, estaba listo para servir a Dios de todo corazón. Su primera experiencia en la presencia de Dios finalmente lo motivó a querer estar ahí más y más.

Los discípulos que viven en el poder del Espíritu son así. Conocemos nuestra falta de méritos, y que Dios es tan majestuoso y maravilloso como la Biblia lo describe. Hemos sentido nuestra propia insuficiencia en su presencia, sin embargo algo nos impulsa a estar ahí una y otra vez.

Algo nos motiva a dejar de lado nuestros planes para la vida cuando oímos lo que Isaías oyó. Ahí, donde el enfoque en sí mismo dominó por un momento, Isaías oyó mucho más que el clamor del serafín respecto de la santidad de Dios. El oyó un clamor de Aquel sentado en el trono, y ese clamor era diferente. No hubo vacilación en la voz de los serafines, porque la santidad de Dios es un hecho establecido. Sin embargo, la voz de Dios muestra una pausa, como si de alguna manera el auto-existente y todopoderoso Dios necesitara algo que no poseía, una decisión que había delegado para que otro tomara.

¿Quién irá por nosotros?

Hay más de alguna ocasión en la Biblia en que no me hubiera gustado estar presente. Incluso hay tales momentos en esta historia. Sin embargo, lo que viene a continuación define el deseo del corazón de cada discípulo lleno del Espíritu. Deseamos responder a la interrogante de Dios como lo hizo Isaías.

Aquí estoy. ¡Envíame a mí!

Estoy muy seguro que la voz de Isaías resonó con toda claridad. La mano levantada para aceptar la misión de Dios bien puede ser la mayor expresión posible para la humanidad. Este es el resultado de entrar en la presencia de Dios, el propósito verdadero de que Él se nos revelara.

Así es la adoración en la persona llena del Espíritu. Hay una reflexión y asombro de la presencia de Dios, y una profunda conciencia de nuestra débil capacidad para responder. Se hayan presentes la misericordia y limpieza de Dios, y no podemos salir de ese lugar sin oír el corazón de Aquel que adoramos. Los discípulos llenos del Espíritu quieren tener un encuentro con Dios, y salimos de tal encuentro con una determinación profunda y resuelta a depender de Aquel que nos llamó. No es de extrañar que ese tipo de adoración sea transformadora.

Tal adoración lleva a los discípulos de vuelta al lugar familiar de querer y necesitar. El deseo y el hambre de estar en la grandiosa presencia de Dios resaltan nuestra propia insuficiencia, y hace que la búsqueda de Dios y su poder sean mucho más esenciales. Estar con Dios es necesitarlo, apartarnos de cualquier razón de orgullo, y oír su corazón una y otra vez.

Los que están llenos del Espíritu saben que la adoración a Dios no nos envanece, sino que nos impulsa al área donde Él quiere ser más visible. En humilde obediencia, nos sacrificamos para cumplir el propósito divino, y sabemos que cada paso que damos es para exaltar a Dios y no a nosotros mismos.

Para reflexionar

1. ¿Cómo ha experimentado usted un sentido de insuficiencia cuando adora a Dios?
2. En tales momentos, ¿ha percibido el corazón de Dios por aquellos que le rodean?

CAPÍTULO
35

Adorar: Durante
toda la semana

La adoración es más que solamente entonar cantos. De alguna manera, pareciera que la adoración se asocia con la experiencia de los domingos por la mañana, pero los que viven llenos del Espíritu saben que es mucho más que cantar. En realidad, la verdadera adoración abarca y se centra en la manera en que vivimos los demás seis días de la semana. Esto no significa que desechamos los momentos de adoración matutina del domingo, ni que dejaremos de asistir a las reuniones con otros creyentes. Sin embargo, la idea de que la adoración está reservada para un día de la semana no interpreta cabalmente la relación con Dios. Esta idea nos impide encontrar la vida en el poder del Espíritu.

Algunos cristianos piensan que los domingos les proveen la "energía" que necesitan para vivir piadosamente el resto de la semana. El aliento y la instrucción que la iglesia local provee los domingos, genera la energía para mantenerlos "cargados" para las buenas decisiones que tomarán del lunes al sábado. Si faltan a muchas reuniones de los domingos, se vuelven débiles y son presa fácil de las tentaciones.

Ahora, como ciertamente queremos afirmar, los domingos tienen importancia. Los domingos tienen como propósito el aliento y la instrucción. Las reuniones de los santos pueden proveer mucho en nuestra búsqueda de una vida en el Espíritu, pero no son una estación de servicio donde se reponen las "energías" que nos ayudan para soportar los demás días. Por el contrario, lo que provee la energía que perdura es vivir cada día como un acto de adoración, enfocados en cumplir la misión de Cristo.

Cuando Jesús se detuvo para descansar junto al pozo en Samaria mientras esperaba que sus discípulos regresaran con el almuerzo, sabemos que tuvo una conversación misionera con una mujer. Cuando los discípulos regresaron con el alimento, en vez de comer con ellos, Jesús dijo: "Mi alimento es hacer la voluntad del que me envió y terminar su obra" (Jn. 4:34).

Ya hemos hablado de esta historia desde el punto de vista de los discípulos, pero para la persona llena del Espíritu el enfoque de Jesús es importante. Jesús claramente decía que había encontrado su fortaleza, incluso su alimento, al hacer lo que el Padre le había encomendado. Esto es lo que la persona llena del Espíritu también ha descubierto. Sabemos que nuestra "energía" radica en servir la causa de Dios. No necesitamos una "recarga" semanal porque cada día es una oportunidad de vivir en el poder de Dios. Los domingos proveen comunión, instrucción, y la celebración de la vida juntos, pero los lunes son tan poderosos o incluso más.

> Los domingos proveen comunión, instrucción, y la celebración de la vida juntos, pero los lunes son tan poderosos o incluso más.

En efecto, la persona llena del Espíritu rápidamente descubre que la experiencia pentecostal pierde su poder cuando no hay adoración en la vida diaria. Dios no nos ha dado ese poder para nosotros mismos o para mejorar nuestras experiencias de adoración. Dios nos da poder para ser testigos doquiera la vida nos lleve.

Sinceramente, parecería más fácil mantener la conducta dominguera bien establecida. Tomar la instrucción y el aliento que recibimos entre aquellos que compartimos la misma creencia, y llevarla a los incrédulos parece algo difícil, por no decir atemorizador. Tener una "vida laboral" y una "vida familiar" cada uno en su división particular, puede significar que podemos enfocarnos en una sola cosa a la vez. Entonces si limitamos nuestro esfuerzo para con Dios a un tiempo específico una vez por semana, entonces nuestra lista de actividades será más fácil de seguir, el día para el trabajo, las noches para la familia, los sábados para los proyectos del hogar, y los domingos para Dios (con dos semanas cada año para salir de vacaciones). Eso suena como un plan adaptable.

Excepto que Dios lo quiere todo.

Su plan es ampliar y multiplicar nuestra relación con Él de una manera que cambia todos nuestros distintos horarios de la mañana y la noche, los sábados, e incluso los domingos. (¡Dios puede ayudarnos a sacar máximo provecho de las vacaciones también!) No, no es ir a la iglesia todo el día cada día; es la vida, ¡conforme al modo que debe vivirse!

Entonces, consideremos cómo es esta vida.

Primero, la persona que vive en el poder del Espíritu se encarga de su propio crecimiento. No limitamos nuestra instrucción de la palabra de Dios a la sola comprensión del pastor que comparte cada semana. Profundizamos con frecuencia en la palabra de Dios por nosotros mismos, cada día, mientras buscamos entender mejor el amor de Dios y la vida que diseñó para nosotros. La Biblia tiene un papel importante en nuestra adoración porque ella provee guía para cada aspecto de la vida, y para el que anda en el Espíritu, la adoración es vida.

También oramos diariamente, incluso mucho más que eso. La sugerencia del apóstol Pablo: "Oren sin cesar" (1 Ts. 5:17) parece rara e incluso abrumadora para algunos cristianos, pero eso sucede porque a menudo muchos consideran la oración como una actividad formal. Ellos oyen las oraciones dignas, organizadas y elocuentes de los domingos por la mañana en las reuniones y piensan, *¿cómo puedo orar todo el tiempo? ¡Nunca lo podré hacer!*

Para el que anda en el poder del Espíritu, la oración es una conversación con Dios que fluye constantemente. Vivimos con una conciencia de la presencia de Dios cada día y sabemos que está con

> Para el que anda en el poder del Espíritu, la oración es una conversación con Dios que fluye constantemente.

nosotros, muy cerca para oír nuestro susurro de agradecimiento y petición de ayuda. Vemos el sufrimiento y hablamos con Dios acerca de eso. Encontramos una necesidad e inmediatamente pedimos ayuda para que Dios la supla. No detenemos nuestras actividades para orar; nos movemos horizontalmente mientras nos comunicamos verticalmente. Así es como los discípulos llenos del Espíritu procuran vivir.

Cuando sabemos que Dios es nuestra fuente, y rápidamente reconocemos que necesitamos de Dios y de su poder para ser lo que nos llamó a ser, queremos comunicarnos con Él en cada momento. Cuanto más oramos, tanto menos dependemos de nuestra propia fuerza, cesan las noches de insomnio en que cavilamos acerca de los desafíos que tenemos por delante. Si la relación requiere comunicación, y así es, entonces nuestra relación más importante demanda comunicación. La oración, esa comunicación formal y continua, es un medio clave para que eso suceda.

Por supuesto, hay dos lados en toda comunicación, por tanto, oír la voz de Dios se convierte en el hábito constante del que vive en el Espíritu. Jesús dijo que sus "ovejas oyen su voz" (Jn. 10:3). La adoración verdadera a veces es silenciosa, no en pasividad inactiva, sino oyendo activamente, demostrando un deseo genuino de conocer el corazón de Dios y su plan en cada momento.

Aunque se pase por alto con frecuencia, la gratitud o la acción de gracias también es parte de la adoración. Como la mayoría de las personas, luchamos por centrarnos en las cosas buenas de la vida. De alguna manera, las dificultades a veces exigen la mayor parte de nuestra atención. Puede que estemos viviendo un despertar a numerosas bendiciones, pero un desafío o dificultad nos desvía, incluso nos lleva a dudar de la bondad y el poder de Dios.

Es por eso que el agradecimiento aparece en la lista de pautas de conducta que Pablo provee para los discípulos (Col. 3:12-15). Mantener una actitud de gratitud debe ser una decisión. No hay duda de que las expresiones de bondad de Dios hacia nosotros superan con creces nuestras luchas. Por cierto, es posible que Dios ya nos ha manifestado su fidelidad en esta misma área donde ahora necesitamos confiar en Él. Esto hace de nuestra memoria un instrumento esencial para llevar una vida de adoración.

Algunos leen una lista de pautas de conducta como éstas y notan la familiar idea de las disciplinas espirituales. Por cierto, estas pautas (y algunas otras) crean patrones diarios eficaces de discipulado. Sin embargo, las disciplinas espirituales separadas de una relación cada vez más profunda, y el hambre de querer experimentar más de Dios, rápidamente se convierten en una formalidad o una lista de tareas que debemos hacer. Estudiar la Biblia, pasar tiempo en oración, oír a Dios, o incluso el ayuno no son fines en sí mismos o maneras de mejorar una conexión con Dios. Son expresiones de una vida entregada a Dios para cumplir su propósito. Son las elecciones de uno que ha oído la pregunta del corazón de Dios: "¿A quién enviaré?", y ha respondido levantando la mano.

Esta es una vida que se vive allá "afuera". Los primeros discípulos se reunían con regularidad para adorar, pero ellos sabían que solamente encontrarían el poder de Dios conforme vivieran cada día y aceptaran su presencia. Las reuniones con los cristianos no eran "estaciones de servicio". El que vivía en el mercado encontraría su poder allí, entre aquellos que Dios le había llamado a alcanzar.

Esa clase de poder se necesita urgentemente en cada ambiente y contexto. Los que viven llenos del Espíritu siempre tienen mayor impacto que aquellos que solamente cantan canciones. El compromiso con las misiones es la mayor adoración de todas. Jesús vinculó el amor con la obediencia, y la Biblia nos recuerda que incluso el Padre prefiere la obediencia más que cualquier sacrificio (1 S. 15:22). Esto es lo que le dio a entender a la mujer samaritana cuando dijo: "Quienes lo adoran deben hacerlo en espíritu y en verdad" (Jn. 4:24). Ella quería estar segura de que pertenecía a la iglesia verdadera, pero Jesús reveló asuntos más profundos que había en el corazón de ella.

Finalmente, nuestros mayores mandamientos son: "Ama al Señor tu Dios con todo tu corazón, con todo tu ser y con toda tu mente" y "Ama a tu prójimo como a ti mismo" (Mt. 22:37, 39). ¿Acaso suena eso como algo que podremos cumplir un domingo por la mañana?

Claramente amar a Dios será una ocupación de toda la semana.

Para reflexionar

1. ¿Qué pasaría probablemente si las personas que conoce lo ven a usted obrar de una manera los domingos y de otra diferente el resto de la semana?
2. ¿De qué manera el compromiso con su trabajo podría ser una manera de hacer evidente la presencia de Dios en su vida?

C A P Í T U L O
36

Adorar: Obediencia, servicio y puertas abiertas

C on solo cuatro letras, la palabra *todo* abarca mucho. Considera *todo*, incluye *todo*, consume *todo*, y *todo* lo mencionado más arriba. Nada queda fuera de un *todo*. No hay parte alguna que esté excluida. Todo significa *todo*, *todo* el tiempo.

De modo que cuando Jesús dice que debemos amar a Dios con *todo* nuestro corazón, alma, mente y fuerza realmente no hay cabida para retener cualquier parte. Dios demanda una devoción completa, sin reservas e incondicional.

Bien, eso parece mucho pedir, ¿verdad? Seguramente es una tarea más grande de lo que la mayoría de nosotros piensa en un principio. Rápidamente afirmamos nuestro amor por Dios y nuestra gratitud por todo lo que Él ha hecho por nosotros, pero también reservamos amor por las posesiones que hemos acumulado y la condición social que hemos alcanzado. Hacemos bien en amar a Dios más que estas cosas, pero todavía no es suficiente en comparación con su mandato. Por eso Jesús ocasionalmente hizo algunas afirmaciones notables como: "Si alguno viene a mí y no sacrifica el amor a su padre y a su madre, a su esposa y a sus hijos, a sus hermanos y a sus hermanas, y aun a su propia vida, no puede ser mi discípulo" (Lc. 14:26). Eso parece algo extremo, pero debido a que es un mandato, bien, eso tiene sentido, ¿verdad? ¿Quién puede amar a Dios así?

Los que viven en el poder del Espíritu encabezan la lista de aquellos que lo intentan. Esta es la meta de la adoración, rendirnos completamente a Dios y a sus propósitos. Amar a Dios de todo corazón, alma, mente y fuerzas, significa no valorizar otra cosa excepto esa relación y rendir todo a su inmensa sabiduría. Puede significar un nivel de sacrificio que es completamente inexplicable.

Es un amor total.

Por eso, una joven abandona la educación por la que luchó, al novio que le ofrece seguridad, y la oportunidad de un éxito económico que nunca antes había disfrutado en su familia, para llevar el mensaje de Cristo a las personas que ella nunca antes conoció y de las que apenas ha oído. No, estas no son historias de misioneros héroes de décadas pasadas, sino de sacrificios hechos voluntariamente en las últimas décadas. Y no son tan inusuales como se podría pensar.

Amar a Dios con todo el ser no siempre significa mudarse al otro lado del planeta. Algunos pasan todo el día en los campos universitarios sin miedo al riesgo de ser rechazados y marginados, para hablar y obrar por causa de Aquel que aman. Otros sirven en la plataforma pública en el mundo de los negocios, para defender lo que creen verdadero, sirviendo al Dios cuyos criterios no siempre son interpretados como políticamente correctos o económicamente ventajosos. Sí, habrá muchos clientes e incluso reputaciones dañadas, pero ningún sacrificio parece tan grande para uno que ama tan profundamente.

> Para las personas llenas del Espíritu, la adoración proviene del corazón.

Para las personas llenas del Espíritu, la adoración proviene del corazón. Su canto de alabanza no es motivado por gusto musical o una cierta banda favorita. Por el contrario, ellas se conectan con las palabras que líricamente expresan un fervor interno. Como el salmista, alaban y adoran al Dios que vive con ellas cada día.

Para las personas que viven en el poder del Espíritu, todo se resume en la expresión de adoración. Amamos a Dios al amar a otros; servir a otros es una manera de servir a Dios. Amar al menospreciado, o incluso al enemigo, en nombre de Dios muestra un corazón notablemente devoto, uno que diariamente resiste el egoísmo para conformarse al corazón de Cristo.

La obediencia también destaca el corazón. No es difícil cuando los mandamientos concuerdan con las preferencias o incluso con el entendimiento lógico, pero pregunte a Abraham lo que significa sacrificar insensatamente su mayor tesoro, el hijo amado que Dios le prometió (Gn. 22:1–11). Cuando los caminos de Dios no concuerdan convenientemente con los nuestros y debemos dejarlos, incluyendo las cosas que estamos convencidos que Él nos ha dado, eso es amor total en práctica.

El mismo amor se demuestra en la entrega sacrificial, dando de nuestros recursos más allá del bienestar propio para llevar aliento a otros. El amor verdadero está dispuesto a recorrer la otra milla, no le preocupa ofrendar más de lo que otros piensan que se puede dar (Mt. 26:9), sea tiempo, energía, o riqueza, sabiendo que el Amado ha provisto todo y podemos confiar que lo hará otra vez.

Finalmente, ese amor aprovecha las puertas abiertas, sin preocuparse de la insuficiencia pero sabiendo que el Dios que dio poder, capacitará otra vez. El amor equivale a la confianza y la fe activa, significa que las oportunidades surgen de la capacidad de Dios y no deben juzgarse según la nuestra. Esos momentos exigen que Dios intervenga, pero requieren que demos un paso adelante donde se mostremos con claridad el amor total.

> La adoración reúne cada elemento de la expresión en el poder del Espíritu.

Esta es la verdadera adoración, una clase de amor que es posible solamente en el poder del Espíritu. No importa cuán ejercitada y cultivada sea nuestra determinación, no puede compararse con el poder divino. Cuando Jesús dijo que el Espíritu Santo nos ayudaría para adorar al Padre y al Hijo, dejó en claro que sin su ayuda no podríamos cumplir el mayor de los mandamientos.

La adoración reúne cada elemento de la expresión en el poder del Espíritu. Es comprensible que esto revele dicha vida puesto que la relación con Dios es su esencia. Sí, el poder del Espíritu hace posible las mayores realizaciones, pero es la conexión con Dios la que impulsa esta vida. Como hemos visto, el amor por Dios motiva a los discípulos verdaderos, que entregan lo único que pueden ofrecer a un Dios infinito. Ese amor, que se expresa más y más de manera total, allana el camino para que Dios derrame su poder a través de nosotros.

☙

La vida en el poder del Espíritu se expresa en la adoración a través de muchas maneras. Quizás sea más visible en el contexto congregacional donde el hambre permite que Dios derrame con liberalidad su Espíritu según su elección. Aunque estos momentos de adoración a menudo se conocen como manifestaciones inusuales o únicas, el carácter real consiste en la urgencia que tiene la persona que vive en el Espíritu de desarrollar una relación profunda y transformadora con Dios. Sí, a veces esta búsqueda puede ser excesiva o carnal, pero los que tienen un deseo genuino de vincularse con Dios, descubren que Él está continuamente dispuesto a esos encuentros sobrenaturales.

Mientras celebramos la presencia de Dios en adoración, la experiencia verdadera pone su maravillosa naturaleza en contacto con nuestra trágica insuficiencia. Como sucedió con Isaías, somos conmovidos por la inmensidad del poder y la majestad de Dios pero a la vez nos abruma su santidad. Nuestras fallas resaltan más de lo que podemos soportar, y deseamos desesperadamente lo que solamente Dios puede proveer, redención y limpieza que hacen posible que sobrevivamos el encuentro con Él. Felizmente, Dios ha extendido esa misericordia hacia nosotros, y no solamente sobrevivimos sino que crecemos conforme nos llena de su poder.

Los discípulos que viven en el poder del Espíritu están conscientes de su propia indignidad, y de buena gana la confiesan, nunca permiten que el orgullo entre en su corazón. La adoración solamente puede expresarse a través de la humildad que claramente reconoce a Dios y su grandeza, y nuestra absoluta necesidad de Él.

Esa humildad prevalece más allá de los momentos del día domingo, de cantos de alabanza con los demás creyentes. Cada día de la semana es una oportunidad para responder con un corazón adorador. Como pueblo de Dios, sabemos que nuestra vida es la que mayormente glorifica a Dios. El domingo es un día importante, porque nos provee aliento e instrucción, pero los que andan en el poder del Espíritu asumen la responsabilidad personal de su crecimiento y cada día buscan ese desarrollo.

Ese crecimiento personal es evidente de muchas maneras. La lectura diaria de la Palabra de Dios y los hábitos de oración, que mantienen la relación fresca y enfocada, muestran nuestro deseo de vivir en constante comunión con Dios. Aprender a oír la voz de Dios provee una pasión genuina para encontrar su camino, y la gratitud demuestra que sabemos que Él es nuestra fuente. Finalmente, la disposición de entrar por las puertas que Dios abre delante de nosotros prueba esa relación y provee las experiencias necesarias que nos capacitan para seguir avanzando con su poder.

Debido a este vibrante enfoque de la vida, encontramos la fortaleza y el poder para vivir toda la semana, y esto resulta en crecimiento, conforme buscamos el propósito de Dios. Los domingos no son los únicos tiempos para recargar energía. De hecho, cuanto más vivimos en el poder del Espíritu, tanta más "energía" encontramos en las experiencias de las relaciones cotidianas, donde se vive esa vida extraordinaria, no meramente en las expresiones espirituales entre los amigos de la iglesia. Las señales siguen a los que creemos, conforme avanzamos en la misión que Dios nos ha encomendado.

Finalmente, la adoración que expresan las personas que viven en el poder del Espíritu revela un total amor por Dios. Nada se retiene. Jesús dijo que el mandamiento más grande es amar a Dios con todo nuestro corazón, mente, alma, y fuerza y amar a nuestro prójimo como a nosotros mismos. Ese desafío es la prioridad cuando se vive en el poder del Espíritu, y genera una consagración a Dios y a sus propósitos, cualesquiera que sean sus requerimientos. Ninguna otra cosa importa más.

Sin embargo, no es posible vivir de esa manera sin la ayuda del Espíritu Santo. Amar a Dios sacrificialmente y dejar de lado el egoísmo, sobrepasa la capacidad humana. Pablo dice que abunda la carnalidad y no podemos vencerla por nuestra propia fuerza (Ro. 7:15). La batalla demanda una fortaleza mayor que la nuestra, y si nos rendimos ante la presencia y el poder de Dios, Él nos ayudará a vivir la pasión de nuestro corazón.

Entonces podremos vivir cada momento de nuestra vida amando, obedeciendo, sirviendo, y llevando adelante la misión de Dios. Esta es la naturaleza de la adoración, la clase de "sacrificio vivo", es más que una lista de cantos o incluso una expresión de dones espirituales. La adoración es un compromiso total con Dios y todo lo que somos en Él. Y en esa pasión y hambre, encontramos y revelamos la relación que solamente disfrutan los que están llenos del Espíritu.

Para reflexionar

1. ¿A qué asemeja en su vida el amar a Dios con todo el corazón?
2. ¿De qué manera el interesarse en los propósitos de Dios le da la oportunidad de probar ese amor?
3. ¿Cómo esta actitud podría cambiar su vida?

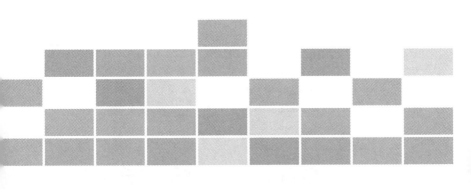

EL HORIZONTE

CAPÍTULO
37

Los próximos pasos:
Viva por la fe

El justo vivirá por la fe". Parece suficientemente simple en el papel, ¿verdad? Cuando Jesús envió a sus discípulos en su primera experiencia misionera, les dijo que llevaran poco equipaje. No debían llevar maletas, ni dinero extra, nada que les cargara (Lc. 10:1–10). Para los que gustan vivir de manera extrema, eso suena atractivo. Para aquellos que tratamos de planear los detalles por anticipado, ese enfoque nos parecería algo inquietante. Sin embargo, claramente Jesús les estaba preparando para un viaje de completa dependencia de Dios, un viaje de fe.

Cada discípulo necesita una comprensión práctica de este concepto espiritual porque la fe es vital cada día. Es absolutamente esencial si queremos agradar a Dios (Heb. 11:6), y es el ingrediente que Jesús siempre buscaba cuando preparaba el escenario para algún milagro.

Cuando Jesús le habló a sus discípulos del aposento alto, insistió que "esperaran" allí hasta que recibieran el poder de Dios, no sabemos que alguien les dijera qué hacer para recibir la promesa o qué sucedería después de que la hubieran recibido. Sin embargo, ellos esperaron, con una esperanza llamada fe.

Fe es poner toda nuestra confianza en lo que Dios dijo. Jesús dijo: "esperen", de modo que ellos esperaron, creyendo plenamente que algo sucedería, aunque no sabían cómo ocurriría. Y cuando en ese aposento alto comenzó a soplar un viento recio y aparecieron algo como llamas de fuego sobre ellos, se dispusieron para recibir en vez de salir corriendo del aposento. Jesús había prometido ese momento. Ellos habían creído lo que Jesús dijo y ahora lo aceptaban con la misma fe.

En la actualidad, las personas que viven en el poder del Espíritu experimentan un bautismo en el Espíritu con la misma fe. Creyendo que Jesús tiene el mismo deseo de llenarnos con su poder, esperamos con expectativa. Y aunque algunos de los acontecimientos del momento parecen algo diferentes (Dios tiene muchas maneras de manifestar su poder), la respuesta es la misma —las nuevas lenguas y el poder del Espíritu— cada parte de su promesa se recibe por la fe.

Eso no es lo mismo que hacer algo para que suceda. Algunos, en su entusiasmo por experimentar la promesa de Dios, piensan que deben diseñar su propio aposento con un gran viento, mantener las manos levantadas de cierta manera, o idear su propio lenguaje extraño para comenzar. Esto no es fe. Es falta de paciencia. Los discípulos esperaron días el cumplimiento de la promesa. Es poco probable que Dios quiera abrir un puesto de servicio rápido para nosotros. Si, en nuestra prisa por recibir la promesa, compramos nuestro propio don, ¿debería sorprendernos si no estuviera incluido el poder?

Se requiere fe. Eso significa que Dios nos capacitará para realizar la obra que tanto queremos hacer. Pedro le dijo a la multitud que esta promesa era para ellos y para sus hijos (Hch. 2:17). Dios quiere que cada uno de nosotros participe de su misión de cosecha, de modo que no limitará a unos pocos la investidura de su poder. Recuerde que esta clase de fe es creer que Dios hará lo que prometió.

> Dios quiere que cada uno de nosotros participe de su misión de cosecha, de modo que no limitará a unos pocos la investidura de su poder.

No es fe en nosotros mismos.

Muchos aspirantes a discípulos quedan tras las paredes de sus limitaciones reales y percibidas. Ellos sienten el latido del corazón de Dios, pero miran sus propias manos débiles y deciden que no son aptos. A veces se intimidan por el poder o los dones que ven en otros. Los sueños tienen la medida adecuada, pero el sueño para vivir esos sueños se empequeñece por sus propias limitaciones. Entonces, no puedo se convierte en *no quiero* y antes que pase mucho tiempo queda cementado en *nunca podré*.

Seamos sinceros. Si cumplir con la misión de Dios tiene algo que ver con nuestras habilidades, Dios habría necesitado un nuevo plan mucho tiempo atrás. Observe a los hombres que Jesús escogió como sus primeros discípulos. Una de las principales cosas que aprendemos de esa lista de nombres es claramente la idea de que este trabajo puede ajustarse a cualquiera. No quiero faltarle el respeto, Bartolomé, pero si usted lo puede hacer....

Fe en nosotros mismos es una proposición inestable, porque lo que podemos hacer fluctúa con nuestra fuerza, nuestras emociones, y cómo nos conectamos con las circunstancias diarias. Algunos días, estoy dispuesto a enfrentar el desafío, mientras que otros me encuentro vacilante ante las cosas sencillas. Fe en mí mismo conduce a comienzos irregulares y detenciones que no me llevan a ningún lugar. Sin embargo, la fe en Dios es la base más sólida sobre la cual puedo pararme.

Las personas que viven en el poder del Espíritu también saben que fe en la fe no es la respuesta. Cuando Jesús habló de nuestra necesidad de tener mayor fe (Mt. 8:26), parece que consideró la fe en una escala variada. Sin embargo, posiblemente sea un tipo de medida que indica si uno aprueba o fracasa. Cuando Jesús exhortó que tuvieran fe como una semilla de mostaza (17:20), no solamente se refería al tamaño sino a la durabilidad y la fortaleza oculta en ella. Esas semillas pequeñas prueban ser extraordinariamente poderosas, mucho más de lo que uno pueda esperar.

Fe suficiente significa fe que avanza o se mueve. Podemos afirmar que tenemos fe, pero si no nos movemos en fe, entonces nuestra fe es deficiente. Finalmente, cualquier medida de fe que poseemos solamente determinará si nuestra fe es suficiente para actuar. ¿Tenemos fe suficiente para avanzar hacia el momento que Dios ha creado para nosotros?

Entonces fe en nuestra fe, nuestro esfuerzo para creer firmemente o con determinación, no es suficiente. Muchos se han desanimado cuando no ven el resultado que esperan, su desilusión se acentúa por la acusación de que no tuvieron fe suficiente o no creyeron firmemente, como si las cosas sucedieran porque cerramos los ojos con más fuerza y apretamos los puños hasta que los vasos sanguíneos de la frente comienzan a dilatarse. Eso no es fe (y además le producirá un dolor de cabeza).

Fe es creer que Dios hará lo que ha prometido, y creer con suficiente firmeza como para obrar de manera consecuente. Por tanto, realmente hay dos componentes, oír lo que Dios ha dicho y responder a su directiva. Fe es oír y creer.

Los que vivimos en el poder del Espíritu sabemos esto, debemos aprender a oír la voz de Dios, ya sea a través de los páginas de su Palabra viva o en los aparentes susurros de los momentos diarios. Discernir cómo Dios puede hablar a nuestra situación a través de la Biblia requiere que entendamos lo que ella dice y si eso se aplica o no a nuestra situación. Por ejemplo, quizá Dios me habla a mí sobre un asunto, pero eso no es para usted. Puede que Dios me pida que haga algo, pero no le pide a usted que lo haga. De la misma manera, Dios le habló a Sansón acerca de asuntos que a mí no me afectan. Hasta la fecha, no he recibido instrucciones de atar zorras en pareja, amarrarles antorchas en sus colas, y soltarlas en los sembrados de los filisteos (Jue. 15:4–5). Así que discernimos que algunas de las directivas de Dios, incluso aquellas que leemos en la Biblia, no son para nosotros. Solo porque

Dios dijo estas cosas a otros no significa que dice que yo haga lo mismo, a menos que entienda que la intención de Dios es para mí de la misma manera.

La fe oye y responde, y a menudo los resultados son asombrosos.

Dios puede susurrar algunas cosas muy interesantes. Imagine que Simón Pedro se hubiera unido a los dolientes que lloraban la muerte de Tabita (Hch. 9:36–41). Ella era una mujer muy apreciada por la comunidad, pero me pregunto si alguien más pensó lo mismo que Pedro: ¿quería Dios resucitarla de entre los muertos?

Fe es oír y luego creer. Requiere acción. Pedro pudo haber oído la voz de Dios, pero tenía que haber un momento para que diera un paso al frente. Como Santiago afirma: "La fe sin obras está muerta" (Stg. 2:20). Los susurros de Dios cesan y nada se realiza en su gran propósito.

La fe oye y responde, y a menudo los resultados son asombrosos. Solamente por la voz de Dios, Pedro supo que Ananías estaba mintiendo respecto al precio de su propiedad (Hch. 5:1–4). Solamente por la voz de Dios los apóstoles supieron lo que Él haría después. Sin embargo, Dios no lo dijo antes a Pedro, de modo que él pudiera explicar la situación después que Ananías cayó y murió. Dios le susurró a Pedro las palabras de advertencia para que las pronunciara en juicio contra el hombre, e inmediatamente Ananías murió. Después su esposa también murió, cuando fue su turno de mentir. Pedro oyó y creyó lo suficiente para hablar. ¡Ese fue un momento poderoso!

Cada vez que escuchamos la voz de Dios y avanzamos en fe, encontramos que Dios está presente. Aún lo milagroso puede suceder cuando es parte del plan de Dios. Pero sin fe, ¿quién tocará los ojos del ciego o hablará las palabras de esperanza en circunstancias poco probables? Sí, Dios puede manifestar su grandeza sin nosotros, pero Él prometió su poder para que participemos de su plan extraordinario. No entender esto es no percibir la vida abundante que Dios vino a darnos.

Fe no es saber qué hacer; es conocer al Dios que lo hará. Por eso Pablo y Bernabé retrocedieron con temor cuando la multitud de una ciudad intentó rendirles adoración por los milagros que realizaron (Hch. 14:11–18). Ellos conocían la voz de Dios y la verdad de la insuficiencia de su vida sin la ayuda de Dios. Ellos sabían que solamente Dios podía hacer lo que había sucedido en esa ciudad. Ellos simplemente habían oído y obedecido, habían hecho una buena obra, pero difícilmente era un motivo para que recibieran adoración.

Una vida de fe no siempre es una de pasos claros y fáciles. Algunos piensan que los que viven en el poder del Espíritu constantemente desbordan confianza y seguridad continua. Sin embargo, la fe tiene muchos pasos inciertos. Aprendemos a reconocer la voz de Dios de manera más clara a medida que nuestra relación con Él crece. Sin embargo, incluso en momentos distantes cuando esa relación ha alcanzado un alto nivel de madurez todavía requerirá fe. Y cada momento insistirá que debemos confiar en un poder y una voz que no son los nuestros.

Para reflexionar

1. ¿Cómo su fe lo ha impulsado a salir y marcar una diferencia con su vida?
2. ¿Qué suele impedir su camino con más frecuencia cuando se esfuerza para vivir por la fe?
3. ¿Hasta qué punto ha tratado usted de vivir como un discípulo en su propia fuerza?

Los próximos pasos: Piense en la misión

T odo tiene relación con la misión! Para muchos, los términos *misión* o *misional* han perdido su significado. Durante la última década o más, estas palabras se han unido al repertorio de las muy usadas. Cada uno tiene una misión, ya sea un consultorio dental, una peluquería, o la tienda de tacos en la calle. Aparentemente, alguien no puede ser popular a menos que haya descubierto su misión y la muestre de manera atractiva.

Un sentido claro de misión es algo bueno, incluso si uno no está enfocado en grandes resultados que transforman la vida. Sin embargo, algunos se retiran de su misión cada tarde y vuelven a su hogar donde viven libres de tal enfoque. Pero, no es así cuando se trata de la vida en el poder del Espíritu. Quien está lleno del Espíritu tiene una misión eterna de la cual nunca se jubila, sino al contrario, muestra una búsqueda gozosa que cada día crece de manera más notable. Es una misión vital, no se necesita anuncios.

Cuando hablamos de la misión de la vida en el poder del Espíritu, sabemos que nuestra directiva está elaborada por el Dios sabio y perfecto. Él provee la dirección, la presencia, y el poder para hacer la obra. Lo único que falta como respuesta es nuestra buena disposición. Como Caleb, de ochenta y cinco años de edad, de quién leemos en el Antiguo Testamento, la fortaleza divina está a nuestra disposición para ayudarnos a conquistar los desafíos extraordinarios. Dios sencillamente espera que le digamos: "Dame, pues, la región montañosa" (Jos. 14:10–12).

Así es como vive la persona llena del Espíritu. Si tan solo esa mentalidad se expandiera un poco más entre los adoradores modernos. Cuando se trata de participar en una misión, las personas responden en tres niveles. La mayoría de nosotros pasa a través de cada una de estas etapas, creciendo más en nuestro compromiso a medida que crecemos en nuestra relación con Dios. Lamentablemente, algunos no progresan como deberían, o incluso como muchos de nosotros piensan que deberían. Sin embargo, cada nivel viene con su propia etapa de comprensión, y su propio nivel de intención.

El primero es lo que podríamos llamar un nivel *consumidor* de compromiso con las misiones. En realidad, en este nivel no hay mucho compromiso. Según el título implica, este es un lugar donde las personas disfrutan de las bendiciones de la presencia de Dios en su vecindario, pero ellas permanecen... bueno, la palabra amable sería *enfocadas en sí mismas*.

Estas personas probablemente asisten a las reuniones de la iglesia, incluso regularmente. Ellas responden a cada momento con un deseo de recibir lo que sea que la iglesia local pueda ofrecerles esa semana. De modo que disfrutan los tiempos de adoración, especialmente cuando les hace sentir bien y conectadas con Dios.

> Lo que más anhelamos en una vida en el poder del Espíritu es la oportunidad y la capacidad de ver más vidas impactadas de maneras incluso más extraordinarias cuando ofrecemos los recursos de Dios a los necesitados.

"Excelente mensaje, pastor. Me ha hecho pensar. Gracias por venir al juego de mi hijo. Él tiene otro juego el viernes, si es que usted tiene tiempo puede venir también. Oh, mi tía está a punto de morir, y necesitaremos que alguien oficie el funeral. El local está solamente a una hora de aquí y, bueno, usted es el único pastor que conocemos." Esto, o algo semejante, es la conversación común con el consumidor.

No me malinterprete. No hay absolutamente nada malo en que la iglesia local ministre en estas y otras necesidades. ¿Acaso no es eso lo que hacemos? Cuidar de la necesidad, en gran parte es el amor que debemos a las personas, y nos alegra cuando ellas se dan cuenta de eso. Lo que más anhelamos en una vida en el poder del Espíritu es la oportunidad y la capacidad de ver más vidas impactadas de maneras incluso más extraordinarias cuando ofrecemos los recursos de Dios a los necesitados. No, no hay absolutamente nada malo en llevar nuestras necesidades ante Dios. ¡Eso es parte del plan!

Es solamente que algunas personas nunca progresan más allá de la mentalidad de *consumidor*.

Sí, Dios está dispuesto a satisfacer nuestras necesidades no importa cuánto tiempo hemos estado vinculados con Él. Sin embargo, tiene que haber un momento cuando comencemos a entender que este viaje no se trata solamente de nosotros. Tiene que ver con Dios y la misión que tiene para nosotros.

Jesús mostró algo de fastidio con la multitud que no estaba dispuesta a ir más allá de las ideas de consumidor a una fe real. Cuestionó a aquellos que regresaron al día siguiente de la alimentación milagrosa con los panes y peces. Jesús observó que las personas "por mucho que vean, no percibirán" (Mt. 13:14). Claramente, Jesús dio a entender que el creer era más que solamente aceptar que Él es Dios. Incluso los demonios saben eso con certeza (Stg. 2:19). Para Jesús, creer significa que escogemos ir tras Él, querer saber lo que Él nos revela y luego poner todo nuestro empeño para hacer lo que nos pide.

Denomino al segundo nivel de compromiso una respuesta para el *ministerio*. Estas personas son los ayudantes dispuestos en el reino de Dios. En algún punto, dejaron a un lado la mentalidad consumista, y ayudaron cuando oyeron acerca de una necesidad. Así que alguien menciona una necesidad de ayuda para trabajar con los niños los domingos o una vacante en el grupo de porteros. Los adolescentes necesitan un maestro (porque el último desapareció). ¿Podría alguien traer panecillos dulces? Hay muchos ministerios posibles en el cual participar en la iglesia, y seguro que la mayoría pueden usar uno o más obreros, por eso, las iglesias procuran que cada persona descubra sus habilidades particulares con la esperanza que entiendan que deben comenzar a usarlas.

Las personas entienden la idea de que necesitan usar sus habilidades, y comienzan a hacer su parte. Ellas ayudan, y el pastor agradece la participación. Sin las personas que ayudan, no podríamos llevar adelante el esfuerzo del ministerio.

Sin embargo, aquí todavía hay algo de la mentalidad del consumidor. Cuando el pastor les habla, la conversación no se trata solamente de "¿cómo está?" sino que quiere saber "¿cómo le va?" ¿Qué tal le fue en la clase de niños esta mañana? ¿No le parece que ser un portero o guía es algo muy bueno? ¿Se da cuenta de cuán importante realmente es el trabajo entre los adolescentes? ¿Cuál es su pastelería favorita?" Las preguntas ya no se centran en las necesidades de la persona sino en cómo desarrolla el esfuerzo por ayudar. ¿Por qué? Porque el pastor quiere que tengan una buena experiencia en el ministerio y sigan creciendo en su vida personal con Dios. Y, por supuesto, no quiere que renuncien a su responsabilidad. Si lo hacen, él tendrá que encontrar a otra persona para que traiga los panecillos dulces.

Las cosas recién se convierten en una misión cuando alcanzan el tercer nivel. Por cierto, llamo a este nivel *misional*. Aquí las personas comienzan a participar de la misión. Ellas saben por qué hacen lo que hacen y creen firmemente en ese propósito. De hecho, en este nivel, las personas viven la misión incluso sin una asignación específica. Ellas encuentran la manera de marcar una diferencia, y se preocupan profundamente del propósito de todo lo que hacen. Las personas misionales son los mejores amigos del pastor porque no dependen de que otros las motiven. Ellas perciben el corazón del líder y responden de manera significativa. Estas personas todavía tienen necesidades, pero no pierden su enfoque ante la perspectiva más amplia. Confían que Dios las ayudará en sus luchas conforme se consagran a ayudar a los demás en sus luchas. Las personas misionales "entienden".

Ahora es posible que entienda la progresión. La mayoría de las personas viene a Cristo con algún tipo de necesidad y se vincula con Él a fin de recibir y consumir de su bondad. A partir de ahí, comienzan a participar, a ayudar donde sea necesario y lentamente dejan de enfocarse en los beneficios que ellos puedan recibir. Y en su esfuerzo voluntario, su corazón comienza a hacerse sensible a la misión. Han visto el poder de Dios que transforma las vidas que las rodean, y quieren participar en eso todo el tiempo.

Lamentablemente, en todo tiempo hay más personas *consumidoras* que *misionales*. Entre la mayoría de las comunidades de fe, alrededor de dos tercios de las personas actualmente están en el nivel consumidor mientras que entre 25 y 30 por ciento participa en la fase de ministerio. Rara vez el porcentaje cambia, incluso cuando más personas adoptan el nivel misional. Esto es porque cuanto más misionales hay en una iglesia, tanto más conectadas están con los *consumidores* y más necesario son los esfuerzos de la persona misional. Más discípulos *misionales* significa también tener más de los demás niveles.

Quizá usted se pregunte por qué hablamos de estos niveles de ayuda casi al final de un libro como éste. Después de todo, ¿acaso los que viven llenos del Espíritu no debieron ajustarse a la familia misional mucho tiempo atrás? ¿Cómo es que tal pregunta puede ser parte de "los próximos pasos" cuando esa vida ha estado plenamente dedicada? La respuesta está en la importancia de mantener ese propósito. Es posible estar plenamente comprometido con la misión de Cristo en un momento dado, pero luego

> La persona que vive en el poder del Espíritu encuentra renovación y crecimiento al cumplir la misión de Dios.

perder ese enfoque y moverse al extremo de la balanza, al nivel del consumidor. Eso puede parecer poco probable (y ciertamente no es deseable), pero algunos discípulos laboriosos con el tiempo se someten a un enfoque interior, y pierden de vista la pasión externa que una vez los impulsó. Algunas iglesias a nivel local luchan con este retroceso espiritual incluso entre sus líderes. Y cuando eso sucede, las cosas no se mantienen saludables por mucho tiempo.

La persona que vive en el poder del Espíritu encuentra renovación y crecimiento al cumplir la misión de Dios. A medida que encontramos oportunidades para mostrar su amor y fortaleza, recibimos también más fortaleza para nosotros. Perder el rumbo significa más que la pérdida del impulso. Las cosas pueden deteriorarse más rápidamente de lo que podríamos imaginar, por tanto un enfoque resuelto hacia el futuro es absolutamente esencial.

Jesús dijo: "Nadie que mire atrás después de poner la mano en el arado es apto para el reino de Dios" (Lc. 9:62). Esa es una posibilidad terrible que debe evitarse a todo costo. La vida en el poder del Espíritu debe comprender su propensión a tales tropiezos, de modo que podamos protegernos y animarnos unos a otros a mantener un enfoque claro.

Es nuestra conexión con los creyentes misionales lo que puede proveer ese aliento necesario. Los pastores necesitan personas misionales, y los creyentes misionales se necesitan unos a otros. Cuando Jesús planeó lanzar su misión, le dijo a sus discípulos que se amaran "los unos a los otros" (Jn. 13:34–35). De hecho, Jesús puso ese mandamiento como principal en la lista de ellos.

¿Por qué? Porque Jesús sabía que ellos enfrentarían persecución y también la tentación a renunciar. Parece que el número 2 es el favorito de Dios, porque nos hizo dependientes los unos de los otros. De hecho, Jesús incluso dijo: "Porque donde dos o tres se reúnen en mi nombre, allí estoy yo en medio de ellos" (Mt. 18:20). ¡Entonces hay una razón de que nos mantengamos unidos!

En el contexto de un mundo consumista, una vida misional brilla con más esplendor. La vida en el poder del Espíritu practica su propósito principal, uno que poderosamente trae esperanza a nuestra propia vida como también luz al quebrantado. La vida centrada en sí misma conduce a la soledad, pero los que participamos plenamente de la misión de Dios somos parte de una familia extraordinaria. Gozamos de una vida de poder, propósito, y que muestra la maravillosa presencia de Dios. Cada día, hallamos más y más vida abundante.

Para reflexionar

1. ¿Ha notado que un poco de enfoque interno ha contaminado su vida?
2. ¿Se considera usted en el nivel de consumidor, ministerio, o misional?
3. ¿Qué pasos puede dar para avanzar al nivel siguiente, o para afirmar plenamente su posición en el nivel más elevado?

CAPÍTULO
39

Los próximos pasos: Participe de las circunstancias

En el lugar del mundo donde crecí, usamos la palabra *curiosear*. Esta palabra describe las personas que observan fijamente los acontecimientos que las rodean pero nunca participan en ellos. Muchos atascamientos de tráfico se producen por esta conducta aparentemente inocente. Las personas reducen la velocidad para observar pero nunca se detienen para ofrecer ayuda.

Curiosear se ha convertido en una conducta común y supuesta de nuestro tiempo. Vemos el accidente, la crisis, las historias llamativas que suceden a nuestro alrededor, pero no nos acercamos lo suficiente para involucrarnos. *"No te metas"* es la frase fácil, porque inmiscuirse puede volverse complicado, incluso riesgoso a veces.

Jesús sabía algo acerca de la curiosidad. De hecho, refirió una poderosa historia acerca de algunos hombres que mostraron esta conducta. En la parábola acerca del hombre que fue víctima de los peligros en el camino a Jericó (un camino todavía no apto para un paseo dominguero), Jesús nos presentó dos personajes, un sacerdote y un levita, dos hombres a los que Dios encargó una misión (Lc. 10:30–35). Lamentablemente, para el hombre "atacado por unos ladrones", los dos hombres consideraron su misión en otro lugar en vez del momento que pudieron haber compartido. Ellos miraron... vieron... y cruzaron al otro lado del camino. He visto este camino y no es uno de cuatro pistas. Es un sendero estrecho. El otro lado del camino estaba solamente a un paso o dos.

Por supuesto, Jesús se refirió al hombre que se detuvo, y lo describió como samaritano a fin de agregar un detalle importante. Sin embargo, a pesar de la desagradable identidad del hombre (para quienes oían desde la primera fila) la historia produjo una respuesta fácil y clara a la interrogante que la provocó: *"¿Quién es mi prójimo?"*

La respuesta de Jesús fue más allá de lo esperado. Prójimos, los receptores de nuestro mandamiento de amar, los encontramos más allá del patio vecino y de los participantes de la cuadra. Claramente, son aquellos que no están en la lista de personas que conocemos y que nos agradan. La historia del buen samaritano nos muestra que prójimos son las personas que nos rodean cada momento de cada día. Ellas podrían ser cualquiera porque son todas. Las personas del reino de Cristo no solamente miran, ellas participan. No estoy seguro si hay una palabra aramea o hebrea para curiosear, pero la historia de Jesús dice que deje de hacerlo.

> **Dios determina circunstancias en nuestro entorno como oportunidades para que mostremos el amor y el poder que ha puesto en nuestra vida.**

Los que vivimos en el poder del Espíritu entendemos que la vida que anhelamos surge en ciertos momentos. Dios determina circunstancias en nuestro entorno como oportunidades para que mostremos el amor y el poder que ha puesto en nuestra vida. Como Pedro y Juan en Hechos 3, hombres lisiados aparecen ante nosotros en las gradas del templo esperando recibir el poder que se nos ha otorgado, esperando que nosotros les hablemos.

Habrá momentos. Jesús dijo eso claramente.

Jesús le dijo a sus discípulos: habrá momentos cuando "los arresten y los sometan a juicio", claramente momentos que ellos mismos no escogerían, cuando el Espíritu Santo les diría que hablar para enfrentar a sus acusadores. (Esta parece ser otra prueba de la experiencia de "lo que ustedes recibieron gratis, denlo gratuitamente".) Si ocurre un suceso sobrenatural de sanidad, una oportunidad de vendar a los quebrantados, o incluso un encuentro con las autoridades que termine en el encarcelamiento, habrá momentos en que la luz de la vida en el poder del Espíritu brillará.

Usted necesita estar preparado para aprovechar esos momentos.

Hay un desafío. Si quiere vivir en el poder del Espíritu, debe avanzar hacia tales momentos, y cuando lo haga, el poder de Dios será evidente a los demás. Pedro y Juan vieron al lisiado, y algo en dentro de ellos los movió a decir: "¡Míranos!" Pedro con denuedo repitió lo que oyó, y el resto es una historia maravillosa.

Encuentro interesante que las primeras respuestas al poder del Espíritu en el libro de los Hechos fueron expresiones de denuedo. En Hechos 2, Pedro, levantándose con denuedo, explica los acontecimientos notables que ocurrieron en el aposento alto, y la sanidad del lisiado también requirió denuedo. Por causa de ese milagro Pedro y a Juan comparecieran ante los líderes religiosos, como se describe en Hechos 4, donde afirmaron al desconfiado público que eran culpables de la muerte del Único por cuyo poder ellos habían sanado. ¡Eso es denuedo! tal como Jesús había prometido que el Espíritu les daría qué hablar.

Más tarde, en ese mismo capítulo, los demás cristianos se maravillaron de la experiencia de Pedro y Juan ante el Sanedrín y se dieron cuenta de que ellos también necesitaban denuedo. Así que oraron. Ellos no participaron de un estudio bíblico de tres semanas sobre como recibir denuedo ni compraron un libro del más valiente autor. Ellos oraron, y el Espíritu Santo hizo temblar el lugar donde estaban y fueron llenos del Espíritu y hablaron con denuedo (Hch. 4:23–31).

Si desea una vida en el poder del Espíritu, primero debe experimentar el poder del Espíritu, y después debe participar de las circunstancias que cada día surgen en su vida. No es posible saber el potencial que hay en cada conversación. No es posible imaginar las posibilidades cuando el creyente ayuda a las personas en su quebranto. No es posible vivir en el poder del Espíritu si nos quedamos al margen. Las palabras como *conectar*, *crecer*, *servir*, e *ir* no son adecuadas para los curiosos.

> Las personas que viven en el poder del Espíritu avanzan cada día, esperando encontrar un propósito mayor que ellas mismas, e ideado por el Único que puede hacer que sucedan tales cosas.

Entonces, ¿qué hay detrás de ese denuedo? Para los que viven en el poder del Espíritu, hay una expectativa de que Dios intervendrá en esos momentos en su vida.

En 1 Corintios 12 Pablo menciona diversas maneras de cómo Dios hace eso, listando lo que llamamos dones espirituales. El plan de Dios al darnos es que demos, lo cual se ve claramente a medida que Él provee lo que necesitamos para cada momento que enfrentamos. Dios tiene preparados la sabiduría, el conocimiento, y el discernimiento. Además, Dios tiene para nosotros en su caja de tesoros, fe sobrenatural, sanidades y otros milagros. Él nos hablará, proclamando a través de nosotros en poder profético, y recibiremos una fortaleza maravillosa cuando respondemos en un lenguaje impulsado por el Espíritu que ha puesto en nuestro corazón.

Nuestro denuedo no surge por la determinación humana. Podemos esperar que Dios ya esté presente en nuestros momentos incluso cuando todavía no lleguemos a esa circunstancia, y Él nos capacitará para cualquier cosa que quiera realizar. De gracia recibimos, de gracia damos, opera muy bien cuando Aquel que trazó el plan tiene el poder.

De modo que las personas en el poder del Espíritu esperan y buscan activamente estos dones del Espíritu. Buscamos a Dios para recibir sabiduría y entendimiento en cada circunstancia. Dependemos plenamente de la capacidad divina y su deseo de manifestarse a través de milagros que llevan su sello. Anticipamos que nos dará las palabras para proclamar su amor y su propósito, y al igual que Pablo, nos comunicamos íntimamente con Dios en ese lenguaje que conocemos y que solamente Él conoce (1 Co. 14:15, 18).

Las personas que viven en el poder del Espíritu avanzan cada día, esperando encontrar un propósito mayor que ellas mismas, e ideado por el Único que puede hacer que sucedan tales cosas. Es por eso que Dios recibe toda la atención. Claro, siempre hay unos cuantos que tratan de atraer la atención a sí mismos. En su época, Pablo tuvo que lidiar con esto (Fil. 1:15), y es razonable esperar que surjan tales personas en cada generación. Sin embargo, cuando sabemos dónde se origina esa vida tan poderosa, es difícil imaginar las razones de jactarnos.

Francamente, si ha llegado hasta este capítulo, no puedo imaginar que usted todavía continúe como un mero espectador en la búsqueda la vida que hemos estado describiendo. Hay una vida de poder e impacto para usted, pero primero debe creer en el plan de Dios para recibirla.

¿No está seguro por dónde empezar? Recuerde que la vida en el poder del Espíritu siempre comienza con la experiencia, el lugar donde recibe lo que Dios quiere darle. Comience cada día buscando el denuedo y el poder del Espíritu de Dios, que guiarán su vista y oídos hacia las circunstancias que encontrará ese día.

Ahora participe.

Busque una oportunidad de *conocer* a alguien. Cada día nuestra vida está llena de personas que no conocemos, la joven en la lavandería, el empleado que prepara el burrito, la cajera del banco, y el hijo del vecino que dejó su bicicleta en su vereda. *Conozca* a una de estas personas cada día. Comparta sus historias, comprenda sus luchas, y procure ver la vida a través de la perspectiva de ellos. Muchos cristianos procuran compartir el evangelio como si fueran un vendedor de aspiradoras que trata de probar que su producto tiene un mayor poder de succión. Despójese del libreto y métase en el mundo de la otra persona. Es más fácil saber qué decir si usted escucha primero.

Por supuesto, puede participar también en la vida de aquellos que ya conoce. El punto es que debe mostrar que quiere saber, quiere oír, y que le importa. Como el samaritano del que Jesús una vez habló, debe vendar las heridas que los demás solamente miran mientras pasan de largo por el camino. Deje de ignorar a sus vecinos y muéstreles que usted se interesa en ellos. *Conózcalos* como nunca antes lo hizo. Recuerde que Jesús vino del cielo a la tierra, pero algunos no lo conocerán hasta que usted cruce la calle y les hable de Él.

Busque una oportunidad de *orar* con los demás cuando oye sus necesidades. Quienes vivimos en el Espíritu sabemos de dónde proviene nuestra ayuda, y rápidamente confesamos esa Fuente para que otros la busquen también. El viejo refrán no ha cambiado con el tiempo, *la oración cambia las cosas.* ¿Por qué no se une a ese compañero de trabajo para orar por la estabilidad de su matrimonio? ¿Por qué no ora con su compañero de clases antes de que ambos tomen el examen final? ¿Qué pasaría si orara que Dios interviniera en la crisis financiera por la que está pasando su vecino? Pedro y Juan no se quedaron sentados en las gradas del templo para discutir sus opiniones sobre la cojera del hombre o mostrar sus propias capacidades de andar. ¡Ellos proclamaron ante el paralítico el extraordinario nombre de Jesús! Eso fue lo que principió la celebración posterior de quien recibió sanidad.

Busque una oportunidad de *ayudar* a alguien cada día. Así vivió Jesús. Él vino para servir, y las oportunidades comenzaron a surgir abundantemente a lo largo del camino. Sorprenda a las personas con amabilidad. Camine con ellos la otra milla. Sacrifique su tiempo y energía para ayudar a otras a completar su lista de asuntos pendientes. Rara vez oirá: "Métase en sus asuntos" cuando realmente trate de ayudar.

Conozca, ore, ayude. Es una estrategia sencilla para comenzar a participar de las circunstancias que Dios ha planeado a su alrededor. A medida que *conoce, ora,* y *ayuda* a las personas cada día, notará que su vida en el poder del Espíritu se fortalece.

Algunos resistirán dicha osada acción, temiendo que no tienen lo que requiere la circunstancia de otro. Otros insistirán que tales avances no concuerdan con su personalidad natural. Sin embargo, esa es la belleza de la vida en el poder del Espíritu. Uno no tiene que dominar las circunstancias antes de participar en ellas. Dios le dará lo que debe hablar a otros. Usted encontrará exactamente lo que necesita para alimentar a alguien más al buscar en su cesta de almuerzo. De hecho, a veces ni siquiera sabrá qué decir sino hasta que abra su boca para hablar.

Participe de estas circunstancias cada día y notará cómo Dios multiplica lo que tiene para alimentar la vida de los centenares y millares que usted se dispone a ayudar. Recibirá poder… y será…

Esta es la vida que usted desea.

Para reflexionar

1. ¿Qué podría fácilmente impedir que usted participe de las oportunidades de producir un impacto diario?
2. ¿Puede describir una circunstancia que usted recientemente no aprovechó? ¿Qué impidió que ayudara en esa oportunidad?
3. ¿A quién conoció la semana pasada? ¿A quién conoció el mes pasado?

CAPÍTULO
40

Los próximos pasos:
Escriba historias nuevas

Hay más historias que escribir… *pero primero hay que vivirlas.* En páginas anteriores, comenzamos este libro con las historias de hombres comunes que hicieron cosas extraordinarias. La inesperada victoria de Gedeón, las grandes hazañas de la fuerza de Sansón, y el sorprendente valor de David representaron la historia de su vida, y cada una fue definida con una sencilla frase, *el Espíritu del Señor vino sobre ellos.*

La historia de ellos y docenas de otros personajes traen la sabiduría de la Biblia a una realidad viva, porque cada relato de las hazañas muestra lo que puede suceder cuando Dios se conecta con personas como nosotros.

Sin embargo, aunque historias como éstas proveen un modelo de posibilidades, no hemos determinado nuestro tema al buscar historias ya vividas. Por el contrario, estamos expectantes de las historias que han de suceder, aquellas que incluso ahora comienzan a alinearse en el camino delante de nosotros. Estamos deseosos de vivir en el poder del Espíritu, y estamos seguros de que Dios todavía planea esto.

¡Queremos más!

Sin embargo, ese deseo no nace del orgullo o de una fascinación por lo sensacional. Esta hambre surge del querer y de la necesidad. Anhelamos la vida máxima que Dios pueda crear en nosotros para su propósito, y sabemos que nuestro tiempo con urgencia necesita de alguien en busca de esa vida. Este tiempo es más que oportuno para una manifestación del poder de Dios como nunca se haya vivido antes.

Quizá piense que con siglos de descubrimientos científicos y avances tecnológicos, que se desarrollan de manera impresionante con cada nuevo producto, que ya sabríamos cómo vivir. Claro, podemos hacer más en veinticuatro horas que nuestros ancestros, pero no hay conexión entre lo que se alcanza y la calidad de vida. Somos buenos para hacer, pero aparentemente todavía no somos lo que debemos ser.

Teniendo en cuenta los recursos increíbles de nuestro planeta y el genio del transporte que ahora recorre el mundo conocido, uno pensaría que el hambre sería un problema del pasado. Sin embargo, millones todavía sufren la falta de alimentos, algunos incluso en las fronteras de las naciones más ricas. Surgen organizaciones en todas partes para construir pozos de agua en el Tercer Mundo, lo cual es una idea muy buena. Considerando que siempre hemos necesitado agua al igual que aire, uno pensaría que este dilema debió resolverse mucho antes.

La esclavitud parece tan frecuente como nunca antes. No, ya no es un derecho que defienden las grandes naciones, pero posiblemente ha empeorado, como si eso fuera posible. En la actualidad, la esclavitud incluye niños que son vendidos como mercancía sexual, destruyendo su tierna vida por causa de un tráfico despreciable. Y no es solo en esos lugares donde se necesita agua limpia que se viola los derechos humanos de manera tan horrenda. De hecho, las naciones constructoras de pozos comparten plenamente la culpa de esto.

Ahora ha pasado un siglo desde que se libró "la guerra para terminar todas las guerras". No se tuvo éxito. De hecho, la barbarie está en su apogeo, o al menos ahora tenemos los medios de comunicación que nos dan cada detalle incluso en nuestros aparatos portátiles. El odio y la violencia todavía dominan las noticias nacionales e internacionales, y nuestro avanzado arsenal parece de fácil acceso para los peores perpetradores. Es tiempo que alguien realmente alce la voz y diga: "¡Alto!"

Se necesitaría otro libro para identificar todos los orígenes del sufrimiento y la devastación que vemos en un solo ciclo de noticias. Sin embargo, ese no es nuestro tema de discusión. Basta con decir, nos estamos expandiendo y produciendo a un nivel desconocido por la historia humana, pero no estamos mejorando nuestra calidad de vida, y la oscuridad del pecado se propaga más tenebrosa que nunca.

Por esta razón, necesitamos más historias.

Jesús vino como luz en medio de la oscuridad. Su mensaje fue de esperanza y restauración, una posibilidad paradisíaca para los que quieren descubrir y andar con Dios. Jesús trajo un reino de amor y la seguridad que solamente un Dios infinito y eterno puede ofrecer. Y ese mensaje todavía recorre el mundo con aquellos que creen en la Palabra de Dios.

Estas personas están llenas del Espíritu, hombres y mujeres, e incluso los jóvenes, que viven en un plano diferente, y sus historias producen la transformación que no se pudo lograr en ningún otro lugar. Estas personas han descubierto un sendero que nos lleva de vuelta a la vida. La vida de estas personas es una aventura mayor que los guiones de las películas que estimulan nuestra imaginación.

Y tales personas se buscan y son necesarias.

Muchas de estas personas ya están por ahí, marcando la diferencia aunque los medios de difusión no las notan. Sin embargo, los que saben que tienen esperanza en sus manos están conscientes del impacto que causan.

- Tres niños que perdieron a su padre, crecieron conociendo a diario el dolor del hambre. Juntos han invertido su vida adulta liderando una de las organizaciones de ayuda de más rápido crecimiento del mundo, y ahora alimentan a unas diez mil personas cada día. Su camión de provisiones se encuentra entre los primeros que hacen su llegada en tiempos de desastres naturales, llevando esperanza de maneras que pocos niños alguna vez imaginan.

- Un hombre y su esposa dejan de lado su propia comodidad para atender a quienes no tienen un lugar para vivir y que vagan en el centro de la ciudad. Los calcetines que ellos regalan a estas personas les abrigan los pies, y ese calor llega al corazón de estas personas en necesidad. ¿Quién diría que con un par de calcetines se puede obtener ese resultado?

- Una mujer que conoce el profundo dolor y el pesar que le provocó su "derecho al aborto", ahora comunica esperanza y ayuda a otras en el mismo dolor. ¿Quién podría soñar en sanar esas heridas tan profundas?

- Un jovencito de la escuela secundaria celebra su sanidad milagrosa contando a todo su equipo de futbol acerca de Aquel que lo sanó. Su vida afecta una ciudad, y muchos de

> Estas son las vidas que el cielo celebra, cuando la grandeza de Dios se manifiesta en cada rincón a través de todo el mundo.

sus compañeros se conectan con Dios, quien nos da la fuerza que no puede generarse en una sala de pesas. El sufrimiento puede traer resultados sorprendentes.

- Una congregación sale de su cómodo ambiente urbano y comienza a reunirse para ofrecer cenas en las comunidades que otras iglesias han dejado. Estas cenas semanales reúnen personas que de otra manera nunca habrían llegado a la iglesia. ¿Quién hubiera pensado que Jesús serviría lasaña y partiría el pan según el gusto de esas personas?

Hay miles de personas más, y sus historias probablemente hacen que los ángeles en el cielo se regocijen. Estas son las vidas que el cielo celebra, cuando la grandeza de Dios se manifiesta en cada rincón a través de todo el mundo.

Puedo decir más o incluso ofrecer los pormenores de las historias que he mencionado. Esa sería una manera maravillosa de terminar un libro como este. Después de todo, comencé con algunas historias antiguas para que fuera más ameno leer algunas modernas. Y sus detalles probarían que dicha vida en el Espíritu todavía está al alcance de aquellos que hoy tienen hambre de Dios. Sí, esa sería una gran manera de utilizar este capítulo final.

Pero sinceramente, hay una manera mejor.

Por cierto, hay solo una manera que un libro acerca de la vida en el Espíritu debe concluir y esa es con la historia que usted está por escribir. ¿Cómo lo usará Dios? ¿A qué cosa Dios lo dirigirá y capacitará para que haga? ¿Cómo mostrará el amor y el poder de Dios en su Jerusalén, Judea, Samaria o en los confines de la tierra?

En vez de pasar más tiempo gozándome de lo que otros están haciendo, he decidido que este será el capítulo más corto. Quiero dejar espacio para que usted escriba su historia.

Sin embargo, primero tendrá que vivirla... entonces comience hacer eso ahora. Lleve su deseo y necesidad ante Dios y deje que Él desarrolle la relación juntos. Dios le dará el poder y los momentos en su presencia que necesitará para comenzar a dar lo que ha recibido.

¡Es tiempo de que se consagre a una vida en el poder del Espíritu!

Nota finales

1. Eugene Peterson, Correr con los caballos: La búsqueda de una vida mejor (Downers Grove, IL: InterVarsity Press, 1983), 14.

2. Tomado de un sermón proclamado por el Dr. Lamar Vest, ex Superintendente General de la Iglesia de Dios, Cleveland, Tennessee.

Acerca del autor

Mike es un escritor independiente que vive en el área de Dallas y sirve también como decano del Departamento de Biblia y Ministerios de la iglesia de la Universidad Southwestern de las Asambleas de Dios. Es autor de más de una docena de libros incluidos *From Belonging to Becoming* [De Aceptado a transformado], *Journey to Integrity* [Él camino a la integridad], *The Sanctity of Life* [La santidad de la vida], y co-autor de *Dadles lo que quieren*, y *Edificamos gente*. Es un orador que frecuentemente participa en campamentos, conferencias e iglesias en todo el país.

Mike y su esposa, Kerry, anteriormente dedicaron una década a servir como pastores principales del Centro de Adoración Maranata en Wichita, Kansas, donde ayudaron en la revitalización de una iglesia de aproximadamente 180 miembros que se convirtió en una comunidad vibrante de 750 personas, llena de jóvenes adultos y con más de 55 diferentes países de origen.

Además, Mike ha ocupado varios puestos a nivel nacional y de distrito de las Asambleas de Dios, sirviendo como director del departamento para la salud de la iglesia , editor en jefe, líder del departamento de la Escuela Dominical a nivel nacional, y director de educación cristiana y de jóvenes de la denominación en el distrito de Kansas.

Los dos hijos de Mike y Kerry están casados y actualmente tienen dos hermosas nietas.

UNA IGLESIA EN EL
PODER DEL
ESPÍRITU

¿Por qué algunas iglesias crecen y otras parecen detenidas o incluso declinantes? No es algo que nos deba extrañar. Los principios para la multiplicación espiritual están claramente expresados en las páginas de las Escrituras. . . si nos dedicamos a buscarlos. Con mucha frecuencia, los pastores y otros líderes piensan que tienen que ser como los caballos que mueven el peso del ministerio, pero esta noción errada agota a unos cuantos, y los demás quedan frustrados y sin mucho que hacer.

En *Una iglesia en el poder del Espíritu*, Alton Garrison nos señala la esencia del crecimiento dinámico de la iglesia: formar discípulos investidos del Espíritu que cumplen cinco funciones —conectar, crecer, servir, ir, y adorar— para cambiar personas, familias y comunidades con el poder y el amor del poderoso Espíritu de Dios.

Infórmese con más detalle y ordene hoy mismo su libro
MYHEALTHYCHURCH.COM/SPIRITEMPOWERED

UNA VIDA EN EL PODER DEL ESPÍRITU PARA GRUPOS PEQUEÑOS:

CONECTAR, CRECER, SERVIR, IR, ADORAR

Recibimos inspiración de las maravillosas experiencias de salvación y ministerio por la obra del Espíritu Santo. Pero, ¿cómo avanzamos de la inspiración a realmente experimentar esa obra en nuestra vida? ¿Cómo dejamos que el Espíritu Santo mueva nuestra vida al siguiente nivel de poder y eficacia?

El juego de materiales para grupos pequeños *Una vida en el poder del Espíritu* guiará a los participantes a una comprensión más profunda de cómo la investidura de poder que el Espíritu nos imparte marca esa gran diferencia en nuestra vida. El DVD ofrece interesantes segmentos de enseñanza y testimonios de una experiencia personal. La Guía de estudio provee estudios bíblicos fáciles de presentar y devocionales diarios. Hay cuatro sesiones por cada juego de materiales.

Estos recursos para grupos pequeños están disponibles en inglés, para adultos y jóvenes, y en español, sólo para adultos.

Infórmese con más detalle y ordene hoy mismo su libro
MYHEALTHYCHURCH.COM/SPIRITEMPOWERED